Diogenes Taschenbuch 22435

# Herman Melville

# *Meister-erzählungen*

*Aus dem Amerikanischen von
Günther Steinig
Mit einem Nachwort von
Hans-Rüdiger Schwab*

Diogenes

›Bartleby‹ wurde von
Elisabeth Seidel übersetzt,
alle anderen Erzählungen übersetzte
Günther Steinig
Copyright © Sammlung Dieterich
Verlagsgesellschaft mbH, Leipzig 1956, 1992
(für die Übersetzungen)
Lizenzausgabe mit freundlicher Genehmigung
Das Nachwort erschien erstmals
anläßlich des 100. Todestages von Herman Melville
in der Süddeutschen Zeitung
Umschlagillustration: Fitz Hugh Lane,
Gloucester Harbor at Sunrise,
um 1850 (Ausschnitt)

Veröffentlicht als Diogenes Taschenbuch, 1993
Alle Rechte an dieser Ausgabe vorbehalten
Diogenes Verlag AG Zürich
60/93/36/1
ISBN 3 257 22435 4

# INHALT

# DIE VERANDA

*Die schönsten Blumen,*
*solange Sommer währt und ich hier lebe,*
*streu' ich auf deine Gruft.*
Shakespeare 'Cymbeline', Akt IV, Szene 2

Als ich aufs Land übersiedelte, zog ich in ein alt-
modisches Bauernhaus ein, das keine Veranda hatte.
Diesen Mangel bedauerte ich um so mehr, als ich ein
Liebhaber von Veranden bin; denn irgendwie verbinden sie die Traulichkeit des Innen mit der Freiheit des Außen, und es macht Freude, das Thermo-
meter dort abzulesen. Auch ist die ganze Umgegend
so malerisch, daß zur Zeit der Beerenlese kein Knabe
einen Hügel erklimmen oder ein Tal durchqueren
kann, ohne in jedem Winkel auf eine Staffelei und
einen sonnenverbrannten Maler zu stoßen. Ein richtiges Malerparadies. In den Kreis der Sterne schnei-
det der Kreis der Berge ein; wenigstens erscheint es
vom Hause aus so. Steht man jedoch oben auf den
Bergen, so kann man sie nicht mehr als Kreis sehen.
Wenn der Platz nur fünfundzwanzig Meter entfernt
gewählt worden wäre, hätte es dieses freundliche
Panorama nie gegeben.
Das Haus ist alt. Vor siebzig Jahren wurde im Herzen der Herdsteinberge die Kaaba oder der Heilige
Stein gebrochen, zu dem am Erntedanktag die Pil-

ger zu strömen pflegten. Damals gebrauchten die Arbeiter bei den Ausschachtungen für die Grundmauern sowohl den Spaten als auch die Axt, weil sie gegen unterirdische Troglodyten kämpfen mußten, die zähen Wurzeln eines zähen Waldes nämlich, der einst da gestanden, wo sich jetzt eine verträumte Wiesenlehne hinzieht, die hinter meinem Mohnbeet sanft zu Tal gleitet. Von diesem verwachsenen Walde ragt als einziger lebender Rest, standhaft und einsam, eine Ulme.

Wer das Haus baute, tat besser daran, als er selbst wußte. Oder Orion ließ vielleicht in einer Sternennacht sein Damoklesschwert vom Himmelsgewölb herunterblitzen und befahl ihm: »Baue hier!« Denn wie könnte der Erbauer sonst geahnt haben, daß ihm, nach dem Schaffen der Lichtung, solche königliche Aussicht beschieden wäre? Kein Geringerer als der Greylock, umringt von seinen Hügeln, ist hier zu erschauen – wie Karl der Große unter seinen Paladinen.

Für jemand, der sich an einer schönen Aussicht weiden möchte und sich das Zeit und Muße kosten läßt, gleicht ein in solcher Umgebung gelegenes Haus, dem die Bequemlichkeit einer Veranda fehlt, einer Bildergalerie ohne Bänke; denn was wären die Marmorhallen dieser Kalkberge anderes als Bildergalerien, Monat für Monat mit neuen Bildern behangen, die stets verblassen, um sich stets in neue Bilder zu verwandeln? Zur Schönheit gehört Andacht; man kann sie nicht im Gehen genießen. Man braucht dazu Ruhe und Beständigkeit, heutzutage also einen Lehnstuhl. Denn wenn auch einst, da Anbetung im Schwange und Bequemlichkeit nicht im Schwange war, die Anbeter der Natur zweifellos stehend anzubeten pflegten, wie es auch die Verehrer einer höheren Macht in den Kathedralen jener Jahrhunderte taten, so haben wir doch in unserer Zeit des fehlenden Glaubens und der schwachen Knie die Veranda und den Kirchenstuhl.

Im ersten Jahr meines Aufenthaltes wählte ich mir, um der Krönung Karls des Großen in Muße beiwohnen zu können (man krönt ihn, wenn es das Wetter erlaubt, bei jedem Sonnenauf- und -untergang), am nahen Hügelsaum einen königlichen Rasensitz — ein grünes Ruhebett mit einer langen, moospolsterten Rückenlehne. Ihm zu Häupten sproßten, wunderbar genug, drei blaue Veilchenbüsche (als Wappen, denke ich mir) in einem silbernen Felde von wilden Erdbeeren, und als Thronhimmel hatte ich mir ein Geißblattspalier angelegt. Wahrlich eine majestätische Sitzgelegenheit! So majestätisch zwar, daß mich hier, wie die in ihrem Garten ruhende Majestät von Dänemark, ein heimtückischer Ohrenschmerz durchdrang. Aber wenn sich mitunter in der Westminster-Abtei feuchte Dünste sammeln, weil sie so alt ist — warum dann nicht in diesem Bergkloster, das noch älter ist?

Eine Veranda mußte ich haben.

Das Haus war groß — mein Kassenbestand klein. Also konnte ich mir eine das ganze Haus umgebende Rundblickveranda nicht leisten. Allerdings waren die Zimmerleute, die sich der Sache in zuvorkommendster Weise mit Zollstock und Winkelmaß annahmen, begierig, meine kühnsten Wünsche zu erfüllen — den Kostenpunkt hab' ich vergessen.

So wollte mir meine wirtschaftliche Lage nur auf

einer der vier Seiten gewähren, was ich mir wünschte. Aber auf welcher Seite?

Im Osten steht der lange Heerbann der Herdsteinberge, weithin gen Quito im Dunst versinkend; in jedem Herbst, an einem kühlen Morgen, schimmert dort von der höchsten Klippe ein weißes Flöckchen, das neugeborene Lamm, das früheste Vlies der Jahreszeit. Und im Weihnachtsdämmer sind die braunen Hochlande in rotgestreifte Decken und Mäntel eingehüllt: ein guter Anblick von deiner Veranda. Ein guter Anblick – aber im Norden steht Karl der Große: du kannst die Herdsteinberge nicht mit Karl dem Großen zusammen haben.

Also die Südseite. Da ragen Apfelbäume. Wie angenehm, an einem balsamischen Maimorgen dazusitzen und den Baumgarten mit seinen weißen Knospen wie im Brautschmuck prangen zu sehen, während er im Oktober dem grünen Hof eines Arsenals mit seinen Haufen rotbäckiger Munition gleicht. Sehr schön, ich gebe es zu – aber im Norden steht Karl der Große.

Sieh dir die Westseite an. Über eine Bergweide führt ein Weg in einen Ahornwald auf der Höhe. Wie lieblich, im erwachenden Lenz auf der Bergflanke, die sonst grau und öde daliegt, die ältesten Pfade an ihren Streifen vom frühesten Grün zu verfolgen. Lieblich allerdings, ich kann's nicht leugnen – aber im Norden steht Karl der Große.

So trug es Karl der Große davon. Es war nicht lange nach 1848, und irgendwie besaßen damals die Könige auf der ganzen Welt die ausschlaggebende Stimme und stimmten für sich selber.

Kaum war der Grund umgebrochen, als die ganze

Nachbarschaft – Nachbar Dives zumal – in lautes Gelächter ausbrach. Eine Veranda nach Norden! Eine Winterveranda! Will in Winternächten das Nordlicht beobachten, nehm' ich an; hoffe, er hat sich einen guten Vorrat von Polarfahrermuffen und -handschuhen angelegt.

Also geschah's im löwenhaften Monat März. Unvergessen sind die blauen Nasen der Zimmerleute und ihr Geschrei über die Einfalt des Spießers, der sich seine einzige Veranda an der Nordseite anbauen ließ. Aber der März währt nicht ewig; Geduld, es kommt auch ein August. Dann werfe ich, im kühlen Elysium meines nach Norden gelegenen Vogelbauers sitzend wie Lazarus in Abrahams Schoß, einen mitleidigen Blick zum armen alten Dives hinab, der im Fegefeuer seiner Südveranda schmachtet.

Aber selbst im Dezember hat diese Nordveranda nichts Abschreckendes, wenn sie auch noch so beißend kalt und zugig ist und der Nordwind den Schnee wie ein Müller zu feinstem Mehl beutelt; denn dann schreite ich wieder einmal bei der Umsegelung von Kap Horn mit gefrorenem Bart auf dem von Schloßen gepeitschten Schiffsdeck.

Auch im Sommer, wenn man hier wie ein Seekönig thront, wird man oft an das Meer erinnert. Lange Bodenwinde lassen das schiefe Korn wogen; Gräser kräuseln sich über die niedrige Veranda wie kleine Wellen auf den Strand; die Daunen des Löwenzahns fliegen wie Schaum umher; das Veilchenblau der Berge gleicht dem Veilchenblau der Dünung; ein stiller Augustnachmittag brütet über den Talwiesen wie eine Windstille über der Linie; auch sind Weite und Einförmigkeit so ozeanartig, daß der erste Blick,

der auf ein fremdes Haus zwischen den Bäumen
fällt, sage und schreibe ein unbekanntes Segel an
barbarischer Küste zu erspähen meint.

Dabei muß ich nun an meine Binnenreise ins Elfenland denken. Eine wirkliche Reise: aber, nehmt alles
in allem, so spannend, als ob sie erfunden wäre.

Von der Veranda hatte ich einen unbestimmten Gegenstand entdeckt, der sich allem Anschein nach
heimlich in einer purpurrötlichen Brusttasche verbarg — hoch oben in einer trichterartigen Mulde
oder einer Einsenkung zwischen den nordwestlichen
Bergen. Ob er sich jedoch an einer Bergflanke oder
auf einem Gipfel befand, ließ sich nicht ausmachen.
Von günstigen Stellen gesehen, wird ein blauer Gipfel, der hinter den übrigen hervorlugt, über ihre
Köpfe hinweg zu dir sprechen und dir ohne weiteres mitteilen, daß er, obgleich er (der blaue Gipfel)
unter ihnen zu sein scheint, doch nicht zu ihnen ge-
höre (Gott bewahre!), und er würde dir einreden
wollen, daß er sich — um die Wahrheit zu sagen, er
hat ein gutes Recht dazu — für mehrere Ellen größer hält als sie. Dennoch drängen sich und folgen
einander gewisse Bergketten, hie und da in doppelten Reihen wie Truppenkörper, mit ihren unregel-
mäßigen Formen und Höhen, so daß, von der
Veranda gesehen, bei den meisten Wetterlagen ein
näherer und niedrigerer Berg verblassend in einen
ferneren und höheren übergeht. Daher scheint ein
Gegenstand, der einsam auf dem Gipfel des ersteren
steht, in die Flanke des letzteren eingebettet zu sein.
Diese Berge spielen irgendwie miteinander Verstek-
ken — und das alles vor deinen Augen.

Doch sei dies, wie es wolle — die fragliche Stelle lag

jedenfalls so, daß sie nur unter gewissen zauberhaften Bedingungen von Licht und Schatten, und auch dann nur undeutlich, gesehen werden konnte. Allerdings wußte ich ein Jahr oder länger überhaupt nicht, daß es eine solche Stelle gab, und vielleicht hätte ich es nie gewußt, wäre nicht jener magische Nachmittag im Herbst, spät im Herbst, gewesen – ein Nachmittag, wie für trunkene Dichter geschaffen. Die verfärbten Ahornwälder im weiten Talbecken unter mir hatten ihre ersten Scharlachtinten verloren und rauchten stumpf wie qualmende Städte, wenn die Flammen über ihrem Raub verglimmen. Das Gerücht wollte es, daß diese rauchige Beschaffenheit der Luft nicht völlig eine Wirkung des Nachsommers war – der für gewöhnlich nichts Kränkliches, sondern etwas Liebliches ist –, sondern größtenteils von fernen Wäldern in Vermont hergeweht wurde, die seit Wochen brannten. Kein Wunder, wenn der Himmel so düster war wie Hekates Kessel, wenn zwei Wanderer, die ein rotes Buchweizenstoppelfeld querten, dem schuldbeladenen Macbeth und dem ahnungsvollen Banquo glichen, und wenn die einsiedlerische Sonne, im Süden, wie es ihrem Stand entsprach, in einer Höhle verborgen, nicht viel mehr tat, als daß sie, mit dem Widerschein eines Strahlenbündels, das wie auf einem Simplonpaß durch das Gewölk schoß, unverwandt einen kleinen, runden, erdbeerroten Fleck auf die bleiche Wange der nordwestlichen Hügel malte. Ein Signal wie von einer Kerze. Eine strahlende Stelle, von Schatten umgeben.

Elfen, dachte ich; ein Hexenring, in dem Elfen tanzen.

Die Zeit verging; es war im nächsten Mai – nach
einem sanften Regenschauer auf den Bergen, der,
ganz für sich allein, durch neblige Fluten von Son-
nenglanz fällt. Diese fernen Schauer, die, manchmal
zu zweien, dreien und vieren, gleichzeitig an verschiedenen Stellen sichtbar werden, liebe ich von der
Veranda zu beobachten und ziehe sie den Gewittern
vor, die den alten Greylock vermummen wie den
Berg Sinai, bis man den dunklen Moses zwischen
stechenden Schierlingstannen hinaufklettern zu sehen meint. Nach diesem sanften Schauer also erschien
ein Regenbogen, dessen Fuß genau an der Stelle
ruhte, wo ich im Herbst das Zeichen erblickt hatte.
Elfen, dachte ich und erinnerte mich daran, daß
der Regenbogen die Blumen hervortreibt, und daß
dein Glück, wenn du nur zu seinem Fuße gelangst,
in Gestalt eines Sackes voll Gold gemacht ist. Der
Fuß des Regenbogens, dachte ich – ich wollte, ich
wäre dort. Und ich wünschte es mir um so mehr, als
ich jetzt zum ersten Male etwas wie eine Schlucht
oder Grotte an der Bergflanke zu bemerken glaubte.
Zum mindesten glänzte es dort, was immer es war,
durch den Regenbogen gesehen, wie die Silbermine
von Potosi. Aber ein unpoetischer Nachbar sagte mir,
es sei zweifellos nur eine verlassene alte Scheune, deren Breitseite eingestürzt war und die den Berghang
zum Hintergrund hatte. Ich war zwar nie dort gewesen, wußte es aber besser.
Einige Tage später ließ heller Sonnenschein an der
bewußten Stelle einen goldenen Funken aufflammen.
Dieser Funke war so lebhaft, daß er nur aus Glas
entspringen konnte. Das Gebäude – sofern es überhaupt ein Gebäude war – konnte wenigstens keine

Scheune sein, schon gar nicht eine verlassene, in der seit zehn Jahren altes Heu faulte. Nein, wenn es von Menschen erbaut war, mußte es eine Hütte sein – vielleicht schon lange öde und baufällig, aber in diesem Lenz magisch herausgeputzt und glasiert.

An einem anderen Nachmittag bemerkte ich in derselben Richtung über schattendunklen Wipfeln gestaffelten Laubwerks einen breiteren Glanz wie von einem silbernen Schilde, der von einem geduckten Krieger in die Höhe gehalten wird. Dieser Glanz konnte, wie mich Erfahrung in diesen Dingen lehrte, nur von einem neu mit Schindeln belegten Dache stammen. Das überzeugte mich so ziemlich, daß die ferne Kate im Elfenland wieder bezogen worden war.

Tag für Tag spähte ich, von meiner Entdeckung gefangengenommen, sobald ich mir etwas Zeit von der Lektüre des 'Sommernachtstraums' und allem, was Titanien anging, absparen konnte, nach den Hügeln – jedoch vergebens. Entweder zogen Schattentruppen, langsam und feierlich wie eine kaiserliche Leibgarde, dahin, oder sie flohen, vom verfolgenden Lichte zerstreut, in breiter Front von Osten nach Westen, die alten Krieger Luzifers und Michaels wiederholend. Oder die Atmosphäre der Berge war, ungeachtet dieser scheinbaren Kämpfe am Himmel, aus anderen Gründen Elfengesichten abhold. Das machte mich traurig, zumal ich darauf für einige Zeit das Zimmer hüten mußte – und dieses Zimmer erlaubte keinen Blick auf die Hügel.

Schließlich sah ich an einem Septembermorgen, einigermaßen wieder wohlauf, auf der Veranda draußen, als unmittelbar hinter einer kleinen Schafherde eine Schar Bauernkinder auf dem Wege zur Nußernte vorbeilief und jauchzte: »Was für ein köstlicher Tag!« Freilich hätten ihn ihre Väter einen »Wetterbrüter« genannt. Ich war durch meine Krankheit so empfindlich geworden, daß ich es nicht ertragen konnte, ein von mir erworbenes chinesisches Schlinggewächs anzuschauen, das zu meinem Entzücken, an einem Pfahl der Veranda hinaufrankend, in sternartige Blüten ausgebrochen war, jetzt aber, wenn man nur die Blätter etwas beiseite schob, Millionen merkwürdiger nagender Würmer zeigte, die sich von diesen Blüten nährten, ihre liebliche Färbung angenommen und sie dadurch für immer häßlich gemacht hatten; zweifellos waren die Keime dieser Würmer schon in der Knolle gewesen, die ich so hoffnungsvoll gepflanzt hatte. So saß ich in der undankbaren Grämlichkeit meiner langwierigen Genesung da, als ich, plötzlich aufschauend, das goldene Bergfenster sah, blendend wie ein Delphin der Tiefsee. Elfen, dachte ich wieder; die Elfenkönigin an ihrem Elfenfenster, zumindest ein fröhliches Bergfräulein – ihr Anblick wird mir wohltun, wird meine Schwäche heilen. Nicht länger gezaudert! Jetzt will ich meinen Nachen zu Wasser bringen – freu dich, mein Herze, ahoi! – und absegeln ins Elfenland, zum Fuße des Regenbogens im Elfenland!

Wie und auf welcher Straße ich dahin gelangen sollte, wußt' ich freilich nicht; auch konnte mich's niemand lehren. Nicht einmal ein gewisser Edmund Spenser, der dort gewesen war, wie er mir schrieb, aber nichts weiter sagen konnte, als daß man, um ins Elfenland zu gelangen, hinreisen, aber fest im Glauben sein müsse. Ich nahm Kurs auf den Elfenberg und bestieg am ersten schönen Tage, sobald es meine Kräfte erlaubten, meinen Nachen – einen Nachen mit hohem Ledersattel –, band ihn los und fort segelt' ich, ein freier Reisender auf einem Herbstblatt. Es war frühe Dämmerung, und wie ich gen Westen fuhr, säte ich den Morgen vor mir her.

Nach einem Ritt von ein paar Meilen gelangte ich in die Gegend der Hügel, konnte sie jedoch jetzt nicht sehen. Ich hatte den Weg nicht verloren; denn die Goldruten am Straßenrain zeigten mir wie Wegweiser zweifellos die Richtung zum goldenen Fenster an. Ihnen folgend, kam ich in eine öde und traurige Gegend, wo die grasigen Wege von schläfrigen Viehherden begangen waren, die der Tag weniger zu wecken als in ihrem Schlafwandel zu stören schien. Sie weideten nicht; denn Verwunschene essen nie. Das behauptet wenigstens Don Quijote, der weiseste aller Weisen, die je gelebt haben.

Ich ritt weiter und erreichte schließlich den Fuß des Elfenberges, sah aber noch keinen Hexenring. Eine Bergweide stieg vor mir an. Fünf vermodernde Stangen niederbrechend, die von so feuchtem Grün waren, daß sie aus einem versunkenen Wrack aufgefischt zu sein schienen, kam ein perückentragender alter Widder, langgesichtig und mit krummem Gehörn, schnuppernd heran. Dann wandte er sich ab und trollte längs einer Milchstraße von Silbergras, an blassen Sternhaufen kleiner Vergißmeinnicht, vorbei, und hätte mich weiter auf seinem Sternenpfad geführt, wenn nicht güldene Scharen von Goldammern, zweifellos Lotsen zum goldenen Fenster, erschienen wären, die vor mir her von Busch zu Busch tiefen Wäldern entgegenflogen. Diese Wälder, an sich verlockend genug, dehnten sich hinter einem nicht minder verlockenden Gatter, das einen dunklen Weg versperrte, der freilich nach oben führte. Ich brach hindurch, als sich der Widder, zugunsten irgendeiner verlorenen Seele von mir ablassend, umdrehte und seiner vernünftigen Bahn folgte. Denn hier war für ihn verbotener Grund.

Eine Winterschneise, weithin mit einem Teppich von Wintergrün bedeckt. Am Rand kiesiger Wasser, die in der Einsamkeit um so lustiger blinkten, unter schwingenden Fichtenästen, die von keiner Jahreszeit geliebt wurden und doch in allen grünten, zog ich mit meinem Pferde dahin. Weiter, an einer alten Sägemühle vorbei, von Ranken gebunden und geknebelt, so daß sie ihre knarrende Stimme nicht mehr ertönen lassen konnte. Weiter, an einem Wildbach vorbei, der sich eine Gasse durch schneeweißen Marmor gebahnt, schimmernd in Frühlingsfarben, wo Stromschnellen an beiden Ufern hohle Kapellen aus dem Gestein gewaschen hatten. Weiter, wo Aronstäbe, ihrem biblischen Namen gemäß, nur der Wüste predigten. Weiter, wo ein mächtiger, grobkörniger Felsblock, in Farnkraut gebettet, ragte, den in verschollenen Zeiten Mensch um Mensch zu zerbrechen versucht hatte; aber für all ihre Mühe hatten sie nur ihre eisernen Keile verloren, die noch in ihren Löchern rosteten. Weiter, wo in grauer Vorzeit an den Stufen eines Wasserfalls schädelartige Töpfe durch einen ohn Unterlaß herumgewirbelten Feuerstein ausgehöhlt worden, der, andere abnutzend, selbst unabgenutzt blieb. Weiter, an wilden Gießbächen vorbei, die sich in heimliche Becken stürzten, in denen sie so lange kreisten, bis sie, besänftigt, still daraus abflossen. Weiter, über weniger zerklüfteten Grund und an einem kleinen Kreis vorbei, wo wirklich Elfen getanzt haben oder etwa Radreifen erhitzt worden sein mußten; denn alles war glattgewalzt. Und immer weiter, hinaus in einen abschüssigen Obstgarten, wo der jungfräuliche Halbmond von Osten auf mich herabsah.

Mein Pferd senkte den Kopf tiefer. Rote Äpfel rollten vor ihm über den Weg, Evas-Äpfel, von der Sorte »Such-nicht-weiter«. Es kostete einen, ich einen anderen: er schmeckte nach Erde. Noch immer nicht Elfenland, dachte ich und warf meinen Zügel nach einem knorrigen alten Baume, der einen Arm herauskrümmte, um ihn aufzufangen. Denn wo es jetzt weiterging, gab es keinen Pfad mehr, und ich mußte für mich allein und auf gut Glück gehen. Ich schritt durch Brombeerhecken, die mich zurückzuhalten suchten, obwohl ich doch nur nach fruchtlosen Berglorbeerbüschen strebte – über schlüpfrige Steilhänge zu kahlen Höhen, wo niemand wartete, mich willkommen zu heißen. Noch immer nicht Elfenland, dachte ich; doch hab' ich den Morgen hier vor mir.

Einigermaßen fußwund und ermattet hatte ich das Ende meiner Fahrt noch immer nicht erreicht, fand aber bald einen rauhen Paß, der weiter nach oben führte. Ein Zickzackweg, halb von Heidelbeerbüschen übersponnen, wand sich zwischen Klippen hindurch. In ihren rissigen Wänden klaffte ein Spalt; dort zweigte ein schmaler Pfad ab, der, durch eine kurze Schlucht aufwärtsführend, in luftiger Höhe mündete. Hier senkte sich der Berggipfel, nach Norden teilweise von einem größeren Bruder geschützt, ein Stück sanft hernieder, ehe er dunkel abfiel. Und hier lief zwischen romantischen Felsen ein halb gebahnter Fußweg zu einer kleinen, niedrigen grauen Hütte hinauf, die mit einem spitzen Dach wie mit einer Nonnenhaube bedeckt war.

Das Dach war an einer Schrägseite vom Wetter dunkel verfärbt und nächst der Traufe mit samtartigem Grün bekleidet; zweifellos hatten hier Schneckenmönche moosige Klausen gefunden. Die andere Schrägseite war neu mit Schindeln belegt worden. Auf der Nordwand, die tür- und fensterlos war, glichen die rohen Schindeln den grünen Nordseiten flechtenbedeckter Kiefern oder kupferlosen Rümpfen japanischer Dschunken, die in einer Windstille lagen. Der ganze untere Teil war wie die benachbarten Felsen von Schattenreihen üppigsten Grases umsäumt; denn mit Herdsteinen hat es im Elfenland die Bewandtnis, daß der natürliche Fels, wiewohl ins Haus gestellt, bis zuletzt seinen befruchtenden Zauber behält wie auf offener Feldflur — notwendigerweise hier umgekehrt auf den Rasen am Hause wirkend. So sagt wenigstens Oberon, eine gewichtige Autorität auf dem Gebiet der Elfenweisheit. Lassen wir aber Oberon beiseite, so ist immerhin sicher, daß sogar in der Alltagswelt der Boden nahe an Bauernhäusern, wie nahe an Wiesenfelsen, stets, wenn auch ungedüngt, reicher ist als einige Meter weiter: eine solche sanfte, nährende Wärme wird dort ausgestrahlt.

Aber bei dieser Hütte hatten sich die Schattenstreifen am üppigsten an ihrer Vorderseite und um ihren Eingang entwickelt, wo sich die Grundschwelle und besonders die Schwelle der Tür tief eingesenkt hatten.

20

Weder ein Zaun noch eine Einfriedigung war zu erblicken. In der Nähe breiteten sich Farne, nichts als Farne; weiterhin Wälder, nichts als Wälder; jenseits Berge, nichts als Berge; und darüber Himmel, nichts als Himmel: himmlische Allmenden, auf denen der Bergmond weidet. Natur, nichts als Natur, das Haus und sogar ein kleiner Holzstoß aus Silberbirke eingeschlossen, zum Austrocknen locker aufgeschichtet, zwischen dessen silbernen Ruten sich wie durch das Gitter eines eingehegten Grabes Himbeerranken in allen Richtungen drängten, ihr Recht auf freie Bahn entschlossen verteidigend.

Der Fußpfad, so zierlich und schmal wie eine Schafspur, führte durch lange, niedergetretene Farnkräuter hindurch. Hier endlich ist Elfenland, dachte ich – hier wohnt Una mit ihrem Lamm. Wahrlich, eine winzige Klause – eine Art Palankin, auf den Gipfel gelegt wie auf eine Brücke zwischen zwei Welten, und doch zu keiner gehörig.

Es war eine schwüle Stunde. Ich trug einen leichten Hut aus gelbem Leinen und weiße Segeltuchbeinkleider, Überbleibsel von meinen Fahrten durch tropische Meere. Vom Farnkrautgestrüpp gehemmt, strauchelte ich leicht, und meine Knie färbten sich seegrün.

An der Schwelle oder vielmehr da, wo sich einmal eine solche befunden, blieb ich stehen und erblickte durch die offene Tür ein einsames Mädchen, das am einsamen Fenster nähte. Das Mädchen hatte blasse Wangen, und das Fenster war von Fliegen verunreinigt; Wespen summten um die ausgebesserten oberen Scheiben. Ich redete. Sie schrak leicht zusammen wie ein Mädchen aus Tahiti, das, für eine Opferhandlung verborgen, durch Palmen zum ersten Male Kapitän Cook erspähte. Nachdem sie ihre Fassung wiedererlangt, bat sie mich einzutreten, wischte mit ihrer Schürze einen Stuhl ab und setzte sich still wieder auf ihren eigenen. Dankend nahm ich den Stuhl; aber jetzt schwieg auch ich für eine Weile. Das ist also das Bergelfenhaus, und die Elfenkönigin sitzt an ihrem Elfenfenster.

Ich ging darauf zu. Unten, durch den tunnelartigen Hohlweg wie durch ein eingestelltes Fernrohr, sah ich die ferne, freundliche, azurblaue Welt. Ich erkannte sie kaum wieder, obwohl ich daher gekommen.

»Diese Aussicht muß Ihnen sehr gefallen«, sagte ich endlich.

»Ach, Herr«, antwortete sie, indem ihr Tränen in die Augen traten, »als ich zum ersten Male durch dies Fenster schaute, glaubt' ich, ich könnt' ihrer nie müde werden.«

»Und warum sind Sie ihrer jetzt müde?«

»Ich weiß es nicht«, antwortete sie, und eine Träne fiel herab, »aber daran ist nicht die Aussicht, sondern Marianne selber schuld.«

Einige Monate vorher war ihr Bruder, der erst siebzehn Jahre zählte, nach langer Wanderung von der anderen Seite des Berges hierher gekommen, um Holz zu fällen und Kohle zu brennen, und sie, seine ältere Schwester, hatte ihn begleitet. Lange schon waren sie Waisen und jetzt die einzigen Bewohner des einzigen Hauses auf dem Berge. Kein Gast kam zu ihnen, kein Wanderer ging an ihrer Hütte vorüber. Der gefährliche Zickzackpfad wurde nur zu gewissen Jahreszeiten von den Kohlenwagen benutzt.

Der Bruder war den ganzen Tag, manchmal auch die ganze Nacht abwesend. Wenn er abends ermattet heimkehrte, vertauschte er bald seine Bank, der arme Junge, gegen sein Bett, wie ein Mensch, der müde zuletzt auch dieses gegen eine noch tiefere Ruhe vertauscht. Die Bank, das Bett und das Grab —
Schweigend stand ich am Elfenfenster, während mir diese Dinge erzählt wurden.

»Wissen Sie«, sagte sie schließlich, als ob sie sich von ihrer Geschichte losrisse, »wissen Sie, wer dort drüben wohnt? Ich bin noch nie in dem Lande da unten gewesen. Das Marmorhaus da hinten« — sie zeigte weit auf die Tallandschaft hinaus — »haben Sie's noch nicht gefunden? An der langen Berglehne dort, mit dem Feld davor und den Wäldern dahinter; weißleuchtend gegen den blauen Himmel — das einzige Haus, das von hier zu sehen ist.«
Ich spähte und erkannte nach einer Weile zu meiner Überraschung — mehr nach der Lage als nach dem Aussehen oder der Beschreibung Mariannens — mein eigenes Heim, genauso schimmernd wie die Berghütte, von meiner Veranda gesehen. Die täuschenden Dünste ließen es weniger einem Bauernhaus als dem Wohnsitz des Zauberkönigs gleichen.

»Ich habe mich oft gefragt, wer dort wohnen mag, doch muß es ein Glücklicher sein. Erst heute morgen hab' ich wieder daran gedacht.«

»Ein Glücklicher?« entgegnete ich erschreckend. »Und warum denken Sie das? Meinen Sie, ein Reicher wohne dort?«

»Ob reich oder nicht — das hab' ich mir nie überlegt; aber es sieht so glücklich aus — ich kann nicht sagen wie, und es liegt so weit entfernt. Mitunter glaub' ich, ich hätt' es nur dorthin geträumt. Sie sollten es erst bei Sonnenuntergang sehen!«

»Gewiß wird der Sonnenuntergang es schön vergolden – aber wohl nicht mehr als der Sonnenaufgang diese Hütte.«

»Diese Hütte? Die Sonne meint es zwar gut; aber diese Hütte vergoldet sie nie. Warum sollte sie auch? Diese Hütte ist alt und verfällt; deshalb ist sie so bemoost. Am Morgen scheint die Sonne durch das alte Fenster hier herein, gewiß; es war zugenagelt, als wir kamen. Ich kann es einfach nicht sauberhalten – wieviel Mühe ich mich's auch kosten lasse. Manchmal brennt die Sonne, und manchmal blendet sie mich beim Nähen und regt die Fliegen und Wespen auf – Fliegen und Wespen, wie man sie nur in alten Berghäusern kennt. Sehen Sie, dies ist mein Vorhang – die Schürze hier; ich versuche, es damit zu schließen. Sehen Sie, wie sie ausbleicht? Die Sonne – und dieses Haus vergolden? Das hat Marianne noch nie gesehen.«

»Weil Sie, wenn das Dach am schönsten vergoldet ist, hier drinnen sitzen.«

»Sprechen Sie von der heißesten und beschwerlichsten Stunde des Tages? Herr, dieses Dach vergoldet die Sonne nicht. Wie durchlöchert es war – der Bruder hat eine ganze Seite neu mit Schindeln gedeckt. Haben Sie es nicht gesehen? Die Nordseite, wo die Sonne höchstens streift, was der Regen durchnäßt hat. Die Sonne ist eine gute Sonne; aber zuerst verbrennt sie das Dach, und dann fault es. Ein altes Haus. Die Leute, die es bauten, sind nach Westen gegangen und schon lange tot, wie man sagt. Ein Berghaus. Im Winter könnte kein Fuchs darin hausen. Der Kamin war ganz mit Schnee gefüllt, wie ein hohler Baumstumpf.«

»Sie haben seltsame Phantasien, Marianne.«

»Sie geben ja nur die Dinge wieder.«

»Also hätte ich besser sagen sollen: 'Dies sind seltsame Dinge!'?«

»Wie es Ihnen beliebt.« Mit diesen Worten nahm sie ihre Näharbeit wieder auf.

Etwas in ihren Worten oder in ihren stillen Gebärden ließ mich verstummen. Durch das Elfenfenster sah ich einen breiten Schatten herankriechen, als wäre er von einem riesigen, mit ausgebreiteten Schwingen lauernden Kondor geworfen, und ich bemerkte, wie er mit seinem tieferen, alles umschließenden Dunkel die kleineren Schatten von Felsen und Farnen in sich hineinsaugte.

»Sie betrachten die Wolke?« fragte Marianne.

»Nein, einen Schatten nur. Zweifellos den Schatten einer Wolke; aber sie selbst kann ich nicht sehen. Woher wissen Sie das übrigens? Ihre Augen ruhen doch auf Ihrer Arbeit.«

»Sie hat mir meine Arbeit verdunkelt. Da — jetzt ist die Wolke verschwunden, und Tray kommt zurück.«

»Wie?«

»Der Hund, der zottige Hund. Um Mittag schleicht er sich weg — von selbst, um seine Gestalt zu verändern; dann kommt er zurück und liegt eine Weile vor der Tür. Sehen Sie ihn denn nicht? Sein Kopf ist Ihnen zugewandt; aber als Sie kamen, blickte er vor sich nieder.«

»Ihre Augen ruhen doch immer auf Ihrer Arbeit. Wovon sprechen Sie also?«

»Er geht am Fenster vorbei.«

»Sie meinen den zottigen Schatten hier? Allerdings, wenn ich ihn jetzt ansehe, ähnelt er wirklich einem großen, schwarzen Neufundländer. Der siegreiche Schatten ist gegangen, und der besiegte kehrt zurück. Aber ich kann nicht sehen, welcher Gegenstand ihn wirft.«

»Da müssen Sie hinausgehen.«

»Wahrscheinlich einer der grasbedeckten Felsen.«

»Sehen Sie seinen Kopf, sein Gesicht?«

»Des Schattens? Sie reden, als ob Sie ihn sähen, und doch ruhen Ihre Augen die ganze Zeit auf der Arbeit.«

»Tray sieht Sie an«, sagte sie, immer noch ohne aufzublicken, »dies ist seine Stunde. Ich sehe ihn.«

»Haben Sie so lange an diesem Bergfenster gesessen, wo nur Wolken und Dünste vorüberziehen, daß für Sie die Schatten Dinge geworden sind, wenn Sie auch von ihnen sprechen wie von Gespenstern? Daß Sie durch vertraute Kenntnis, die wie ein zweites Gesicht wirkt, ohne nach ihnen zu schauen, genau sagen können, wo sie sind, obgleich sie wie auf Mäusefüßen huschen, kommen und gehen? Daß für Sie diese leblosen Schatten wie lebende Freunde sind, die, wenn auch unsichtbar, doch in Ihren Gedanken, sogar mit ihrem Aussehen, leben? Ist es so, Marianne?«

»Auf diese Art hab' ich noch nie daran gedacht. Aber der freundlichste von allen, der meine Müdigkeit immer so gut zu lindern wußte, wenn er kühl auf den Farnen zitterte – er wurde mir genommen, um nie wiederzukehren wie Tray soeben: der Schatten einer Birke. Der Baum wurde vom Blitz getroffen, und mein Bruder hat ihn zerstückelt. Sie haben den

26

Holzstoß vor der Tür gesehen, die begrabene Wurzel liegt darunter, aber der Schatten nicht. Der ist geflohen und wird nie zurückkehren, sich nie wieder irgendwo regen.«

Eine andere Wolke schlich vorbei, die wieder den Hund auslöschte und den ganzen Berg verdunkelte; dabei herrschte eine so tiefe Stille, daß die Taubheit sich selbst hätte vergessen oder glauben können, daß die lautlosen Schatten sprächen.

»Vögel, Marianne, Singvögel höre ich keine hier; ich höre überhaupt nichts. Knaben und Stare – kommen sie nie zur Beerenlese auf diesen Gipfel?«

»Vögel hör' ich selten, Knaben nie. Die Beeren reifen zumeist und fallen ab – wenige, außer mir, werden's gewahr.«

»Aber Goldammern haben mir wenigstens ein Stück des Weges gezeigt.«

»Und sind dann zurückgeflogen. Ich denke mir, sie tummeln sich an den Berghängen, wählen sich aber nicht den Gipfel zur Wohnung. Wenn man so einsam hier lebt, nichts weiß, nichts hört – höchstens das Rollen des Donners und das Fallen der Bäume – nie liest, selten spricht, aber immer wacht – zweifellos glauben Sie, daß dies mir meine seltsamen Gedanken eingibt (denn so nennen Sie sie): dieses Müde- und Wachsein in einem. Mein Bruder, der im Freien steht und schafft – ich wollt', ich könnte Ruhe finden wie er; aber mein Tun ist meist langweilig Frauenwerk – sitzen, sitzen, ruhelos sitzen.«

»Gehen Sie nicht manchmal spazieren? Dies sind weite Wälder hier.«

»Und einsame Wälder. Einsam, weil sie so weit sind. Manchmal freilich, an Nachmittagen, geh' ich ein

Stückchen; aber bald komm' ich wieder zurück. Besser ist's, sich am Herd einsam zu fühlen als zwischen den Felsen. Diese Schatten hier kenne ich – die in den Wäldern sind mir fremd.«

»Aber in der Nacht?«

»Ist's wie am Tage. Denken, denken – ein Rad läßt sich nicht aufhalten; nur der Wunsch nach Schlaf dreht es immerfort.«

»Ich habe gehört, daß man bei dieser überwachen Müdigkeit Gebete sprechen und dann den Kopf auf ein frisches Kissen legen soll –«

»Sehen Sie!«

Sie zeigte durchs Elfenfenster den Hang hinunter nach einem kleinen Garten in der Nähe – einem Blumentopf voll gehäufelter Erde, halb von schützenden Felsen eingefaßt; dort wanden sich, einige Fuß voneinander getrennt, zwei Hopfenranken, schwächlich und verkümmert, an zwei Stäben hinauf und wollten, oben angekommen, zueinander gelangen; aber die genarrten Schößlinge tasteten ein Weile in der leeren Luft, bis sie wieder dahin zurückkrochen, woher sie abgeschnellt waren.

»Sie haben es also mit dem Kissen versucht?«

»Ja.«

»Und auch mit den Gebeten?«

»Mit Gebeten und Kissen.«

»Gibt es denn kein anderes Mittel, keinen anderen Zauber?«

»Ach, wenn ich nur einmal nach jenem Hause gelangen und sehen könnte, wer das glückliche Wesen ist, das es bewohnt! Ein närrischer Gedanke – warum muß ich ihn nur denken? Vielleicht, weil ich hier so einsam lebe und gar nichts weiß?«

28

»Auch ich weiß nichts; deshalb kann ich Ihnen nicht antworten. Aber Ihretwegen, Marianne, wünscht' ich mir, daß ich der Glückliche in dem glücklichen Hause wäre, das Sie zu sehen träumen. Denn dann könnten Sie ihn jetzt anblicken, und die Müdigkeit, von der Sie sprechen, verließe Sie vielleicht.«

Genug! Ich wende meinen Nachen nicht mehr zum Elfenlande, sondern bleibe auf meiner Veranda. Sie ist meine Königsloge, dieses Amphitheater hier mein San-Carlo-Theater. Ja, es ist eine zauberische Bühne, die Illusion vollkommen. Frau Wiesenlerche, meine Primadonna, gibt hier ihre große Gastrolle; und wenn ich ihre Sonnenaufgangsnote trinke, die wie die Memnonsäule vom goldenen Fenster zu tönen scheint — wie weit ist dann das müde Gesicht dahinter von mir entfernt!

Aber allabendlich, wenn der Vorhang fällt, kommt mit dem Dunkel die Wahrheit. Kein Licht schimmert vom Berge. Hin und her wandere ich auf meiner Veranda, verfolgt vom Antlitz Mariannens und mancher wahren Geschichte.

## BARTLEBY

Ich bin schon ein älterer Mann. Die Art meiner beruflichen Tätigkeit hat mich in den letzten dreißig
Jahren in ungewöhnlich enge Berührung mit einem
Personenkreis gebracht, den man wohl interessant
und einzigartig nennen kann und über den bis jetzt
– soviel ich weiß – noch nichts geschrieben worden
ist – nämlich die Gerichtsschreiber, überhaupt die
beruflichen Schreiber. Ich kenne viele im Berufs-
leben und privat, und wenn ich wollte, könnte ich
ein paar Geschichten erzählen, über die würden
gutmütige Männer vielleicht lächeln, und gefühlvolle Seelen würden vielleicht darüber weinen. Aber
ich verzichte auf alle Berichte über das Leben anderer Schreiber, um ein paar Abschnitte aus dem Leben Bartlebys zum besten zu geben; denn er war
der sonderbarste Schreiber, den ich je gesehen und
von dem ich je gehört habe. Bei anderen Gerichts-
schreibern könnte ich das ganze Leben schildern,
aber nicht bei Bartleby. Ich glaube, für eine lücken-
lose und befriedigende Biographie dieses Mannes
gäbe es gar kein Material – ein unersetzlicher Verlust für die Literatur. Bartleby gehört zu jenen,
über die nichts zu erkunden ist, wenn man es nicht
aus Originalquellen bezieht, und diese sind in seinem

Falle sehr unzulänglich. Ich weiß nichts weiter von Bartleby als das, was meine eigenen erstaunten Augen sahen, allerdings mit Ausnahme eines unklaren Berichts, der nachher noch angefügt werden soll. Bevor ich den Schreiber so einführe, wie er zuerst bei mir auftrat, ist es wohl angebracht, daß ich etwas über mich selber sage, über meine Angestellten, meine Tätigkeit, meine Zimmer und meine Umgebung im allgemeinen, da solche Beschreibung für ein entsprechendes Verständnis des Hauptcharakters, der dargestellt werden soll, unerläßlich ist. So will ich vorausschicken: Ich bin ein Mann, der von Jugend auf von der tiefen Überzeugung erfüllt war, die leichteste Art zu leben sei die beste. Und wenn ich auch einem Beruf angehöre, der sprichwörtlich energisch und nervös ist, zuweilen bis zur Heftigkeit, habe ich daher doch nie geduldet, daß irgendeine Störung solcher Art in meinen Frieden einbreche. Ich bin einer jener Rechtsanwälte, die keinen Ehrgeiz haben, die niemals ein Urteil anfechten oder sonst irgendwie den Beifall des Publikums auf sich lenken, sondern in der kühlen Ruhe behaglicher Zurückgezogenheit gemächlich ihre Geschäfte erledigen – Schuldverschreibungen von reichen Leuten, Hypotheken und Eigentumsurkunden. Alle, die mich kennen, schätzen mich als außerordentlich zuverlässig. Der verstorbene John Jakob Astor, dessen Natur wenig zu schwärmerischer Begeisterung neigte, gab ohne weiteres zu, daß meine stärkste Seite Vorsicht sei und meine zweitstärkste Methode. Ich sage das nicht aus Selbstgefälligkeit, sondern ich erwähne nur die Tatsache, daß ich in meinem Beruf auch den verstorbenen John Jakob Astor zu

meinen Klienten zählte. Ich will zugeben, daß ich
den Namen gern wiederhole: er hat solch einen
runden kugligen Ton und klingt ganz nach Gold.
Ich will auch offen gestehen, daß ich gegen des verstorbenen John Jakob Astor gute Meinung nicht un-
empfindlich war.

Kurz vor der Zeit, zu der diese kleine Geschichte
beginnt, waren meine Geschäfte außerordentlich
angewachsen. Das gute, alte Amt eines Referenten
im Kanzleigericht, das es heute im Staate New York
nicht mehr gibt, war mir übertragen worden. Es war
kein sehr mühsames Amt, aber es brachte erfreulich
viel ein. Ich werde zwar selten heftig, und noch sel-
tener gebe ich in bedenklicher Erregung Unge-
rechtigkeiten und Empörung Raum, aber hier muß
man mir doch einmal gestatten, offen zu sein und
erklären zu dürfen, daß ich die plötzliche unver-
mittelte Abschaffung des Postens eines Kanzleige-
richtsreferenten durch die neue Konstitution für
überstürzt halte, insofern nämlich, als ich auf einen
lebenslänglichen Gewinn daraus gehofft hatte, und
nun hatte ich ihn nur ein paar kurze Jahre hindurch.
Doch dies nur nebenbei.

Meine Räume waren in der Wallstreet No. – in einem
der oberen Stockwerke gelegen. Auf einer Seite sah
man auf die weiße Wand – das Innere eines geräumigen Lichtschachtes, der sich durch das ganze
Haus zog vom Dach bis zum Erdgeschoß.

Diesen Anblick konnte man kaum anders als langweilig nennen; denn es fehlte ihm ganz und gar,
was die Maler »Leben« nennen. Dazu bildete die
Aussicht vom anderen Ende meiner Zimmer wenn
nicht mehr, doch zumindest einen Gegensatz. In die-

ser Richtung boten meine Fenster einen ungehinderten Blick auf eine hohe Ziegelmauer, schwarz
von Alter und immerwährenden Schatten. Um die
verborgenen Schönheiten dieser Mauer zu entdecken,
brauchte man kein Fernglas; denn zum Glück für
alle kurzsichtigen Betrachter war sie mir auf zehn
Fuß vor mein Fenster gesetzt. Da meine Zimmer
im zweiten Stock lagen und die Gebäude sehr hoch
waren, erinnerte der Raum zwischen dieser Mauer
und der meinen nicht wenig an eine große viereckige Zisterne.

In der Zeit unmittelbar vor dem Auftauchen Bartlebys beschäftigte ich zwei Leute als Schreiber und
einen hoffnungsvollen Jüngling als Laufburschen.
Der erste war Turkey — Truthahn, der zweite Nippers, das heißt Kneifer, und der dritte Ginger Nut,
das bedeutet Ingwerkeks. Dies sind wohl Namen, wie
man sie nicht so leicht im Adreßbuch findet, und
sie waren auch wirklich Spitznamen, die meine drei
Schreiber sich gegenseitig gegeben hatten, und sie
glaubten, ihre ehrenwerten Personen und ihre Charaktere seien damit hinreichend bezeichnet. Truthahn war ein kleiner beleibter Engländer, ungefähr
in meinem Alter — also etwa um die sechzig. Am
Morgen war sein Gesicht, man möchte sagen, von
zarter rötlicher Färbung, aber nach zwölf Uhr mittags — seiner Essenszeit — glühte es wie ein Kamin
voller Weihnachtskohlen und glühte immerfort —
aber gleichsam immer mehr abnehmend — bis ungefähr um sechs Uhr; danach sah ich nichts mehr
von dem Eigentümer des Gesichts, das seinen Glutgipfel mit der Sonne erreichte und mit ihr unterzugehen schien, um am nächsten Tag mit gleicher

Regelmäßigkeit und unverminderter Pracht sich zu erheben, seinen Höhepunkt zu überschreiten und abzusteigen. Im Laufe meines Lebens habe ich viel Sonderbares gesehen, und nicht das geringste darunter war die Tatsache, daß mit dem kritischen Moment, da Truthahn auf seinem roten glühenden Gesicht seine vollsten Strahlen entfaltete, dann auch die Tageszeit begann, in der ich seine geschäftlichen Fähigkeiten für den Rest der vierundzwanzig Stunden als ernstlich gestört betrachten mußte. Nicht, daß er dann ganz faul gewesen wäre oder sich vor der Arbeit gedrückt hätte – im Gegenteil. Die Schwierigkeit lag darin, daß er dann im allgemeinen dazu neigte, allzu energisch aufzutreten. Dann entfaltete er eine sonderbar erregte, ruhelose, flüchtige und unbesonnene Geschäftigkeit. Ständig tauchte er dann seinen Federhalter unvorsichtig ins Tintenfaß. Alle seine Kleckse auf meinen Dokumenten waren nach zwölf Uhr mittags entstanden. Ja, er war am Nachmittag nicht nur unüberlegt und leicht geneigt, Kleckse zu machen, sondern an manchen Tagen ging es so weit, daß er ziemlich herumlärmte. Auch flammte zu solchen Zeiten sein Gesicht in noch vermehrter Pracht, wie wenn Cannelkohle auf Anthrazit geschüttet wird. Er machte einen fürchterlichen Lärm mit seinem Stuhl; er verschüttete sein Sandfaß; wenn er seine Federn reparierte, spaltete er sie dabei alle in Stücke und schleuderte sie in plötzlicher Wut auf die Erde, stand auf, lehnte sich über seinen Tisch und schob dabei seine Papiere in einer unglaublichen Art auf dem Tisch herum, was bei einem älteren Mann sehr betrüblich anzusehen war. Doch in mancher Hinsicht war er mir sehr wertvoll, und die ganze Zeit vor zwölf Uhr mittags arbeitete er schnell und zuverlässig und erledigte vieles auf eine Art und Weise, die ihresgleichen sucht; aus diesen Gründen war ich trotzdem bereit, seine Schrullen zu übersehen, wenn ich ihm auch freilich gelegentlich Vorhaltungen machte. Ich tat dies jedoch sehr vorsichtig; denn war er auch am Morgen äußerst höflich, ja, denkbar sanftmütig und ergeben, so war es doch am Nachmittag leicht möglich, daß auf eine Herausforderung seine Zunge mit ihm durchging, ja, sogar, daß er unverschämt wurde. Da ich nun seine morgendlichen Dienste so würdigte und entschlossen war, sie mir nicht zu verscherzen, doch zugleich auch von seiner nervösen Art nach zwölf Uhr unangenehm berührt und nicht gewillt war, mit meinen Ermahnungen unziemliche Erwiderungen von seiner Seite herauszufordern, entschloß ich mich als friedliebender Mann, ihm an einem Sonnabendmittag (am Sonnabend war er immer besonders schlecht aufgelegt) sehr freundlich anzudeuten, daß es vielleicht, da er nun doch schon alt würde, besser sei, seine Arbeitszeit zu verkürzen; kurz, daß er nach zwölf Uhr nicht mehr ins Büro zu kommen brauche, sondern daß er nach dem Essen am besten nach Hause in seine Wohnung ginge und sich bis zum Tee ausruhen sollte. Aber nein — er bestand auf seinen Nachmittagsdienst. Sein Gesicht fing an, unerträglich zu glühen, als er mir mit Rednerallüren darlegte, daß seine Dienstleistungen, wenn sie des Morgens nützlich seien, am Nachmittag doch geradezu unentbehrlich wären. Dabei fuchtelte er am anderen Zimmerende mit dem Lineal herum.

»Mit Verlaub, Herr«, sagte Truthahn bei dieser Gelegenheit, »ich glaube doch, ich bin Ihre rechte Hand. Am Morgen ordne ich meine Kolonnen und stelle sie auf, am Nachmittag aber trete ich an ihre Spitze und greife den Feind an mit aller Tapferkeit — so«, und er hieb heftig mit dem Lineal.

»Aber die Kleckse, Truthahn«, gab ich zu bedenken.

»Das stimmt; aber mit Verlaub, Herr, sehen Sie dieses Haar! Ich werde alt — ein oder zwei Kleckse an einem hitzigen Nachmittag, Herr — das können Sie doch nicht im Ernst gegen graues Haar anführen. Alter ist der Ehren wert — wenn man auch mal eine Seite bekleckst. Mit Verlaub, Herr — wir werden *beide* alt!«

Diesem Appell an mein Solidaritätsgefühl konnte ich kaum widerstehen. Ich sah auf jeden Fall, daß er nicht gehen würde, und so entschloß ich mich, ihn bleiben zu lassen, aber trotzdem zuzusehen, daß er am Nachmittag immer nur mit meinen weniger wichtigen Papieren zu tun hatte.

Kneifer, der zweite im Bunde, war ein bärtiger, bleicher junger Mann von etwa fünfundzwanzig Jahren, der im großen ganzen den Eindruck eines Seeräubers machte. Ich sah ihn immer als Opfer zweier böser Mächte: seines Ehrgeizes und schlechter Verdauung. Der Ehrgeiz bekundete sich in einer gewissen Ungeduld bei seiner bloßen Schreibtätigkeit und unverantwortlichen Eingriffen in streng berufliche Angelegenheiten, etwa das Entfernen von Originaltexten für Rechtsurkunden. Anzeichen für schlechte Verdauung waren eine gelegentliche nervöse Verdrießlichkeit und eine Reizbarkeit, die ihn hörbar mit den Zähnen knirschen ließ, wenn ihm beim Abschreiben Fehler unterliefen, unnötiges Fluchen im Eifer der Arbeit, mehr gezischt als gesprochen, und besonders eine dauernde Unzufriedenheit mit der Höhe des Tisches, an dem er arbeitete. Obwohl dieser Tisch eine sehr sinnreiche Mechanik hatte, konnte Kneifer nie mit ihm zurechtkommen. Er legte Holzstücke unter, Klötze von der verschiedensten Größe, und Pappe, und endlich versuchte er es sogar mit einer ganz besonderen Vorrichtung — mit gefalteten Stücken von Löschpapier. Aber es half alles nichts. Wenn er, um es seinem Rücken leichter zu machen, die Tischplatte in einem spitzen Winkel fast bis ans Kinn brachte und darauf schrieb wie einer, der das steile Dach eines Holländerhauses als Schreibpult benutzt, behauptete er, das störe den Blutkreislauf in seinen Armen. Wenn er nun den Tisch bis zu seinem Rockbund herabließ und sich beim Schreiben drüberbückte, bekam er schreckliche Rückenschmerzen. Kurz, die Sache war die, daß Kneifer nicht wußte, was er wollte, oder wenn er überhaupt etwas wollte, dann wollte er seinen Schreibtisch ganz und gar los sein. Zu den Äußerungen seines krankhaften Ehrgeizes gehörte es, daß er mit Vorliebe Besuche von gewissen zweideutig aussehenden Personen in schäbigen Überziehern empfing, die er seine Klienten nannte. Es fiel mir tatsächlich auf, daß er nicht nur zuzeiten ein bedeutender Wahlpolitiker war, sondern sich gelegentlich ein wenig in den Gerichtshöfen betätigte und auf den Stufen des Stadtgefängnisses nicht unbekannt war. Indessen habe ich doch guten Grund anzunehmen, daß alle, die ihn in meinen Amtsräumen aufsuchten und mit großartiger

Miene darauf bestanden, seine Klienten zu sein,
nichts weiter waren als Gläubiger und daß die angebliche Eigentumsurkunde eine Rechnung war.
Aber mit allen seinen Fehlern und bei allem Ärger,
den er mir machte, war Kneifer wie sein Landsmann
Truthahn doch sehr nützlich für mich; er schrieb
eine saubere, schnelle Hand; und wenn er wollte,
konnte er sich recht gesittet betragen. Überdies kleidete er sich immer vornehm, und so brachte er meine
Amtsräume in guten Ruf, während ich bei Truthahn
immer darauf sehen mußte, daß er mein Geschäft
nicht in Mißkredit brachte. Seine Kleider sahen leicht
ölig aus und rochen nach Speisehäusern. Im Sommer
trug er seine Hosen ganz locker und wie Säcke. Seine
Mäntel waren scheußlich, gar nicht zu reden von seinem Hut. Aber während der Hut mir gleichgültig war,
da seine natürliche Höflichkeit und Ergebenheit ihn
als einen Engländer in abhängiger Stellung veranlaßten, diesen sofort abzunehmen, wenn er ins Zimmer
trat, war es doch anders bei seinem Mantel. Über seine Mäntel verhandelte ich mit ihm, aber ohne Erfolg.
Wahrscheinlich kann eben ein Mann mit einem so niedrigen Einkommen solch ein leuchtendes Gesicht und
einen prächtigen Mantel auf einmal nicht tragen. Wie
Kneifer einmal bemerkte, gab Truthahn sein Geld
hauptsächlich für rote Tinte aus. Eines Tages im Winter schenkte ich Truthahn einen sehr respektabel aussehenden Mantel von mir – einen gefütterten grauen
Mantel, behaglich warm und mit einer Knopfreihe
vom Hals bis zu den Knien. Ich dachte, Truthahn würde
diese Gunst zu würdigen wissen und seine Hast und
sein Lärmen des Nachmittags würden nachlassen. Aber
nein! Ich glaube wirklich, es hatte einen schädlichen

Einfluß auf ihn, sich in solch einen molligen Mantel einzuknöpfen, der übrigens einer Pferdedecke ähnelte – so wie man sagt, daß zuviel Hafer den Pferden nicht gut tut. Wahrhaftig – genauso wie es heißt, der Hafer sticht ein wagehalsiges, störrisches Pferd, so wurde Truthahn von seinem Mantel angestachelt. Er machte ihn unverschämt. Er war ein Mensch, auf den Besitz einen schlechten Einfluß ausübte.

Über Truthahns Genießergewohnheiten hegte ich freilich meine eigenen privaten Vermutungen, doch in Hinsicht auf Kneifer war ich voll und ganz überzeugt, daß er doch zumindest ein enthaltsamer junger Mann sei, was er auch in anderer Beziehung noch für Fehler haben mochte. Freilich schien die Natur selber sein Weinhändler zu sein und ihn bei seiner Geburt so gründlich mit einer reizbaren branntweinartigen Veranlagung belastet zu haben, daß alle nachfolgenden Zechereien überflüssig waren. Wenn ich bedenke, wie Kneifer sich zuweilen – mitten in der Stille meiner Amtsräume – ungeduldig von seinem Sitz erhob, sich über den Tisch beugte, seine Arme weit auseinanderbreitete, das ganze Pult ergriff, aufhob und mit einer qualvoll grimmigen Bewegung in den Boden rammte, als sei der Tisch ein Agent, der sich mit Absicht widerspenstig zeige, um ihn zu ärgern und ihm einen Strich durch die Rechnung zu machen, sehe ich ganz klar, daß Kneifer Branntwein nicht nötig hatte.

Es war ein Glück für mich, daß auf Grund ihrer besonderen Ursache – der schlechten Verdauung – die Reizbarkeit und daraus folgende Nervosität von Kneifer sich hauptsächlich des Morgens bemerkbar machte, während er am Nachmittag verhältnismäßig umgänglich war, so daß ich mich, da Truthahns Anfälle gegen zwölf Uhr ihren Anfang nahmen, nie zur gleichen Zeit mit ihren Schrullen plagen mußte. Ihre Anfälle lösten einander ab wie Wachen. Wenn Kneifer seinen hatte, war Truthahn normal und umgekehrt. Dies war unter den gegebenen Umständen eine gute Einrichtung der Natur.

Ingwerkeks, der dritte im Bunde, war ein Bursche von etwa zwölf Jahren. Sein Vater war ein Kärrner, und es war sein Ehrgeiz, seinen Sohn beim Gericht zu sehen und nicht am Karren, bevor er starb. So schickte er ihn in mein Büro als Studenten der Rechte und Laufburschen und zum Reinemachen und Staubwischen für einen Dollar Wochenlohn. Er hatte ein kleines Pult für sich, aber er benützte es nicht oft. Die Schublade brachte bei einer Untersuchung eine Menge Nußschalen aller Art an den Tag. Und in der Tat lag die ganze edle Wissenschaft des Rechts für diesen aufgeweckten jungen Mann in einer Nußschale beschlossen. Nicht die niedrigste unter Ingwerkeksens Beschäftigungen und die, der er mit der größten Bereitwilligkeit nachging, war seine Pflicht, Truthahn und Kneifer mit Kuchen und Äpfeln zu versorgen. Da das Abschreiben von Rechtsdokumenten eine sprichwörtlich trockene, Durst erregende Tätigkeit ist, waren meine Schreiber genötigt, ihre Münder oft mit »Spitzenbergs« anzufeuchten, die man in den vielen Städten in der Nähe des Zoll- und Postamtes bekam. So schickten sie denn Ingwerkeks sehr oft nach diesen merkwürdigen Kuchen – klein, flach, rund und sehr würzig – und danach hatten sie ihn dann genannt. An einem ruhigen Morgen, als das

Geschäft nur flau war, verschlang Truthahn Dutzende von diesen Kuchen, als wären sie nur Waffeln − sie werden freilich auch zu sechs oder acht Stück für einen Cent verkauft − und das Kratzen seiner Feder mischte sich mit dem Krachen der knusprigen Stückchen in seinem Mund. Eins jener vielen Mißgeschicke und überstürzten Hitzigkeiten, die Truthahn am Nachmittag unterliefen, war es, einen Ingwerkeks zwischen seinen Lippen anzufeuchten und ihn dann wie ein Siegel auf eine Hypothek zu klatschen. Ich hätte ihn fast deswegen entlassen. Aber er besänftigte mich mit einer orientalischen Verneigung, indem er sagte: »Mit Verlaub, Herr, wie großzügig von mir, Sie auf eigene Rechnung mit Schreibmaterial zu versorgen.«

Nun war meine eigentliche Tätigkeit, die eines Notars, Titelinhabers und Aufzeichners von Geheimdokumenten aller Art, beträchtlich erweitert durch das Amt des Referenten. Es gab viel Arbeit für die Schreiber. Ich mußte nun nicht nur meine Angestellten mitschleifen, sondern außer ihnen noch eine Hilfe haben.

Auf meine Annonce hin stand eines Morgens ein junger Mann unbeweglich auf der Schwelle meines Büros. Die Tür war geöffnet, denn es war Sommer. Ich sehe die Gestalt noch heute − blaß und sauber, dürftig, anständig und unendlich hilflos. Es war Bartleby.

Nach ein paar Worten über seine Tauglichkeit stellte ich ihn an und war froh, in meiner Schreiberformation einen Mann von so unvergleichlich ruhiger Erscheinung zu haben, von dem ich glaubte, er könne auf das flüchtige Temperament von Truthahn und das feurige von Kneifer nur wohltätig einwirken.

Ich hätte schon früher erwähnen sollen, daß Flügeltüren aus Glas meine Räume in zwei Teile teilten,
von denen meine Schreiber den einen innehatten
und den anderen ich selber. Je nach Stimmung öffnete ich diese Tür oder machte sie zu. Ich beschloß,
Bartleby eine Ecke bei den Flügeltüren anzuweisen,
aber auf meiner Seite, um diesen ruhigen Menschen
leicht rufen zu können, wenn irgendeine Kleinigkeit zu tun sein würde. Ich stellte sein Pult dicht an
ein kleines Seitenfenster in diesem Teil des Raumes,
ein Fenster, das ursprünglich einen seitlichen Blick
auf rußige Hintergärten und Ziegelbauten geboten
hatte, aber spätere Bauten hatten die ganze Aussicht
verdeckt, wenn das Fenster auch etwas Licht spen-
dete. Drei Fuß vor dem Fenster stand eine Mauer,
und das Licht kam von hoch oben herab zwischen
zwei hohen Gebäuden wie aus einer sehr kleinen
Öffnung in einem Gewölbe. Weiterhin besorgte ich,
um alles recht befriedigend zu gestalten, eine hohe,
grüne spanische Wand, die Bartleby vollkommen
meinen Blicken entzog, wenn auch meine Stimme
bis zu ihm dringen konnte, und so waren in gewisser
Weise Abgeschlossenheit und Gemeinschaftlichkeit
vereint.
Zuerst schrieb Bartleby außerordentlich viel. Als
habe er lange nach Schreibarbeit gehungert, schien
er meine Dokumente förmlich zu verschlingen. Er
machte keine Verdauungspausen. Tag und Nacht
schrieb er, bei Sonnenschein und Kerzenlicht. Sein
Fleiß hätte mich gefreut, wenn er fröhliche Geschäftigkeit gezeigt hätte. Aber er schrieb still, blaß und
mechanisch.
Natürlich ist es ein unentbehrlicher Teil der Schreib-

arbeit, die Richtigkeit der Abschrift Wort für Wort zu prüfen. Wo zwei oder mehr Schreiber in einem Büro sind, helfen sie sich gegenseitig beim Durchsehen; einer liest die Abschrift, und der andere hat das Original. Das ist eine sehr trostlose, ermüdende und stumpfsinnige Angelegenheit. Ich kann mir recht gut denken, daß sie einem lebhaften Menschen ganz und gar unerträglich ist. Ich glaube zum Beispiel nicht, daß der feurige Dichter Byron sich dazu hergegeben hätte, sich mit Bartleby hinzusetzen und ein Gesetzesdokument von, sagen wir, fünfhundert Seiten, dicht in verschnörkelter Schrift beschrieben, durchzusehen.

Hier und da pflegte ich im Eifer der Arbeit selbst beim Vergleichen kurzer Dokumente mitzuhelfen, und dann rief ich Truthahn oder Kneifer dazu. Ein Grund, der mich bewog, Bartleby so leicht erreichbar hinter den Schirm zu setzen, war der, mich bei solchen kleinen Gelegenheiten seiner Hilfe zu bedienen. Ich glaube, er war den dritten Tag bei mir, und es hatte sich noch nicht die Notwendigkeit ergeben, seine eigenen Schreibarbeiten durchzusehen, als ich einmal kurz nach Bartleby rief, in großer Eile, eine kleine Sache zu erledigen, mit der ich eben beschäftigt war. In meiner Hast und natürlich in der Erwartung, daß er sogleich folgen würde, saß ich über das Original gebeugt an meinem Schreibtisch und hielt meine rechte Hand mit der Abschrift etwas nervös zur Seite hin ausgestreckt, damit Bartleby, wenn er aus seinem Schlupfwinkel herauskam, diese sogleich ergreifen und unverzüglich mit der Arbeit beginnen könne.

In dieser Haltung saß ich, als ich ihn rief und ihm

schnell sagte, was ich von ihm wollte, nämlich ein
kurzes Schreiben mit mir durchzusehen. Man stelle
sich meine Überraschung, ja, meine Bestürzung vor,
als Bartleby, ohne aus seiner Abgeschlossenheit her-
auszukommen, mit unvergleichlich sanfter, entschie-
dener Stimme erwiderte: »Ich möchte lieber nicht.«
Eine Weile saß ich vollkommen stumm, bis meine
betäubten Geisteskräfte sich wieder erholt hatten.
Sofort aber fiel mir ein, daß mich meine Ohren be-
trogen haben konnten oder daß Bartleby meine
Worte völlig falsch verstanden haben mochte. Ich
wiederholte mein Verlangen, so deutlich ich konnte,
aber ebenso deutlich kam die Erwiderung von vorher zurück: »Ich möchte lieber nicht.«
»Möchte lieber nicht!« echote ich, stand erregt auf
und durchquerte den Raum mit einem Schritt. »Was
meinen Sie? Sind Sie verrückt geworden? Ich wünsche, daß Sie dieses Blatt hier mit mir vergleichen –
nehmen Sie!« Und ich warf es ihm hin.
»Ich möchte lieber nicht«, sagte er.
Ich sah ihn starr an. Sein Gesicht war mager, seine
grauen, trüben Augen blickten ruhig. Keine Spur
von Aufregung zeigte sich an ihm. Wäre in seinem
Benehmen auch nur die mindeste Unruhe, Ver-
ärgerung, Ungeduld oder Unverschämtheit gewesen,
mit anderen Worten, hätte sich irgend etwas normal
Menschliches an ihm gezeigt, dann hätte ich ihn bestimmt mit Gewalt hinausgeworfen. So aber hätte
ich ebensogut auf den Gedanken kommen können,
meine bleiche gebrannte Gipsbüste von Cicero auf
die Straße zu setzen. Ich stand eine Weile und sah
ihn an, wie er in seiner eigenen Schreibarbeit fort-
fuhr, und dann setzte ich mich wieder an meinen

Schreibtisch. Das ist ja merkwürdig, dachte ich. Was ist da am besten zu tun? Aber meine Arbeit drängte. Ich beschloß, die Angelegenheit für jetzt beiseite zu legen und sie mir für eine künftige Mußestunde aufzuheben. So rief ich Kneifer aus dem anderen Zimmer, und schnell war das Papier durchgesehen.

Ein paar Tage danach beendete Bartleby vier sehr lange Dokumente, vierfache Ausfertigungen eines Wochenberichts von meinem Hohem Kanzleigericht. Sie mußten nun durchgesehen werden. Es war ein wichtiger Prozeß, und große Genauigkeit war dringend notwendig. Nachdem ich alles vorbereitet hatte, rief ich Truthahn, Kneifer und Ingwerkeks aus dem nächsten Zimmer in der Absicht, meinen vier Angestellten die vier Abschriften in die Hand zu drücken, indessen ich das Original vorlesen würde. Truthahn, Kneifer und Ingwerkeks hatten also in einer Reihe Platz genommen, jeder ein Schriftstück in der Hand, als ich nach Bartleby rief, damit er sich dieser interessanten Gruppe anschließen solle.

»Bartleby! Schnell! Ich warte!«

Ich hörte ein langsames Scharren von Stuhlbeinen auf dem teppichlosen Boden, und bald erschien er am Eingang seiner Einsiedelei.

»Was wird gewünscht?« fragte er milde.

»Die Abschriften! Die Abschriften!« sagte ich hastig. »Wir müssen sie durchsehen. Da«, und ich hielt ihm die vierte Abschrift hin.

»Ich möchte lieber nicht«, sagte er und verschwand ruhig hinter seinem Schirm.

Ein paar Augenblicke lang stand ich zur Salzsäule erstarrt da an der Spitze meiner Schreiberschar. Dann kam ich wieder zu mir, trat zum Schirm und verlangte den Grund für ein so außerordentliches Verhalten zu erfahren.

»Warum weigern Sie sich?«

»Ich möchte lieber nicht.«

Bei jedem anderen wäre ich geradeheraus in einen furchtbaren Zorn geraten, hätte mir alle weiteren Worte erspart und ihm mit Schimpf und Schande die Tür gewiesen. Aber an Bartleby war etwas, das mich nicht nur sonderbar entwaffnete, sondern mich auf wunderbare Art rührte und verwirrte. Ich fing an, mit ihm zu argumentieren.

»Wir sind dabei, Ihre eigenen Abschriften durchzusehen. Damit sparen wir Ihnen Arbeit; denn einmal durchsehen genügt für Ihre vier Papiere. Das ist allgemein so üblich. Jeder Schreiber muß helfen, seine Abschriften durchzusehen. Oder etwa nicht? Wollen Sie sich nicht dazu äußern? Antworten Sie!«

»Ich möchte nicht«, erwiderte er in flötendem Ton. Es schien mir, als erwäge er, während ich sprach, sorglich jede Feststellung, die ich machte, fasse ihren Sinn auf, könne ihren unwiderstehlichen Ergebnissen nichts entgegensetzen; zugleich aber setzte sich eine ausschlaggebende Erwägung in ihm durch und veranlaßte ihn, so zu antworten.

»Sie sind also entschlossen, meiner Aufforderung nicht Folge zu leisten — einer Aufforderung, die nur etwas allgemein Übliches und Vernünftiges verlangt?«

Er gab mir kurz zu verstehen, daß in diesem Punkte meine Annahme den Tatsachen entspreche, sein Entschluß sei unumstößlich.

Es kommt nicht selten vor, daß jemand, wenn er auf solche nie dagewesene, eindringliche und unvernünftige Art eingeschüchtert wird, anfängt, an seinem eigenen klaren Verstand zu zweifeln. Er kommt sozusagen zu der unbestimmten Annahme, so wunderlich es auch scheine, sei doch alles Recht und alle Vernunft auf der anderen Seite. Wenn also irgendwelche unparteiischen Personen zugegen sind, wendet er sich an sie, um dort Unterstützung für seine schwankende Meinung zu suchen.

»Truthahn«, sagte ich, »was meinen Sie? Habe ich nicht recht?«

»Mit Verlaub, Herr«, sagte Truthahn in seinem sanftesten Ton, »das möchte ich meinen.«

»Kneifer«, fragte ich, »was denken Sie darüber?«

»Ich glaube, ich würde ihn hinauswerfen.«

(Der aufmerksame Leser wird hier bemerken, daß Truthahns Antwort in höfliche und ruhige Ausdrücke gekleidet ist, Kneifer dagegen antwortet wutentbrannt. Also, um einen früheren Satz zu wiederholen, Kneifer hatte seine schlechte Laune und Truthahn seine gute.)

»Ingwerkeks«, sagte ich in der Absicht, auch die geringste Stimme für mich zu werben, »was hältst du denn davon?«

»Ich glaube, der ist ein bißchen verrückt«, erwiderte Ingwerkeks mit einem Grinsen.

»Sie hören, was die anderen sagen«, sagte ich und wandte mich zum Schirm. »Kommen Sie heraus und tun Sie Ihre Pflicht.«

Aber er geruhte nicht zu antworten. Einen Augenblick lang grübelte ich nach in ungeheurer Erregung. Aber wieder drängte die Arbeit. Ich beschloß erneut, die Untersuchung dieser Schwierigkeit bis zu einer künftigen Mußestunde aufzuschieben. Mit etwas

Mühe kamen wir bei dem Durchsehen der Papiere ohne Bartleby zurecht, nicht ohne daß Truthahn immer nach einer oder zwei Seiten untertänigst, in aller Ehrerbietung, seine Meinung einfließen ließ, daß diese Arbeitsweise keineswegs in der Ordnung sei, während Kneifer in mürrischer Gereiztheit auf seinem Stuhl hin und her rückte und ab und zu zwischen zusammengepreßten Zähnen zischend einen Fluch über den dickköpfigen Esel hinterm Schirm knirschte. Und für sein – Kneifers – Teil sei dies das erste und letzte Mal, daß er ohne Lohn die Arbeit für jemand anderen tue.

Indessen saß Bartleby in seiner Einsiedelei über der eigenen Arbeit, blind für alles andere.

Ein paar Tage vergingen, und der Schreiber war mit einer anderen sehr langen Arbeit beschäftigt. Sein ungewöhnliches Betragen vor kurzem veranlaßte mich, seine Wege genau zu überwachen. Ich bemerkte, daß er nie zum Mittagessen ging, ja, daß er niemals irgendwohin ging. Bis dahin hatte ich persönlich noch nie davon erfahren, daß er jemals mein Büro verlassen hätte. Er war ein ständiger Posten in der Ecke. Gegen elf Uhr morgens allerdings bemerkte ich, daß Ingwerkeks sich der Öffnung in Bartlebys Schirm näherte, als sei er stumm dorthin gewinkt worden durch eine Geste, die ich von da, wo ich saß, nicht sehen konnte. Danach verließ der Junge das Büro, klimperte dabei mit ein paar Pfennigen und erschien wieder mit einer Handvoll Ingwerkuchen, die er in der Einsiedelei ablieferte, wobei er für seine Mühe zwei Stück bekam.

Er lebt also von Ingwerkuchen, dachte ich, ißt nie Mittag, genau gesagt: er muß also Vegetarier sein;

aber nein; er ißt ja nicht einmal Gemüse, er ißt nichts als Ingwerkuchen. Dann erging sich mein Geist in Träumereien darüber, was es wohl für Wirkungen auf die menschliche Konstitution haben könne, wenn man ausschließlich von Ingwerkuchen lebt. Ingwerkuchen werden so genannt, weil sie als einen besonderen Bestandteil Ingwer enthalten, der den endgültigen Geschmack gibt. Was ist eigentlich Ingwer? Ein scharfes, beißendes Zeug! War Bartleby scharf und beißend? Ganz und gar nicht. So hatte also Ingwer keine Wirkung auf Bartleby. Wahrscheinlich »möchte er es lieber nicht«.

Nichts reizt einen ernsthaften Menschen so wie passiver Widerstand. Wenn der, gegen den man sich so auflehnt, nicht unmenschliche Charakteranlagen hat, und wenn der, der sich auflehnt, in seiner Passivität vollkommen harmlos ist, dann wird der erstere bei guter Laune nachsichtig mit seiner Phantasie zu erklären versuchen, was sich seinem Verstand als unbegreiflich entzieht. Meist sah ich Bartleby und seine Lebensweise sogar so an. Armer Bursche! dachte ich. Er meint es ja gar nicht böse; natürlich will er nicht unverschämt sein. Sein Anblick beweist deutlich genug, daß seine Schrullen unfreiwillig sind. Er leistet mir gute Dienste, und ich komme mit ihm aus. Wenn ich ihn hinauswerfe, kann es sein, daß er einen weniger nachsichtigen Arbeitgeber findet, und dann wird er schlecht behandelt und vielleicht weggejagt und muß elend verhungern. Ja, hier konnte ich mir billig ein prächtiges Selbstlob verdienen. Bartleby zu unterstützen, seinem komischen Eigensinn nachzugeben, würde mich wenig oder gar nichts kosten, und ich speicherte

dabei etwas in meiner Seele auf, was sich möglicherweise einmal als eine süße Beruhigung für mein
Gewissen erweisen könnte. Aber diese Stimmung in
mir hielt nicht unveränderlich an. Manchmal ärgerte
mich Bartlebys Passivität. Ich fühlte mich merkwürdig angestachelt, ihm in neuem Widerspruch zu
begegnen, einen Funken des Ärgers in ihm zu ent-
zünden, der meinen eigenen Zorn entschuldigen
würde. Aber ich hätte freilich ebensogut versuchen
können, mit meinem Knöchel an einem Stück Wind-
sorseife Feuer zu schlagen. Eines Nachmittags jedoch überwältigte mich mein böser Geist, und die
folgende kleine Szene spielte sich ab:
»Bartleby«, sagte ich, »wenn all diese Papiere geschrieben sind, will ich sie mit Ihnen durchsehen.«
»Ich möchte lieber nicht.«
»Wie? Sie wollen doch wohl nicht immer weiter
bei Ihren eigensinnigen Launen beharren?«
Keine Antwort.
Ich riß die Flügeltüren daneben auf, wandte mich
an Truthahn und Kneifer und rief: »Bartleby sagt
schon wieder, er will seine Papiere nicht durchsehen. Was halten Sie davon, Truthahn?«
Es sei daran erinnert, daß es Nachmittag war. Truthahn saß und glühte wie ein Kupferkessel; sein kahler Schädel rauchte; seine Hände wühlten unter be-
klecksten Papieren.
»Davon halten?« schrie Truthahn. »Ich komme
gleich zu ihm hinter seinen Schirm und schlage ihn
grün und blau.«
Damit sprang Truthahn auf und hob seine Arme in
Boxerstellung. Er kam heran, um sein Wort wahr
zu machen, aber ich hielt ihn auf, erschreckt von

50

dieser Wirkung, da ich so unvorsichtig gewesen war, Truthahns Streitlust nach Tisch zu wecken.

»Setzen Sie sich, Truthahn«, sagte ich, »und hören Sie, was Kneifer zu sagen hat. Was halten Sie davon, Kneifer? Wäre das nicht ein Grund, Bartleby auf der Stelle zu entlassen?«

»Um Vergebung – dies zu entscheiden steht Ihnen zu, Herr. Aber ich finde sein Benehmen ganz eigenartig und wirklich ungerecht gegen Truthahn und mich. Vielleicht ist es auch nur eine Laune und geht vorbei.«

»Na«, rief ich aus, »Sie haben ja Ihre Meinung merkwürdig geändert. Sie sprechen ja jetzt so milde über ihn.«

»Das macht alles das Bier«, schrie Truthahn, »die Sanftmut kommt vom Bier. Kneifer und ich haben heute zusammen zu Mittag gegessen. Sie sehen ja, wie milde *ich* bin, Herr! Soll ich kommen und ihn verprügeln?«

»Meinen Sie Bartleby? Nein, heute nicht, Truthahn«, erwiderte ich. »Bitte lassen Sie mal das mit Ihren Fäusten!«

Ich schloß die Türen und trat wieder zu Bartleby. Ein neuer Anreiz war es, der mich ins Verderben lockte. Ich brannte darauf, daß sich noch einmal jemand gegen mich auflehnen möchte. Mir fiel ein, daß Bartleby nie das Büro verließ.

»Bartleby«, sagte ich, »Ingwerkeks ist fort; gehen Sie doch mal hinüber ins Postamt, ja, (es war nur ein Weg von drei Minuten) und sehen Sie nach, ob irgend etwas für mich da ist.«

»Ich möchte lieber nicht.«

»Sie *wollen* nicht?«

»Ich *möchte* nicht.«

Ich stolperte zu meinem Schreibtisch und saß dort tief in Gedanken. Meine blinde Hartnäckigkeit kehrte zurück. Konnte ich es nicht noch mit irgend etwas anderem dazu bringen, daß dieser dürre, arme Wicht – mein angestellter Schreiber – mich schmählich abwies? Was gab es noch, was ganz und gar vernünftig gewesen wäre und was zu tun er sich bestimmt weigern würde?

»Bartleby!«

Keine Antwort.

»Bartleby!« in lauterem Ton.

Keine Antwort.

»Bartleby!« schrie ich.

Wie ein Geist nach den Gesetzen magischer Beschwörung erschien er bei der dritten Aufforderung am Eingang seiner Klause.

»Gehen Sie ins andere Zimmer und sagen Sie Kneifer, er soll zu mir kommen.«

»Ich möchte nicht«, sagte er respektvoll und langsam und verschwand sacht.

»Gut, Bartleby!« sagte ich in einem ruhigen, gelassen-ernsten, beherrschten Ton und deutete so die unwandelbare Absicht einer sehr nahe bevorstehenden, furchtbaren Vergeltung an. Im Augenblick hatte ich auch so etwas Ähnliches im Sinn. Aber wie es dann so zum Mittagessen ging, hielt ich es doch für das beste, meinen Hut aufzusetzen und für diesen Tag nach Hause zu gehen, arg gequält von meinen Scherereien und Sorgen.

Soll ich es eingestehen? Das Ende vom Liede war, daß ein blasser junger Schreiber namens Bartleby mit seinem Schreibtisch bald ein fester Tatbestand in meinen Amtsräumen wurde und daß er für mich schrieb zu dem üblichen Preis: vier Cent eine Folioseite (hundert Worte); aber er war ein für allemal davon befreit, seine Arbeiten durchzusehen, und diese Pflicht wurde Truthahn und Kneifer übertragen, zweifellos als Kompliment für ihren überlegenen Verstand; darüber hinaus durfte besagter Bartleby in keinem Falle auf den geringsten Botengang irgendwelcher Art geschickt werden; und selbst wenn man ihn um so etwas bat, war es für alle selbstverständlich, daß er »nicht möchte« — mit anderen Worten, daß er es rundheraus abschlug.

Wie die Tage so dahingingen, söhnte ich mich ganz erstaunlich mit Bartleby aus. Sein beständiges Wesen, frei von aller Flüchtigkeit, seine nie endende Geschäftigkeit (außer wenn es ihm gefiel, sich hinter seinem Schirm in stille Träumereien zu verlieren), seine große Schweigsamkeit, sein gleichmäßiges Betragen unter allen Umständen machten ihn zu einer wertvollen Errungenschaft. Wesentlich war, daß er *immer* da war, der erste am Morgen, den ganzen Tag über und der letzte am Abend. Ich hatte ein außerordentliches Vertrauen zu seiner Ehrlichkeit. Meine kostbarsten Papiere waren mir in seiner Hand vollkommen sicher. Manchmal freilich — und wenn es mein Leben gekostet hätte — konnte ich nicht hindern, daß mich ein plötzlicher sprunghafter Zorn auf ihn überkam. Denn es war außerordentlich schwierig, die ganze Zeit seine absonderlichen Launen im Kopf zu haben, diese Vorrechte und unerhörten Freisprechungen, stillschweigende Bedingungen Bartlebys dafür, daß er in meinem Büro blieb. Hier und da — im Eifer, dringende Arbeit zu erledigen – rief ich Bartleby aus Versehen in einem kurzen, eiligen Ton, sagen wir etwa, damit er seinen Finger auf den Anfang von einem Stück roten Band legen sollte, mit dem ich ein paar Papiere zusammenbinden wollte. Bestimmt aber kam dann hinter dem Schirm hervor die übliche Antwort: »Ich möchte nicht«, und wie könnte dann auch ein menschliches Wesen, behaftet mit der allgemeinen Schwäche unserer Natur, sich enthalten, erbittert über solchen Eigensinn und solche Unvernunft zu eifern? Jede neue Abweisung solcher Art jedoch, die mir zuteil wurde, half dazu, die Wahrscheinlichkeit zu mindern, daß sich meine Unachtsamkeit wiederhole.

Nun muß erwähnt werden, daß ich mehrere Schlüssel für meine Tür hatte, wie es bei den meisten Rechtsanwälten üblich ist, die Räume in dicht bevölkerten Geschäftsgebäuden bewohnen. Einen hatte die Frau, die im Dachgeschoß wohnte, jede Woche meine Räume scheuerte und jeden Tag fegte und Staub wischte. Einen anderen hatte Truthahn aus Bequemlichkeitsgründen. Den dritten trug ich selber manchmal in der Tasche. Wer den vierten hatte, wußte ich nicht.

Eines Sonntagmorgens nun ging ich in die Dreifaltigkeitskirche, um einen berühmten Prediger zu hören, und da ich schon ziemlich zeitig da war, dachte ich, daß ich noch eine Weile in meine Amtsräume hinübergehen könnte. Glücklicherweise hatte ich den Schlüssel bei mir, aber als ich ihn ins Schloß steckte, bemerkte ich, daß etwas Widerstand leistete, was von drinnen eingesteckt war. Voller Überraschung tat ich einen lauten Ausruf, als zu meiner Bestürzung von innen ein Schlüssel umgedreht wurde und die Erscheinung von Bartleby auftauchte, in Hemdsärmeln und in einem merkwürdigen zerlumpten Hausrock; er schob mir sein mageres Gesicht entgegen, hielt die Tür halb offen und sagte mir ruhig, es täte ihm leid, aber er sei gerade sehr beschäftigt und möchte mich im Augenblick nicht einlassen. In ein paar kurzen Worten fügte er außerdem noch hinzu, daß ich am besten zwei- oder dreimal ums Viertel gehen solle, und in dieser Zeit würde er wahrscheinlich seine Arbeit erledigt haben.

Nun, dieses gänzlich unerwartete Auftauchen Bartlebys, der am Sonntagmorgen hier in meinen Amtsräumen hauste mit einer totenstarren, höflichen Gleichmütigkeit und doch zugleich fest und selbstbewußt, hatte eine so merkwürdige Wirkung auf mich, daß ich auf der Stelle vor meiner eigenen Tür kehrtmachte und tat, was er wünschte, aber nicht ohne viele Regungen machtloser Auflehnung gegen die sanftmütige Unverschämtheit dieses sonderbaren Schreibers zu empfinden. Es war wirklich in der Hauptsache seine wunderbare Sanftmut, die mich nicht nur entwaffnete, sondern sozusagen meiner Manneskräfte beraubte. Denn ich finde, wenn einer sich eine Zeitlang ruhig von seinem angestellten Schreiber tyrannisieren und sich durch ihn von seiner eigenen Tür wegweisen läßt, muß er wohl seine Manneskräfte eingebüßt haben. Außerdem war mir der Gedanke unbehaglich, was Bartleby wohl in Hemdsärmeln und im übrigen in entkleidetem Zustand am Sonntagmorgen in meinem Büro vorhaben konnte. War da irgend etwas nicht in Ordnung? Nein, das war ausgeschlossen. Daß Bartleby ein unmoralischer Mensch sei, konnte man auf keinen Fall annehmen.

Aber was konnte er hier tun? Schreiben? Nein, auch das nicht; was Bartleby auch immer für Schrullen haben mochte, er war doch ein außerordentlich anständiger Mensch. Er wäre der letzte, der sich in einem fast unbekleideten Zustand an seinen Schreibtisch setzen würde. Außerdem war Sonntag, und irgend etwas an Bartleby verbot die Vermutung, daß er den besonderen Charakter dieses Tages durch irgendwelche weltlichen Beschäftigungen verletzen würde.

Trotzdem war ich nicht beruhigt; und voll rastloser Neugier kehrte ich endlich zur Tür zurück. Ungehindert schob ich meinen Schlüssel hinein, öffnete und trat ein. Bartleby war nicht zu sehen. Beunruhigt sah ich mich um, schaute hinter seinen Schirm, aber wahrscheinlich war er fortgegangen. Bei näherer Untersuchung des Ortes kam ich zu der Vermutung, daß Bartleby seit unbestimmter Zeit in meinem Büro essen, sich ankleiden und schlafen mußte und dies alles ohne Teller, Spiegel oder Bett. Der gepolsterte Sitz eines wackligen alten Sofas in einer Ecke trug einen schwachen Eindruck von einer mageren hingestreckten Gestalt. Unter seinem Schreibtisch fand ich eine Decke, die er weggepackt hatte, unter dem leeren Kamin eine geschwärzte Schachtel und eine Bürste; auf einem Stuhl eine Zinnschüssel mit Seife und ein zerfetztes Handtuch; in einem Stück Zeitungspapier ein paar Krümel von Ingwerkuchen und einen Bissen Käse. Ja, dachte ich, es ist ganz klar, daß Bartleby sich hier so ganz für sich eine Junggesellenbude häuslich eingerichtet hat. Gleich darauf streifte mich der Gedanke, welche ärmliche Freudlosigkeit und Verlassenheit sich hier kundtat! Seine Armut war wohl groß; aber wie furchtbar war seine Einsamkeit! Man bedenke: am Sonntag ist die Wallstreet verlassen wie die Wüste Sahara, und jede Nacht ist sie von neuem wieder eine Einöde. Auch dies Gebäude, in dem es an Wochentagen von Geschäftigkeit und Leben wimmelt, hallt bei Einbruch der Nacht wider von lauter Leere und ist den ganzen Sonntag über verlassen. Und hier lebt nun Bartleby! Einziger Betrachter einer Einöde, die er ganz belebt gesehen hat – eine Art unschuldiger moderner Marius, der auf den Trümmern von Karthago grübelt.

Zum ersten Male in meinem Leben faßte mich ein Gefühl überwältigender schmerzlicher Schwermut. Niemals vorher hatte ich etwas anderes empfunden als eine nicht unangenehme Traurigkeit. Nun trieben mich die Bande gemeinsamen Menschseins unwiderstehlich in den Trübsinn. Eine brüderliche Schwermut – denn ich und Bartleby – wir waren beide Adams Söhne. Ich dachte an die weißen Seidenkleider und die strahlenden Gesichter, die ich an demselben Tag im festlichen Schmuck wie Schwäne den Mississippi des Broadway hatte hinabschwimmen sehen; ihnen stellte ich den bleichen Schreiber gegenüber und dachte bei mir selber: Ja, Glück huldigt dem Licht, darum glauben wir, die Welt ist froh; aber das Unglück verbirgt sich, deshalb glauben wir, es gäbe kein Unglück. Diese traurigen Vorstellungen – zweifellos Gespinste eines kranken und beschränkten Geistes – führten weiter zu anderen und bestimmteren Gedanken über Bartlebys Schrullen. Vorahnungen seltsamer Entdeckungen erfüllten mich. Des Schreibers weiße Gestalt erschien mir erschlagen unter gleichgültigen Fremden in einem flatternden Leichentuch.

Plötzlich wurde ich von Bartlebys geschlossenem Schreibtisch angezogen, dessen Schlüssel im Schloß steckte, allen Blicken sichtbar.

Ich meine es ja nicht böse, dachte ich, und will nur eine Neugier befriedigen, die ganz und gar nicht herzlos ist; außerdem gehört der Schreibtisch mir und auch sein Inhalt, also werde ich mir erlauben, hineinzusehen. Alles war ordentlich zurechtgelegt, die Papiere glatt hineingeschoben. Die Schubfächer waren tief, und ich schob die Stöße von Dokumenten zur Seite und griff in ihre Tiefen. Sofort fühlte ich dort etwas und zog es heraus. Es war ein altes buntes Taschentuch, zusammengeknotet und schwer. Ich öffnete es und sah, daß es eine Sparkasse war.

Nun dachte ich an all die stillen Geheimnisse, die ich an dem Mann bemerkt hatte. Ich dachte daran, daß er niemals sprach, außer wenn er gefragt wurde; daß er doch eine Menge Zeit für sich hatte, wenn auch nur ab und zu, daß ich ihn aber niemals hatte lesen sehen – nein – nicht einmal eine Zeitung; daß er lange Zeit dastehen konnte an seinem trüben Fenster hinter dem Schirm und hinaussehen auf die tote Ziegelwand; ich wußte genau, daß er niemals irgendein Speisehaus oder Restaurant besuchte; sein blasses Gesicht zeigte deutlich, daß er niemals Bier trank wie Truthahn oder auch nur Tee und Kaffee wie andere Leute; niemals, soviel ich wußte, ging er irgendwohin; niemals ging er aus, um einen Spaziergang zu machen, nur freilich gerade jetzt; er hatte sich geweigert, zu sagen, wer er sei oder woher er komme oder ob er irgendwelche Verwandten auf der

Welt habe; obwohl er doch so dünn und blaß war, beklagte er sich nie über schlechte Gesundheit. Und vor allem dachte ich an eine gewisse Sphäre ungewollten, blassen – wie soll ich es nennen? –, blassen Hochmuts, sagen wir, oder besser einer strengen Zurückhaltung, die um ihn war und die mir förmlich Ehrfurcht eingeflößt und mich dazu veranlaßt hatte, all seinen Sonderlichkeiten so sanftmütig nachzugeben; daß ich mich gefürchtet hatte, ihn zu fragen, ob er mir nicht den kleinsten gelegentlichen Dienst tun wolle, selbst wenn ich vielleicht gewußt hätte, daß er in solch einer Träumerei vor der kahlen Wand hinter seinem Schirm stand.

Wie ich nun über alle diese Dinge nachdachte und sie mit der eben entdeckten Tatsache – daß er mein Büro als ständigen Aufenthaltsort und Heim benützte – in Zusammenhang brachte, wie ich auch an seine krankhaft schlechte Laune dachte und dies alles nun so erwog, kam mir ein recht vernünftiges Gefühl. Meine ersten Empfindungen waren nur reine Schwermut und ernstliches Mitleid gewesen; aber in demselben Verhältnis, in dem Bartlebys Verlassenheit in meiner Phantasie wuchs und wuchs, mischte sich diese Schwermut mit Furcht, das Mitleid mit Widerwillen. So furchtbar es ist, so wahr ist es auch, daß der Gedanke oder Anblick eines Unglücks wohl bis zu einem gewissen Grade unsere besten Gefühle für sich gewinnt, in bestimmten besonderen Fällen über diesen Grad hinaus aber nicht mehr. Die, die behaupten, daß dies immer unveränderlich der angeborenen Selbstsucht des menschlichen Herzens zuzuschreiben sei, täuschen sich. Es entspringt eher einer gewissen Hoffnungslosigkeit, so übergroßes gesetzmäßiges Übel zu heilen. Einem empfindsamen Wesen ist Mitleid nicht selten eine Pein, und wenn sich endlich herausstellt, daß dieses Mitleid nicht zu einer wirkungsvollen Hilfe führen kann, befiehlt der gesunde Menschenverstand der Seele, sich davon loszumachen. Was ich an diesem Morgen sah, überzeugte mich, daß der Schreiber das Opfer angeborener und unheilbarer Krankheit sei. Ich hätte seinem Körper Almosen geben können, aber sein Körper war nicht krank; seine Seele litt, und seine Seele konnte ich nicht erreichen.

Meinen Vorsatz, in die Dreifaltigkeitskirche zu gehen, führte ich an diesem Morgen nicht aus. Irgendwie hatte mich das, was ich gesehen hatte, für den Augenblick unfähig gemacht, in die Kirche zu gehen. Ich ging nach Hause und dachte darüber nach, was ich mit Bartleby anfangen sollte. Schließlich kam ich zu folgendem Entschluß: ich würde ihm am nächsten Morgen ein paar ruhige Fragen stellen über seine Lebensgeschichte und so weiter, und wenn er sich weigern würde, sie offen und rückhaltlos zu beantworten (und ich nahm an, er »möchte lieber nicht«), dann würde ich ihm einen Zwanzig-Dollar-Schein geben und was ich ihm darüber hinaus noch schuldete und ihm sagen, seine Dienste würden nicht mehr benötigt; aber wenn ich ihm etwa auf irgendeine andere Weise behilflich sein könnte, würde ich dies gerne tun; besonders wenn er in seine Heimat zurückkehren wolle, wo immer das auch sein möge, würde ich ihm gern helfen, die Ausgaben zu bestreiten. Wenn er dann noch, nachdem er zu Hause angelangt sei, jemals einer Hilfe bedürftig wäre, könnte er auf einen Brief stets mit einer Antwort rechnen.

Der nächste Morgen kam.

Ich rief ihn sanft hinter seinem Schirm an: »Bartleby!«

Keine Antwort.

»Bartleby«, sagte ich in einem noch sanfteren Ton, »kommen Sie her. Ich werde Sie auch um nichts bitten, was Sie lieber nicht tun möchten – ich möchte nur mit Ihnen sprechen.«

Daraufhin trat er geräuschlos in Erscheinung.

»Wollen Sie mir sagen, wo Sie geboren sind, Bartleby?«

»Ich möchte lieber nicht.«

»Wollen Sie mir irgend etwas von sich erzählen?«

»Ich möchte lieber nicht.«

»Aber was für ein vernünftiger Grund kann Sie denn daran hindern, zu mir zu sprechen? Ich meine es doch gut mit Ihnen!«

Er sah mich nicht an, als ich sprach, sondern hatte seinen Blick auf meine Cicero-Büste geheftet, die gerade hinter mir stand, so wie ich damals saß, und zwar etwa fünfzehn Zentimeter über meinen Kopf.

»Was haben Sie zu antworten?« sagte ich, nachdem ich geraume Weile auf eine Antwort gewartet hatte, während seine Gesichtszüge ungerührt blieben und nur um den blassen, zusammengepreßten Mund ein schwaches, kaum sichtbares Zucken lief.

»Ich möchte im Augenblick nicht antworten«, sagte er und zog sich in seine Klause zurück.

Ich muß gestehen, ich war ziemlich gutmütig, aber sein Benehmen bei dieser Gelegenheit ärgerte mich. Es schien nicht nur eine gewisse ruhige Verachtung darin zu liegen, sondern sein merkwürdiges Betragen war auch undankbar, wenn man die unleugbar gute Behandlung und Nachsicht bedachte, die er von mir erfahren hatte.

Da saß ich wieder und grübelte, was ich tun sollte. Wenn mich sein Benehmen auch gedemütigt hatte und wenn ich auch entschlossen gewesen war, ihn zu entlassen, als ich das Büro betrat, fühlte ich doch, wie etwas Seltsames abergläubisch mir ans Herz griff und mir verbot, mein Vorhaben auszuführen, etwas, das mich drohend einen Schurken nannte, wenn ich es wagen würde, diesem Verlassensten unter allen Menschen nur ein einziges hartes Wort zu sagen. Endlich zog ich mir meinen Stuhl vertraulich hinter seinen Schirm, setzte mich nieder und sagte: »Bartleby, es schadet nichts, wenn Sie mir auch nichts aus Ihrem Leben erzählen; aber als Freund möchte ich Sie doch bitten, daß Sie sich so weit wie möglich den Sitten dieses Büros fügen. Sagen Sie jetzt, daß Sie die Papiere mit durchsehen werden — morgen oder die nächsten Tage — also sagen Sie, daß Sie in ein oder zwei Tagen anfangen werden, ein bißchen vernünftig zu sein — sagen Sie's doch, Bartleby!«

»Augenblicklich möchte ich ganz und gar nicht vernünftig sein«, war seine milde, kaltblütige Antwort.

In diesem Augenblick wurde die Flügeltür geöffnet, und Kneifer kam herein. Er schien an den Folgen einer ungewöhnlich schlechten Nachtruhe zu leiden, die durch eine noch schlechtere Verdauung als gewöhnlich verursacht sein mochte. Er hörte Bartlebys abschließende Worte.

»Möchte nicht, was?« knirschte Kneifer. »Ich *möchte* ihn, an Ihrer Stelle, Herr«, zu mir gewandt, »ich möchte ihn! Ich würde ihm Vorzugstarif zahlen, dem halsstarrigen Esel! Was ist es denn, bitte, Herr, was er wieder nicht *möchte?*«

Bartleby rührte sich nicht.

»Herr Kneifer«, sagte ich, »ich möchte, daß Sie sich sofort zurückziehen.«

Irgendwie war ich seit kurzem darauf gekommen, das Wort »möchte« bei jeder mehr oder weniger passenden Gelegenheit zu gebrauchen, und ich zitterte bei dem Gedanken, daß meine Verbindung mit dem Schreiber schon allen Ernstes einen geistigen Einfluß auf mich haben könne. Welche weitere und tiefere Verirrung könnte dies nicht noch erzeugen? Diese Wahrnehmung blieb nicht ohne Wirkung auf meinen Beschluß, ein abgekürztes Verfahren durchzuführen.

Als Kneifer sauer und verdrießlich verschwand, näherte sich Truthahn höflich und ergeben.

»Um Vergebung, Herr«, sagte er, »gestern habe ich so über Bartleby hier nachgedacht, und ich meine, wenn er nur ein Viertel gutes Bier jeden Tag trinken möchte, das würde ihm schon sehr auf die Beine helfen, und dann könnte er uns auch helfen, die Papiere durchsehen.«

»Haben Sie das Wort auch schon aufgeschnappt?« sagte ich etwas erregt.

»Mit Verlaub, was für ein Wort, Herr?« fragte Truthahn und drängte sich respektvoll in den engen Raum hinter dem Schirm, und so kam es, daß ich Bartleby anstieß. »Was für ein Wort, Herr?«

»Ich möchte lieber hier allein sein«, sagte Bartleby, als sei er beleidigt, in seiner Zurückgezogenheit belästigt zu werden.

»*Das* ist das Wort, Truthahn«, sagte ich, »das ist es.«

»Oh, möchte? – o ja, komisches Wort. Ich selber gebrauche es nie. Aber, Herr, wie gesagt, wenn er nur möchte –.«

»Truthahn«, unterbrach ich ihn, »gehen Sie bitte.«

»O gewiß, Herr, wenn Sie es möchten.«

Als er die Flügeltür öffnete, um sich zurückzuziehen, fing Kneifer an seinem Pult einen Blick von mir auf und fragte, ob ich ein bestimmtes Dokument auf blaues oder weißes Papier kopiert haben möchte. Er legte nicht den mindesten boshaften Akzent auf das Wort *möchte*. Es war klar, daß er es ohne Absicht aussprach. Und ich dachte bei mir, ich müßte auf jeden Fall den Schwachsinnigen loswerden, der bis zu einem gewissen Grade schon die Zungen, wenn nicht gar die Köpfe meiner Angestellten und meinen eigenen behext hatte. Aber ich hielt es für geraten, ihm die Entlassung nicht sogleich mitzuteilen.

Am nächsten Tag bemerkte ich, daß Bartleby überhaupt nichts tat, sondern am Fenster stand und zu seiner kahlen Wand hinüberträumte. Als ich ihn fragte, warum er nicht schriebe, sagte er, er habe sich entschlossen, keine Schreibarbeit mehr zu machen.

»Nanu, was denn jetzt? Und was haben Sie dann noch auf Lager?« rief ich aus. »Keine Schreibarbeit mehr machen?«

»Nein, ich möchte nicht mehr.«

»Und aus welchem Grunde?«

»Sehen Sie den Grund nicht selber?« erwiderte er gleichgültig. Ich sah ihn aufmerksam an und bemerkte, daß seine Augen trübe und glasig aussahen. Sofort fiel mir ein, daß sein beispielloser Fleiß beim Abschreiben an dem dunklen Fenster in den ersten paar Wochen, die er bei mir war, sein Sehvermögen vorübergehend geschwächt haben könne.

Ich war erschüttert. Ich sprach ihm mein Mitgefühl aus. Ich deutete an, daß es natürlich gut sei, wenn er eine Zeitlang nicht schreiben würde, und nötigte ihn, diese Gelegenheit zu gesunder Bewegung in der frischen Luft zu benützen. Aber das tat er nicht. Ein paar Tage darauf, als meine anderen Angestellten nicht da waren und ich ein paar Briefe sehr eilig mit der Post abschicken wollte, dachte ich, da Bartleby nun nicht das geringste zu tun hatte, würde er gewiß weniger halsstarrig sein als sonst und diese Briefe zum Postamt tragen. Aber er weigerte sich einfach. So ging ich selbst, obwohl es mir sehr ungelegen kam.

Noch ein paar Tage vergingen. Ich konnte nicht sagen, ob es mit Bartlebys Augen besser wurde oder nicht. Ich dachte, allem Anschein nach sei es so. Aber als ich ihn danach fragte, würdigte er mich keiner Antwort. Jedenfalls wollte er nicht schreiben. Endlich, in Erwiderung auf mein Drängen unterrichtete er mich darüber, daß er das Schreiben für immer aufgegeben habe.

»Was?« rief ich aus, »wenn Ihre Augen nun wieder ganz in Ordnung wären – besser als je zuvor – würden Sie dann auch nicht wieder schreiben?«

»Ich habe das Schreiben aufgegeben«, erwiderte er und glitt davon.

Wie bisher blieb er ein Inventarstück in meinem Zimmer. Ja – wenn das überhaupt noch möglich war, wurde er es in noch größerem Maße als je zuvor. Was war zu tun? Er arbeitete nicht im Büro, warum sollte er dann dableiben? Eigentlich war er jetzt für mich ein Mühlstein geworden, nicht nur nutzlos wie ein Halsschmuck, sondern mühsam zu tragen. Und doch tat es mir leid um ihn. Es ist noch milde ausgedrückt, wenn ich sage, daß er mir seinerseits förmlich Unbehagen verursachte. Hätte er mir nur einen einzigen Verwandten oder Freund genannt, ich hätte sofort geschrieben und dafür gesorgt, daß diese den armen Burschen schleunigst fortschafften und ihn an einem geeigneten Ort unterbrachten. Aber er schien allein zu sein, ganz und gar allein auf der Welt – ein Stück Schiffswrack mitten auf dem Ozean. Schließlich triumphierte die Notwendigkeit im Verein mit meinen Geschäften über alle anderen Betrachtungen. So gütig, wie ich konnte, teilte ich Bartleby mit, daß er in sechs Tagen unbedingt das Amt verlassen müsse. Ich ermahnte ihn, in der Zwischenzeit Maßnahmen zu treffen und sich eine andere Wohnung zu besorgen. Ich bot ihm an, ihm in seinen Bemühungen beizustehen, wenn er nur selber die ersten Schritte zum Umzug tun würde. »Und wenn Sie mich endgültig verlassen«, fügte ich hinzu, »werde ich zusehen, daß Sie nicht ganz unversorgt fortgehen. Von heute an noch sechs Tage, denken Sie daran!«

Nach Ablauf dieser Frist sah ich vorsichtig hinter den Schirm, und siehe da! Bartleby war noch da.

Ich knöpfte meinen Überzieher zu, schwankend, was ich tun solle, ging dann langsam zu ihm hin, tippte ihn an die Schulter und sagte: »Es ist jetzt soweit; Sie müssen von hier fort; es tut mir leid für Sie; hier haben Sie Geld; aber gehen müssen Sie.«

»Ich möchte lieber nicht«, erwiderte er, den Rücken noch immer gegen mich gewendet.

»Sie müssen.«

Er blieb still.

Nun war es so, daß ich ein grenzenloses Vertrauen in die allgemeine Ehrbarkeit dieses Mannes setzte. Er hatte mir öfter Centstücke und Dollars zurückgebracht, die ich achtlos auf den Boden hatte fallen lassen; denn ich neige in solchen Kragenknopfgeschichten sehr zum Leichtsinn. Daher wird man das folgende Vorgehen nicht verwunderlich finden.

»Bartleby«, sagte ich, »ich schulde Ihnen zwölf Dollar auf Abschlag; hier sind zweiunddreißig; die übrigen zwanzig gehören Ihnen – wollen Sie sie nehmen?« und ich hielt ihm die Geldscheine hin. Aber er rührte sich nicht.

»Dann lasse ich sie hier«, und ich schob sie unter einen Briefbeschwerer auf seinem Tisch. Darauf nahm ich meinen Hut und Stock, ging zur Tür, wandte mich ruhig um und fügte hinzu: »Wenn Sie Ihre Sachen aus dem Büro weggebracht haben, Bartleby, schließen Sie natürlich die Tür ab – denn außer Ihnen sind schon alle fort –, und schieben Sie bitte Ihren Schlüssel unter die Matte, daß ich ihn dann früh habe. Ich sehe Sie wohl nicht mehr; dann also auf Wiedersehen. Wenn ich Ihnen an Ihrem neuen Wohnort noch irgendwelche Dienste tun kann, dann geben Sie mir nur in einem Brief Nachricht. Auf Wiedersehen, Bartleby, und leben Sie wohl.«

Aber er erwiderte kein Wort; wie die letzte Säule eines zerstörten Tempels blieb er stumm und allein mitten in dem leeren Zimmer zurück.

Als ich in nachdenklicher Stimmung heimging, siegte meine Eitelkeit über mein Mitleid. Ich mußte mich selber doch sehr loben, wie meisterhaft ich es angefangen hatte, Bartleby loszuwerden. Meisterhaft, sage ich, und so mußte es jedem unparteiisch Denkenden erscheinen. Das Schöne an meiner Handlungsweise schien mir in ihrer vollkommenen Geräuschlosigkeit zu liegen. Kein ordinäres Gezänk, keine Spur von irgendwelcher Großtuerei, kein jähzorniges Auftrumpfen! Ich war auch nicht im Zimmer hin und her gerannt und hatte Bartleby in heftigem Tone befohlen, er solle sich mit seinem Bettlerbündel wegscheren. Nichts dergleichen. Ohne daß ich Bartleby laut aufgefordert hätte, zu verschwinden – wie ein weniger genialer Geist es vielleicht tun würde –, hatte ich als Grundbedingung vorausgesetzt, daß er verschwinden müsse, und auf diese Bedingung hatte ich alles andere, was zu sagen war, aufgebaut. Je mehr ich über meine Handlungsweise nachdachte, desto mehr entzückte sie mich. Und doch – am nächsten Morgen, als ich aufwachte, kamen mir Zweifel –, irgendwie hatte ich den Rausch meiner Eitelkeit verschlafen. Ein Mann hat seine kühlsten und klügsten Stunden des Morgens, wenn er eben aufgewacht ist. Mein Vorgehen erschien noch ebenso weise wie vorher – aber nur in der Theorie. Wie es sich in der Praxis erweisen würde – da saß der Haken. Es war wirklich ein guter Gedanke, einfach vorauszusetzen, daß Bartleby ausziehen würde; aber schließlich war dies nur meine eigene Voraussetzung, nicht die Bartlebys. Die Hauptsache war nicht, ob ich vorausgesetzt hatte, daß er mich verlassen würde, sondern ob er es möchte. Er war ein Mensch der Neigungen, Voraussetzungen halfen nichts bei ihm.

Nach dem Frühstück ging ich hinunter in die Stadt und erwog die Wahrscheinlichkeit des Für und Wider. Einmal dachte ich, alles würde sich als ein kläglicher Mißerfolg erweisen, und ich würde Bartleby bei bester Gesundheit in meinem Büro finden wie gewöhnlich. Dann wieder schien es mir sicher, daß sein Stuhl leer sein würde. So schwankte ich immer hin und her. An der Ecke von Broadway und Canalstraße sah ich eine recht aufgeregte Gruppe von Leuten, die in ernstem Gespräch standen.

»Ich wette, er macht's nicht!« sagte eine Stimme, als ich vorbeiging.

»Er geht nicht? Abgemacht!« sagte ich. »Halten Sie Ihr Geld bereit!«

Unwillkürlich steckte ich dabei meine Hand in die Tasche, um mein eigenes hervorzuholen, als mir einfiel, daß Wahltag war. Die Worte, die ich gehört hatte, bezogen sich nicht auf Bartleby, sondern auf Erfolg oder Niederlage irgendeines Kandidaten für das Bürgermeisteramt. In meiner gespannten Geistesverfassung hatte ich mir eingebildet, der ganze Broadway nehme teil an meiner Aufregung und berate mit mir über dieselbe Frage. Ich ging weiter, herzlich dankbar, daß der Lärm auf der Straße meine augenblickliche Geistesabwesenheit verdeckte.

Wie beabsichtigt, war ich früher als gewöhnlich an meiner Bürotür. Einen Augenblick stand ich und horchte. Alles war still. Er mußte fort sein. Ich drückte auf die Klinke. Die Tür war verschlossen. Ja, mein Verfahren hatte Wunder gewirkt; er mußte wirklich verschwunden sein. Doch irgendwie mischte sich Schwermut in diesen Gedanken; mein glänzender Erfolg tat mir fast leid. Ich tastete unter dem Türvorleger nach dem Schlüssel, den Bartleby dort für mich hatte lassen sollen, als mein Knie zufällig an die Wand stieß und eine Art Klopfen verursachte;

als Antwort kam von drinnen eine Stimme: »Noch nicht! Ich habe zu tun.«

Es war Bartleby.

Ich stand wie vom Schlag gerührt. Einen Augenblick blieb ich so stehen wie jener Mann, der vor langer Zeit in Virginia vom Blitz getroffen wurde; an einem wolkenlosen Nachmittag stand er an seinem offenen Fenster, die Pfeife im Mund, und so wurde er erschlagen. Er blieb da stehen, hinausgelehnt in den träumerischen Nachmittag, bis jemand ihn anrührte, daß er umfiel.

»Noch da«, murmelte ich endlich. Aber wieder gehorchte ich diesem erstaunlichen Einfluß, den der rätselhafte Schreiber auf mich ausübte, jenen Einfluß, von dem ich mich trotz allen Sträubens nicht vollkommen frei machen konnte, ich ging langsam die Treppe hinunter und auf die Straße hinaus, und während ich ums Viertel ging, überlegte ich, was ich nun als nächstes unternehmen sollte, um dieser ungeheuerlichen Schwierigkeit zu begegnen. Ich konnte ja den Mann nicht mit Gewalt hinauswerfen. Mit Schimpfworten würde er sich nicht vertreiben lassen; die Polizei zu rufen war mir ein unerfreulicher Gedanke; und doch mochte ich auch daran nicht denken, zuzulassen, daß er sich seines starren, tatenlosen Triumphes über mich freute. Was war zu tun? Oder, wenn nichts getan werden konnte, was konnte ich dann in dieser Sache noch irgendwie annehmen? Ja, so wie ich vorher vorausblickend angenommen hatte, daß Bartleby ausziehen würde, so könnte ich jetzt zurückblickend annehmen, daß er ausgezogen sei. In wohlbegründeter Durchführung dieser Annahme könnte ich das Büro in größter Eile betreten, mich so stellen, als sähe ich Bartleby gar nicht, und gerade auf ihn zugehen, als wäre er Luft. Solch ein Vorgehen würde großartig wirken. Der Hieb würde sitzen! Es war kaum möglich, daß Bartleby einer solchen Anwendung der Voraussetzungslehre widerstehen konnte. Aber bei einer zweiten Überlegung schien der Erfolg des Plans ziemlich zweifelhaft. Ich beschloß, noch einmal mit ihm über die Sache zu reden.

»Bartleby«, sagte ich, als ich ins Büro trat, mit ruhigem, ernstem Gesichtsausdruck, »ich bin ernstlich ungehalten. Es berührt mich schmerzlich, Bartleby; das hätte ich nicht von Ihnen gedacht. Ich dachte, Sie hätten eine so anständige Gesinnung, daß in irgendeiner heiklen Lage ein kleiner Wink genügen würde, kurz, eine Andeutung. Aber ich habe mich anscheinend getäuscht. Nun«, fügte ich hinzu und lenkte ganz natürlich auf ein anderes Thema über, »Sie haben noch nicht einmal das Geld hier angerührt«, und ich zeigte darauf, genau wo ich es am Abend vorher hingelegt hatte.

Er antwortete nicht.

»Wollen Sie nun von hier fortgehen oder nicht?« Ich fragte in plötzlicher Heftigkeit und trat dicht vor ihn hin.

»Ich möchte lieber *nicht* von hier fortgehen«, erwiderte er und legte einen sanften Nachdruck auf das *Nicht*.

»Was haben Sie denn um alles in der Welt für ein Recht, hierzubleiben? Zahlen Sie irgendwie Miete? Zahlen Sie meine Steuern? Oder ist das hier Ihr Eigentum?«

Er antwortete nicht.

»Sind Sie bereit, jetzt wieder zu schreiben? Sind Ihre Augen jetzt wieder in Ordnung? Können Sie mir heute morgen ein kleines Schriftstück kopieren? Oder helfen, ein paar Zeilen durchzusehen? Oder hinüber aufs Postamt gehen? Mit einem Wort also: Wollen Sie überhaupt etwas tun, um Ihrer Weigerung, diese Räume zu verlassen, eine Berechtigung zu verleihen?«

Er zog sich stumm in seine Klause zurück.

Ich befand mich in einem solchen Zustand nervöser Erregung, daß ich es für geraten hielt, für den Augenblick mit weiteren Äußerungen zurückzuhalten. Bartleby und ich waren allein. Ich dachte an die Tragödie des unglücklichen Adams und des noch unglücklicheren Colt in dem verlassenen Büro des letzteren; und wie der arme Colt, von Adams furchtbar in Wut gebracht, so unvorsichtig war, seiner schrecklichen Erregung nachzugeben, und so plötzlich zu seiner verhängnisvollen Tat getrieben wurde – einer Tat, die sicher keiner mehr beklagen konnte als der Täter selbst. Oft hatte ich in meinen Betrachtungen über diese Sache nachgedacht, daß dieser Streit anders geendet hätte, wenn er auf offener Straße oder in einer Privatwohnung stattgefunden hätte. Dieser Umstand aber – allein zu sein in einem menschenleeren Büro, in einem nach oben gelegenen Stockwerk, in einem Gebäude, das von keinerlei bürgerlich-häuslicher Gemeinschaft geheiligt war, in einem Büro ohne Teppiche, in dem es sicher staubig und wüst aussah – das muß es wohl vor allem gewesen sein, was die leicht zu reizende Wut des unglücklichen Colt noch steigerte.

Aber als dieser Adam des Zorns sich in mir erhob

und mich mit Bartleby versuchte, ergriff ich ihn und schleuderte ihn weg. Wie ich das tat? Nun, ich dachte einfach an den göttlichen Befehl: Ein neu Gebot gebe ich euch, daß ihr euch untereinander liebet. Ja, das rettete mich. Abgesehen von höheren Erwägungen wirkt Nächstenliebe oft als ein Prinzip großer Weisheit und Vorsicht – als mächtiger Beschützer für den, der sie hegt. Menschen haben Morde begangen aus Eifersucht, aus Wut, aus Haß, aus Selbstsucht, aus geistigem Hochmut; aber ich habe noch nie gehört, daß einer um süßer Nächstenliebe willen einen teuflischen Mord begangen hätte. So sollte schon bloße Selbstsucht – wenn ein besseres Motiv nicht herbeigeführt werden kann – allen Wesen, besonders heißblütigen, die Nächstenliebe und Menschenliebe predigen. Bei dieser Gelegenheit jedenfalls bemühte ich mich, meine Zorngefühle gegen den Schreiber zu ertränken, indem ich mir sein Verhalten wohlwollend ausdeutete. Armer Kerl! Armer Kerl! dachte ich; er meint's ja nicht böse; und dann hat er wohl schlechte Zeiten erlebt, und man muß ihm etwas nachsehen.

Ich versuchte also sofort, mich zu beschäftigen und dabei meine Wut zu besänftigen. Ich versuchte, mir vorzustellen, daß Bartleby im Laufe des Morgens zu einer Zeit, die ihm eben angenehm wäre, aus freiem Entschluß aus seiner Einsiedelei herauskommen und schnurstracks in Richtung Tür marschieren würde. Aber nein! Es wurde halb zwölf; Truthahns Gesicht fing an zu glühen, er warf sein Tintenfaß um und wurde überhaupt unerträglich laut; Kneifer mäßigte sich zu Stille und Höflichkeit; Ingwerkeks kaute hörbar seinen Mittagsapfel; Bartleby stand noch immer an seinem Fenster und betrachtete in tiefste Träumereien versunken seine kahle Wand. Möchte man es für möglich halten? Soll ich es gestehen? An diesem Nachmittag verließ ich das Büro, ohne noch ein Wort zu ihm zu sagen.

Ein paar Tage vergingen nun, während deren ich in freien Stunden ein wenig in Edwards' 'Über den Willen' und Priestleys 'Über die Notwendigkeit' herumblätterte. In der augenblicklichen Situation weckten diese Bücher in mir ein heilsames Gefühl. Nach und nach gewann ich die Überzeugung, daß diese meine Sorgen um den Schreiber mir alle von Ewigkeit her bestimmt waren und daß Bartleby bei mir einquartiert war, schien mir die geheimnisvolle Absicht einer allwissenden Vorsehung, die zu ergründen einem armen Sterblichen wie mir nicht zukam. Ja, Bartleby, bleibe da hinter deinem Schirm, dachte ich; ich werde dich nicht mehr verfolgen; du bist so harmlos und still wie einer von den alten Stühlen hier; ja, ich fühle mich nie so ungestört, wie wenn ich weiß, daß du hier bist; endlich sehe ich es; ich dringe vor zu dem Ziel, das meinem Leben bestimmt ist. Ich bin zufrieden. Andere mögen großartigere Rollen zu spielen haben; aber mein Auftrag in der Welt, Bartleby, ist es, dir ein Asyl in meinem Büro zu gewähren, solange du es für angebracht halten wirst, hier zu verweilen.

Ich glaube, dieser weise und gesegnete Geisteszustand hätte bei mir angehalten, wären nicht die unerbetenen und hartherzigen Bemerkungen gewesen, die mir meine Berufsfreunde aufdrängten, wenn sie in meine Räume kamen. Aber es ist häufig so, daß die beständige Nörgelei engherziger Geister endlich die besten Entschlüsse der Großzügigeren zunichte macht. Freilich, wenn ich darüber nachdachte, war es sicher nicht verwunderlich, daß Leute, die in mein Büro kamen, von dem eigenartigen unerklärlichen Anblick Bartlebys betroffen und so in Versuchung waren, ein paar häßliche Bemerkungen über ihn fallen zu lassen. Manchmal versuchte ein Anwalt, der geschäftlich mit mir zu tun hatte, mich in meinem Büro aufsuchte und dort niemanden fand als den Schreiber, von ihm genaue Auskunft darüber einzuholen, wo ich mich aufhielte. Aber seine Reden waren zwecklos. Bartleby blieb unbeweglich mitten im Zimmer stehn und achtete gar nicht auf sie. So ging der Anwalt gewöhnlich wieder, nicht klüger, als er gekommen war, nachdem er ihn eine Weile in dieser Stellung bewundert hatte.

Ebenso wenn eine Beratung anfing, das Zimmer voll war von Rechtsanwälten und Zeugen und die Geschäfte drängten, dann bat wohl irgendein sehr beschäftigter Herr vom Gericht Bartleby, sobald er sah, daß dieser absolut nichts zu tun hatte, in sein (des Herrn) Büro zu laufen und ein paar Papiere für ihn zu holen. Dies lehnte Bartleby ruhig ab, blieb aber müßig wie zuvor. Dann machte der Rechtsanwalt große Augen, wandte sich zu mir, und was konnte ich sagen? Endlich wurde ich darauf aufmerksam gemacht, daß durch den ganzen Kreis meiner beruflichen Bekannten ein verwundertes Tuscheln lief über die merkwürdige Kreatur, die ich mir in meinem Büro hielt. Dies machte mir viel Kummer, und als mir der Gedanke kam, er könne sich möglicherweise als langlebig erweisen und immer meine Räume bewohnen, ohne meine Autorität anzuerkennen, meine Besucher in Verwunderung setzen, meinem beruflichen Ansehen schaden und ganz allgemein einen Schatten auf meine Räume werfen, könne sich so durchschlagen, bis seine Ersparnisse verbraucht waren (er gab am Tag bestimmt nur ein paar Cents aus), könne mich am Ende vielleicht gar überleben und auf Grund ständiger Benutzung Anspruch auf mein Büro erheben, da bedrängten mich all solche dunklen Vorahnungen mehr und mehr, und unablässig lagen mir meine Freunde in den Ohren mit ihren unbarmherzigen Bemerkungen über die Erscheinung in meinem Zimmer; eine große Veränderung vollzog sich in mir. Ich beschloß, alle meine Kräfte zusammenzuraffen und mich auf immer von diesem unerträglichen Alp zu befreien.

Bevor ich jedoch irgendeinen komplizierten Plan erwog, der diesem Ziel dienen sollte, gab ich Bartleby erst ganz einfach zu verstehen, daß er jetzt wirklich für immer ausziehen solle. In ruhigem und ernstem Ton empfahl ich diesen Gedanken seiner sorgsamen und reiflichen Überlegung. Aber nachdem er drei Tage darüber nachgedacht hatte, benachrichtigte er mich davon, daß sein ursprünglicher Entschluß der gleiche bleibe; kurz also, er »möchte« noch immer bei mir wohnen.

Was soll ich tun? fragte ich nun mich selber und knöpfte meinen Rock bis zum letzten Knopf zu. Was soll ich tun? Was müßte ich tun? Was sagt mir mein Gewissen, daß ich mit diesem Mann oder besser Geist anfangen soll? Ich muß ihn loswerden; gehen soll er. Aber wie? Hinauswerfen will ich ihn nicht, den armen, blassen, stillen Menschen — solch eine hilflose Kreatur will man doch nicht auf die Straße setzen! Mich durch eine solche Grausamkeit entehren? Nein, das will ich nicht, das kann ich nicht. Lieber lasse ich ihn hier leben und sterben und maure seine sterblichen Überreste in die Wand ein. – Was willst du also tun? Mit aller Überredung bringst du ihn nicht von der Stelle. Bestechungsgelder läßt er unter deinem eigenen Briefbeschwerer auf dem Tisch liegen; kurz also, es ist ganz klar, daß er bei dir bleiben möchte.

Dann muß also etwas Ernsthaftes, Ungewöhnliches unternommen werden. Natürlich willst du ihn nicht von einem Schutzmann festnehmen lassen und seine unschuldige Blässe dem öffentlichen Gericht über-antworten. Und auf Grund welcher Tatsache könn-test du das auch? Was denn? Ist der ein Vagabund, ein Landstreicher, der sich weigert, vom Fleck zu gehen? Eben weil er kein Landstreicher sein will, suchst du dann also, ihn zum Landstreicher zu stem-peln. Das ist gar zu widersinnig. Offenbar verfügt er über keine Unterhaltsmittel; da habe ich ihn. Wieder falsch; denn ganz ohne Zweifel unterhält er sich selbst, und das ist der einzige unwiderlegbare Beweis, den jemand dafür erbringen kann, daß er die Mittel hat, es zu tun. Also genug davon! Da er mich nicht verlassen will, muß ich ihn verlassen. Ich werde mein Büro verlegen; ich werde irgendwo anders hin-ziehen und ihm freundlich mitteilen, daß ich, wenn ich ihn in meiner neuen Behausung antreffen sollte, gegen ihn vorgehen werde wie gegen irgend jemand sonst, der so unverschämt ist, fremden Boden unbe-fugt zu betreten.

Ich wandte mich also am nächsten Tag an ihn:

»Diese Räume sind mir zu weit vom Rathaus entfernt; die Luft ist ungesund; mit einem Wort, ich beabsichtige, nächste Woche mit meinem Büro umzuziehen, und ich benötige Ihren Dienst nicht mehr. Ich sage Ihnen das jetzt, damit Sie sich einen anderen Platz suchen können.«

Er gab keine Antwort, und es wurde nicht weiter darüber gesprochen.

Am vereinbarten Tage mietete ich Wagen und Leute, ging in meine Räume, und da ich nur wenig Möbel hatte, war alles in ein paar Stunden ausgeräumt. Die ganze Zeit über stand der Schreiber hinter seinem Schirm, der nach meiner Anordnung als letztes weggebracht werden sollte. Er wurde weggezogen, zusammengefaltet wie ein großes Blatt Papier, und er ließ ihn zurück – den reglosen Bewohner eines kahlen Raumes. Ich stand am Eingang und beobachtete ihn einen Augenblick, während in mir Vorwürfe laut wurden.

Ich trat wieder ein, die Hand in der Tasche, und das Herz saß mir auf der Zungenspitze.

»Auf Wiedersehen, Bartleby; ich gehe jetzt – auf Wiedersehen, und Gott möge Sie schützen; und nehmen Sie das!« und ich ließ etwas in seine Hand gleiten. Aber es fiel zu Boden, und dann – seltsam zu sagen – riß ich mich von ihm los, den ich solange hatte los sein wollen.

Als ich mich in meinem neuen Quartier eingerichtet hatte, hielt ich einen Tag oder zwei die Tür verschlossen und erschrak bei jedem Schritt auf dem Gang. Wenn ich nach kurzer Abwesenheit in meine Räume zurückkehrte, hielt ich einen Augenblick auf der Schwelle inne und horchte gespannt, ehe ich meinen Schlüssel einsteckte. Aber diese Angst war unnötig. Bartleby tauchte nie wieder in meiner Nähe auf.

Ich dachte, alles ginge gut, als eines Tages ein verstört aussehender Fremder zu mir kam und fragte, ob ich der Mann sei, der vor kurzem in der Wallstreet No.– einige Räume bewohnt habe.

Voller Vorahnungen erwiderte ich, daß ich das sei.

»Dann, mein Herr«, sagte der Fremde, ein Rechtsanwalt, wie sich herausstellte, »sind Sie verantwortlich für den Mann, den Sie dort gelassen haben. Er weigert sich, irgend etwas zu schreiben; er weigert sich, überhaupt etwas zu tun; er sagt, er möchte nicht; und er weigert sich, die Räume zu verlassen.«

»Es tut mir leid, mein Herr«, sagte ich mit angenommener Ruhe und innerlich bebend, »aber mit dem Mann, von dem Sie sprechen, habe ich wahrhaftig nichts zu tun – er ist nicht verwandt mit mir und auch nicht mein Lehrling, daß Sie mich für ihn verantwortlich machen könnten.«

»Ja, zum Teufel, wer ist er denn?«

»Das kann ich Ihnen nicht genau sagen. Ich weiß nichts von ihm. Früher war er bei mir als Schreiber beschäftigt. Aber er hat schon seit einiger Zeit nicht mehr für mich gearbeitet.«

»Dann werde ich ihn wegbringen lassen – guten Morgen, mein Herr.«

Ein paar Tage vergingen, und ich hörte nichts mehr von der Sache; und obwohl oft eine Stimme in mir zum Guten redete und mir zuraunte, hinzugehen und nach dem armen Bartleby zu sehen, hielt mich doch eine gewisse Scheu zurück, ich weiß selber nicht, wovor.

Jetzt ist doch das alles mit ihm schon vorbei, dachte ich endlich, als nach einer weiteren Woche mich keine andere Nachricht erreichte. Aber als ich am Tage darauf in mein Büro kam, fand ich vor meiner Tür ein paar Leute, die im Zustand höchster Erregung auf mich warteten.

»Das ist der Herr, da kommt er«, rief der vorderste, in dem ich den Rechtsanwalt erkannte, der mich zuvor allein besucht hatte.

»Sie müssen ihn sofort wegbringen, Herr, auf der Stelle«, rief ein wohlbeleibter Mann. Ich wußte, es war der Hauswirt der Wallstreet No.– »Diese Herren, meine Mieter, können es nicht mehr aushalten; Herr B.«, und er zeigte auf den Rechtsanwalt, »hat ihn aus dem Zimmer geworfen, und jetzt macht er dauernd das ganze Gebäude unsicher. Bei Tag sitzt er auf dem Treppengeländer, und bei Nacht schläft er im Eingang; jeder wundert sich, Kunden verlassen die Büros. Manche haben Angst, es könnte sich um eine Diebesbande handeln. Sie müssen etwas unternehmen, und zwar sofort.«

Bestürzt wich ich vor diesem Ausbruch zurück, und gern hätte ich mich in mein neues Quartier eingeschlossen. Umsonst bestand ich darauf, daß ich nichts mit Bartleby zu tun habe – nicht mehr als irgend jemand sonst. Vergebens – ich war der letzte, von dem man wußte, daß er überhaupt etwas mit ihm zu tun gehabt habe, und nun zogen sie mich so furchtbar zur Verantwortung.

Voller Angst, in der Zeitung bloßgestellt zu werden (wie einer der Anwesenden dunkel androhte), bedachte ich die Sache und sagte schließlich, wenn der Rechtsanwalt mir eine vertrauliche Unterredung mit dem Schreiber in seinem (des Rechtsanwalts) eigenen Zimmer gewähre, würde ich am Nachmittag alles versuchen, um sie von der Plage, über die sie klagten, zu befreien.

Als ich zu meiner alten Behausung hinaufstieg, fand ich Bartleby still am Treppenabsatz auf dem Geländer sitzen.

»Was machen Sie denn hier, Bartleby?« sagte ich.

»Ich sitze auf dem Geländer«, erwiderte er milde.

Ich forderte ihn auf, mit ins Zimmer des Rechtsanwalts zu kommen, und dieser ließ uns allein.

»Bartleby«, sagte ich, »sind Sie sich klar, daß Sie mir viel Ärger machen, wenn Sie sich dauernd hier am Eingang aufhalten, nachdem man Sie aus dem Büro gewiesen hat?«

Keine Antwort.

»Jetzt müssen entweder Sie etwas unternehmen, oder es muß etwas gegen Sie unternommen werden. Eins von beiden muß sein. Mit was für einer Art von Tätigkeit möchten Sie denn beschäftigt werden? Wollen Sie wieder für jemanden Schreibarbeit machen?«

»Nein, ich möchte lieber, daß alles beim alten bleibt.«

»Möchten Sie eine Stellung in einem Kurzwarengeschäft annehmen?«

»Da muß man sich zu sehr einschränken. – Nein, ich möchte keine Stellung, aber ich bin nicht wählerisch.«

»Zu sehr einschränken«, rief ich, »ja, Sie schränken sich doch dauernd selber ein.«

»Ich möchte keine Stellung annehmen«, erwiderte er, als wolle er diese kleine Einzelheit gleich festlegen.

»Wie wär's mit dem Posten eines Büfettiers? Das ist gar nicht anstrengend für die Augen!«

»Dazu habe ich überhaupt keine Lust; aber wie gesagt, ich bin nicht wählerisch.«

Seine ungewohnte Redseligkeit ermutigte mich. Ich ging noch einmal zum Angriff über.

»Na schön; aber hätten Sie Lust, über Land zu reisen und Rechnungen für Kaufleute einzuziehen? Das würde Ihrer Gesundheit guttun.«

»Nein, dann möchte ich schon lieber etwas anderes.«

»Aber als Gesellschafter mit nach Europa gehen, irgendeinen jungen Mann unterhalten – wie würde Ihnen das passen?«

»Das kommt gar nicht in Frage; ich kann mir auch gar nicht denken, daß dabei überhaupt etwas zu tun ist. Ich bleibe auch gern am Ort. Aber ich bin nicht wählerisch.«

»Also bleiben Sie am Ort«, schrie ich; denn mir riß die Geduld, und zum ersten Male in meinen aufregenden Beziehungen zu ihm geriet ich ziemlich in Wut. »Wenn Sie nicht noch vor Abend diese Räume verlassen, sehe ich mich gezwungen – wahrhaftig – *muß* – muß ich – selber gehen!« Ich schloß ziemlich widersinnig; denn mir fiel keine Drohung ein, mit der ich vielleicht hätte versuchen können, ihm Angst einzujagen und seine Unbeweglichkeit so in Willfährigkeit zu verwandeln. Verzweifelt gab ich alle weiteren Bemühungen auf und wollte ihn hastig verlassen, als ein letzter Gedanke mir in den Sinn kam – ein Gedanke, mit dem ich auch vorher schon gespielt hatte.

»Bartleby«, sagte ich in dem freundlichsten Ton, den ich unter so aufregenden Umständen aufbringen konnte, »wollen Sie jetzt mit mir nach Hause gehen – nicht in mein Büro, sondern in meine Wohnung – und dort bleiben, bis wir einmal in einer freien Stunde irgendeine passende Regelung für Sie treffen können? Kommen Sie, wir wollen gleich gehen.«

»Nein; ich möchte für den Augenblick überhaupt, daß alles so bleibt.«

Ich antwortete nicht; aber ich entging allem mit Erfolg durch eine plötzliche, eilige Flucht, rannte aus dem Gebäude, lief die Wallstreet hinauf zum Broadway, sprang in den ersten Autobus und war bald jeder Verfolgung entronnen. Sobald ich meine Ruhe wiedergewonnen hatte, sah ich deutlich, daß ich nun alles getan hatte, was ich nur konnte, bezüglich der Forderungen des Hauswirtes und seiner Mieter und auch im Hinblick auf mein Pflichtgefühl und mein Verlangen, Bartleby Gutes zu tun und ihn gegen grobe Verfolgung zu schützen. Nun gab ich mir Mühe, vollkommen sorglos und ruhig zu sein. Mein Gewissen gab mir das Recht zu diesem Versuch; freilich war er trotzdem nicht so erfolgreich, wie ich es mir gewünscht hätte. So sehr fürchtete ich mich, der Hauswirt und seine verärgerten Mieter würden mich wieder aufspüren, daß ich meine Geschäfte Kneifer übertrug und in meinem Kutschwagen durch den oberen Teil der Stadt und die Vororte fuhr, hinüber nach Jersey City und Hoboken; ich stattete auch Manhattanville und Astoria flüchtige Besuche ab und lebte wirklich fast die ganze Zeit nur in meinem Wagen.

Aber siehe da: als ich wieder in mein Büro kam, lag ein Brief des Hauswirtes auf meinem Schreibtisch.

Mit zitternder Hand öffnete ich ihn. Ich erfuhr, daß
dieser nach der Polizei geschickt und Bartleby als
Landstreicher ins Gefängnis habe schaffen lassen.
Da ich im übrigen mehr von ihm wisse als irgend
jemand sonst, wünsche er, daß ich mich dorthin
begebe und entsprechende Angaben über die Tatsachen mache. Diese Nachricht löste sehr wider-
streitende Gefühle in mir aus. Erst war ich ungehalten, aber schließlich stimmte ich ihm doch fast
zu. Der Hauswirt hatte mit seiner kurzen, entschlossenen Anordnung einen Weg eingeschlagen, zu dem
ich mich selber, glaube ich, nicht entschlossen hätte;
und doch schien es unter so besonderen Umständen
die letzte Zuflucht und das einzige Mittel zu sein.
Wie ich später erfuhr, hatte der arme Schreiber, als
man ihm sagte, daß er ins Stadtgefängnis gebracht
werden müsse, nicht den mindesten Widerstand geleistet, sondern sich in seiner seltsamen, unerschüt-
terlichen Art stumm gefügt.
Ein paar mitleidige, neugierige Zuschauer hatten
sich der Gruppe angeschlossen, und angeführt von
einem Polizisten, der Bartleby am Arm genommen
hatte, war der stumme Zug durch die Durchfahrten
marschiert, die um Mittag von Lärm, Geschäftigkeit und Fröhlichkeit widerhallten.
Noch am selben Tage, an dem ich den Brief erhalten
hatte, begab ich mich ins Stadtgefängnis oder, genau
gesagt, zu den Halls of Justice. Ich suchte den rich-
tigen Beamten, gab den Zweck meines Besuches an
und erfuhr, daß die von mir beschriebene Person
sich in der Tat dort befinde. Ich versicherte dann
dem Beamten, daß Bartleby ein vollkommen ehren-
werter Mann und sehr zu bedauern sei, wenn auch

eigenartig überspannt. Ich berichtete alles, was ich wußte, und anschließend äußerte ich den Vorschlag, man solle ihn in so nachsichtiger Haft halten wie nur möglich, bis etwas weniger Strenges für ihn getan werden könne – wenn ich auch freilich kaum wußte, was. Jedenfalls mußte das Armenhaus ihn aufnehmen, wenn nicht anders über ihn entschieden werden konnte. Dann bat ich um eine Unterredung.

Da er nicht unter einer ehrenrührigen Anklage stand und im Benehmen ganz ruhig und harmlos war, hatte man ihm erlaubt, im Gefängnis herumzugehen und vor allem in den eingeschlossenen Höfen, auf denen struppiges Gras wuchs. So fand ich ihn dort, wie er im stillsten der Höfe ganz allein stand, das Gesicht zu einer hohen Wand gekehrt, und ich glaubte ringsum hinter den schmalen Schlitzen der Gefängnisfenster die Augen von Mördern und Dieben zu sehen, die zu ihm hinausspähten.

»Bartleby?«

»Ich weiß, wer Sie sind«, sagte er, ohne sich umzudrehen, »und ich habe keine Lust, mit Ihnen zu reden.«

»Nicht ich habe Sie hierhergebracht, Bartleby«, sagte ich, bitter gequält von seinem unausgesprochenen Verdacht, »und für Sie sollte dieser Ort nicht so furchtbar sein. Wenn Sie auch hier sind, hängt Ihnen deswegen doch nichts an. Und sehen Sie, es ist doch gar nicht so trostlos hier, wie man denken möchte. Sehen Sie doch – dort ist der Himmel, und hier ist Gras.«

»Ich weiß, wo ich bin«, erwiderte er, aber mehr sagte er nicht, und so verließ ich ihn.

Als ich wieder in den Gang trat, näherte sich mir

ein breiter, fleischiger Mann mit einer Schürze und sagte, indem er mit dem Daumen über seine Schulter zeigte: »Ist das Ihr Freund?«

»Ja!«

»Will der denn verhungern? Dann lassen Sie ihn nur von der Gefängniskost leben, das wollte ich Ihnen bloß gesagt haben.«

»Wer sind Sie?« fragte ich, weil ich nicht wußte, was ich davon halten sollte, daß einer an solch einem Ort so wenig amtlich redete.

»Ich bin der Essenträger. Herren, die Freunde hier haben, bezahlen mich, damit ich denen was Gutes zu essen besorge.«

»Stimmt das?« fragte ich, zum Gefängniswärter gewandt.

Er sagte, es sei so.

»Nun gut denn«, sagte ich und drückte dem Essenträger (denn so nannte man ihn) ein Silberstück in die Hand. »Ich möchte Sie bitten, auf meinen Freund besonders achtzugeben; er soll das beste Essen haben, das Sie auftreiben können, und seien Sie zu ihm so höflich, wie Sie können.«

»Stellen Sie mich vor, ja?« sagte der Essenträger und sah mich an mit einem Ausdruck, der zu sagen schien, er brenne vor Ungeduld nach einer Gelegenheit, eine Probe seiner Erziehung zu geben.

Da ich dachte, es würde für den Schreiber gut sein, willigte ich ein; ich fragte den Essenträger nach seinem Namen und ging mit ihm zu Bartleby.

»Bartleby, dies ist ein Freund; Sie werden sehen, er ist Ihnen sehr nützlich.«

»Diena, Herr, Diena«, sagte der Essenträger und machte eine tiefe Verbeugung in seiner Schürze.

»Hoffentlich gefällt's Ihnen hier, Herr; nette Gegend, kühle Zimmer – hoffentlich bleiben Sie eine Zeitlang hier bei uns; wollen sehen, wie wir's Ihnen nett machen können. Was wünschen Sie heute zu Mittag?«

»Ich möchte heute nicht Mittag essen«, sagte Bartleby und drehte sich weg. »Es würde mir gar nicht bekommen; ich bin nicht an Mittagessen gewöhnt.« Als er das gesagt hatte, wanderte er zum anderen Ende der Einfriedung und stellte sich vor die kahle Wand.

»Nanu?« sagte der Essenträger zu mir mit einem erstaunten Blick. »Der ist wohl bißchen komisch, wie?«

»Ich glaube, er ist etwas verrückt«, sagte ich traurig.

»Verrückt? Verrückt is er? Na, sowas! und ich hab gedacht, der Freund von Sie is'n Herr Fälscher; die sind immer so blaß und vornehm, die Fälscher. Da muß ich immer so Mitleid haben mit – ich kann mir nich helfen, Herr. Kenn' Sie Monroe Edwards?« fügte er in einer rührenden Art hinzu und hielt inne. Dann legte er die Hand mitleidig auf meine Schulter und seufzte. »Der is in Sing-Sing an der Schwindsucht gestorben. Da haben Sie also Monroe nich gekannt?«

«Nein, ich habe noch nie Umgang mit Fälschern gehabt. Aber ich habe jetzt keine Zeit. Kümmern Sie sich nur um meinen Freund da drüben. Es soll Ihr Schade nicht sein. Wir sprechen uns noch.«

Ein paar Tage darauf erhielt ich wieder Einlaß ins Gefängnis und ging durch die Gänge auf der Suche nach Bartleby, aber ich fand ihn nicht.

»Ich habe ihn vor kurzem aus der Zelle kommen sehen«, sagte ein Gefängniswärter. »Vielleicht ist er auf die Höfe spazierengegangen.«

So ging ich in dieser Richtung.

»Suchen Sie den, der nie was redet?« fragte ein anderer Wärter, der an mir vorbeiging. »Drüben liegt er und schläft – dort im Hof. Es ist keine zwanzig Minuten her, da hab' ich gesehen, wie er sich hingelegt hat.«

Im Hof war es ganz still. Die gewöhnlichen Gefangenen durften nicht hierher. Die Mauern ringsum – von erstaunlicher Dicke – hielten alle Laute hinter sich zurück. Der ägyptische Charakter des Mauerwerks bedrückte mich mit seiner Düsterkeit. Aber ein sanfter eingekerkerter Rasen wuchs unter meinen Füßen. Es schien, als hätten Vögel durch die Spalten wunderlichen Zaubersamen hier hereinfallen lassen, und als sei davon einer ewigen Pyramide das Herz zersprungen.

Sonderbar zusammengerollt und auf der Seite, die Knie angezogen, den Kopf an den alten Steinen, sah ich am Fuße der Wand den geschwächten Bartleby liegen. Aber nichts regte sich. Ich hielt an; dann trat ich näher zu ihm, beugte mich über ihn und sah, daß seine trüben Augen offen waren; sonst schien er tief zu schlafen. Etwas bewog mich, ihn anzurühren. Ich faßte seine Hand an, da rann mir ein bebender Schauder den Arm hinauf und die Wirbelsäule hinunter bis in die Füße.

Jetzt sah mich das runde Gesicht des Essenträgers an.

»Sein Essen is fertig. Will er denn wieder nich essen heute? Der lebt wohl von der Luft?«

»Er lebt von der Luft«, sagte ich und schloß die Augen.

»He! – der schläft wohl, was?«

»Mit Kaisern und Königen«, murmelte ich.

Es scheint ziemlich unnötig, dieser Geschichte noch etwas hinzuzufügen. Die Phantasie wird gern bereit sein, den mageren Bericht von des armen Bartleby Begräbnis zu liefern. Aber bevor ich von meinem Leser Abschied nehme, möchte ich noch eins sagen: wenn diese kleine Erzählung ihn genug interessiert hat, um seine Neugier darauf zu wecken, wer Bartleby war und was für ein Leben er geführt hatte, bevor der Erzähler dieser Geschichte seine Bekanntschaft machte, kann ich nur erwidern, daß ich diese Neugier voll und ganz teile, aber vollkommen außerstande bin, sie zu befriedigen. Doch weiß ich nicht, ob ich nicht ein kleines Gerücht erzählen soll, das mir ein paar Monate nach des Schreibers Tod zu Ohren kam. Worauf es sich gründete, konnte ich niemals feststellen, und daher kann ich auch nicht sagen, ob es wahr ist. Aber da dieser unklare Bericht zwar tragisch, doch nicht ohne einen gewissen verführerischen Reiz für mich war, mag er den wohl auch für manchen anderen haben, und so will ich ihn kurz erwähnen. Der Bericht lautet wie folgt: Bartleby war ein kleiner Angestellter in dem Büro für unbestellbare Briefe in Washington gewesen und war plötzlich, durch einen Wechsel in der Verwaltung, daraus entlassen worden. Ich kann kaum ausdrücken, was für Empfindungen mich ergreifen, wenn ich über dies Gerücht nachsinne. Unbestellbare Briefe! Klingt es nicht wie unbestellbare Menschen? Man denke sich einen Menschen, von Natur und Mißgeschick bestimmt zu bleicher Hoffnungslosigkeit: gibt es irgendeine Tätigkeit, die mehr dazu angetan wäre, ihn darin zu bestärken als dies, immerzu mit unbestellbaren Briefen umzugehen und sie fürs Feuer auszusortieren? – denn alljährlich werden sie in ganzen Wagenladungen verbrannt. Manchmal nimmt der blasse Beamte aus den gefalteten Papieren einen Ring – der Finger, für den er bestimmt war, modert vielleicht im Grabe – oder einen Geldschein, in eiliger Barmherzigkeit gesandt – der, dem er helfen sollte, ißt nicht mehr und hungert nicht mehr; Gnade denen, die in Verzweiflung starben; Hoffnung denen, die ohne Hoffnung starben; gute Botschaft denen, die starben, erstickt in ungelindertem Elend; auf den Irrungen des Lebens treiben diese Briefe dem Tode zu.

O Bartleby! O Menschlichkeit!

## BENITO CERENO

Im Jahre 1799 lag Kapitän Amasa Delano aus Duxbury in Massachusetts, der Befehlshaber eines großen Robbenfängers und üblichen Handelsschiffes,
mit kostbarer Ladung im Hafen von St. Maria, einer
kleinen, öden und unbewohnten Insel im südlichsten
Teil der langen chilenischen Küste, vor Anker. Er
hatte dort angelegt, um Wasser einzunehmen.
Als er am zweiten Tage, kurz nach Morgendämmerung, in seiner Koje lag, kam sein Maat herunter
und meldete ihm, daß ein fremdes Segelschiff in die
Bucht einlaufen wolle. Damals verkehrten in jenen
Gewässern noch nicht so viele Schiffe wie heutzutage. Der Kapitän stand auf, kleidete sich an und
ging an Deck.
Es war ein für jene Küste bezeichnender Morgen.
Alles lag reglos und stumm, in Grau gehüllt. Trotz
einer langhin rollenden Dünung schien das Meer
unbewegt zu sein. Es war glatt wie Blei, das, in der
Gießform abgekühlt, in Wellen erstarrt ist. Der
Himmel bildete eine graue Decke. Rastlose graue
Vögel, eins mit den rastlosen grauen Nebelschwaden,
in denen sie verschwammen, glitten niedrig und
stoßweise über die Fluten dahin — wie Schwalben
über Wiesen, wenn Stürme nahen. Gegenwärtige

Schatten, die künftige tiefere Schatten vorausahnen ließen.

Zur Überraschung Kapitän Delanos zeigte das fremde Schiff, durchs Glas betrachtet, keinerlei Flagge, wie es doch bei friedfertigen Seefahrern aller Nationen, wenn sie in einen Hafen einliefen, Brauch war, wobei es keine Rolle spielte, ob die Küste unbewohnt war oder auch nur ein einziges Schiff vor Anker lag. Wenn man die Gesetzlosigkeit und Öde der Gegend sowie gewisse, damals mit jenen Meeren zusammenhängende Geschichten in Betracht zog, hätte sich Kapitän Delanos Überraschung leicht bis zum Unbehagen steigern können; aber er war ein Mensch von ungewöhnlich vertrauensseligem Charakter, und nur ganz besondere und wiederholte Anlässe — und selbst diese kaum — konnten ihn, wofern sie auf menschliche Niedertracht schließen ließen, aus der Ruhe bringen. Ob freilich im Hinblick darauf, wessen der Mensch fähig ist, ein solcher Wesenszug, gepaart mit einem gütigen Herzen, einen besonders schnell und genau arbeitenden Verstand bedingt, das sei Klügeren zur Entscheidung überlassen.

Alle Befürchtungen, die sich beim ersten Anblick des fremden Schiffes einstellen mochten, wären jedoch für jeden Seemann sofort zerstreut worden, sobald er gesehen hätte, daß das Schiff beim Einlaufen in den Hafen zu sehr in Landnähe geriet; denn dort ragte ein überspültes Riff vor seinem Bug. Damit war wohl bewiesen, daß dem Schiff weder der Robbenfänger noch die Insel bekannt war, es also kein in jenem Ozean beheimatetes Piratenschiff sein konnte. Mit nicht geringem Interesse setzte Kapitän Delano seine Beobachtungen fort, die ihm durch den Nebel nicht

eben erleichtert wurden; denn er hüllte den Schiffsrumpf teilweise ein und behinderte den Schein einer
fernen Morgenlaterne in seiner Kajüte. Dasselbe
niedrige, kriechende Gewölk umschleierte auch die
Sonne, die, zu dieser Zeit von der Horizontlinie hal-
biert, zugleich mit dem Schiff in den Hafen eindrin-
gen zu wollen schien und an eine Intrigantin in Lima erinnerte, deren unheildrohendes Auge aus dem
indianischen Guckloch ihres dunklen Mantels über
die Plaza starrt.

Freilich konnte der Nebel täuschen; doch je länger
man das fremde Schiff beobachtete, um so seltsamer
nahmen sich seine Manöver aus. Es ließ sich nur
schwer erkennen, ob es in den Hafen einlaufen wollte oder nicht – ja, was es überhaupt für Wünsche
und Absichten hegte. Der Wind, der über Nacht etwas aufgefrischt hatte, wehte jetzt überaus schwach
und täuschend, wodurch die Bewegungen des Schiffes offenbar noch unsicherer wurden.

In der Vermutung, daß sich das Schiff in Seenot befände, befahl Kapitän Delano schließlich das Walboot zu Wasser und ließ es wider die vorsichtig ge-
äußerten Bedenken seines Maats darauf vorbereiten,
längsseit des fremden Schiffes zu gehen, um es wenigstens hereinzulotsen. In der vorigen Nacht hatte
sich ein Matrosentrupp auf Fischfang nach einigen
abgelegenen Klippen außer Sichtweite des Robbenfängers begeben und war ein oder zwei Stunden vor
Tagesanbruch mit stattlicher Beute zurückgekehrt.
In der Annahme, daß das fremde Schiff geraume
Zeit nicht habe vor Anker gehen können, ließ der
Kapitän mehrere Körbe mit Fischen als Geschenk
ins Boot stellen und gab den Befehl zur Abfahrt. Da

sich das Schiff noch immer in zu großer Nähe des unsichtbaren Riffes befand, mußte er es für gefährdet halten und trieb seine Leute zur Eile an, damit die Männer an Bord von ihrer Lage verständigt werden könnten. Aber einige Zeit, ehe das Boot herankam, hatte sich der Wind, so leicht er war, gedreht, dem Schiff entgegengeblasen und die Dämpfe, die es umhüllten, teilweise zerrissen.

Aus geringerer Entfernung gesehen, bot das Schiff, das sich deutlich von den bleifarbenen Wellen abhob und hie und da von zerrissenen Nebelfetzen umhüllt war, den Anblick eines weißgetünchten Klosters auf einem düsteren Pyrenäenfelsen nach einem Unwetter dar. Diese Ähnlichkeit war nicht lediglich eine Ausgeburt der Phantasie; denn sie verleitete Kapitän Delano fast zu der Vermutung, daß er nichts Geringeres als eine Schiffsladung Mönche vor sich hätte. Was da über die Reling spähte, nahm sich im Dunst der Ferne wie ein Gewühl mönchischer Kapuzen aus, während andere dunkle Gestalten, die hin und wieder durch die Pfortenöffnungen zu erblicken waren, etwa »Schwarzen Brüdern« glichen, die durch die Kreuzgänge ihres Klosters wandeln.

Bei näherem Zusehen änderte sich diese Erscheinung, und das wahre Wesen des Schiffes ließ sich erkennen: es war ein spanisches Handelsschiff erster Klasse, das neben anderer wertvoller Ladung Negersklaven von einem Kolonialhafen in den anderen führte. Ein sehr großes und einstmals sehr schönes Schiff, wie dergleichen damals gelegentlich in jenen Gewässern angetroffen wurden: ausgemusterte Goldschiffe aus Acapulco oder Fregatten der königlichen spanischen Flotte, die wie alte italienische Paläste noch im Verfall ihrer Herrschaft Zeichen früherer Würde bewahrt haben.

Als das Walboot näher und näher herankam, ließ sich unterscheiden, daß das eigentümliche kalkweiße Aussehen des Schiffes von der Vernachlässigung herrührte, der es ausgesetzt gewesen war. Spieren, Taue und ein großer Teil des Schanzkleides sahen aus, als ob sie mit einem wolligen Gewebe überzogen wären, weil sie dem Kratzeisen, dem Teer und der Bürste seit langem entfremdet waren. Es schien, als seien in Hesekiels »Tal der verdorrten Gebeine« sein Kiel gelegt, seine Rippen zusammengesetzt und das Schiff selbst vom Stapel gelassen worden.

Für die Aufgabe, die das Schiff gegenwärtig zu erfüllen hatte, war an seiner allgemeinen Gestalt und seiner Takelung gegenüber seinem ursprünglichen kriegerischen Charakter anscheinend nur wenig verändert worden. Allerdings konnte man keine Kanonen erblicken.

Die geräumigen Mastkörbe waren mit einem Etwas umgeben, das einst ein achteckiges Netzwerk gewesen war, sich aber nun im Zustand trauriger Vernachlässigung befand. Die Mastkörbe hingen dort oben wie drei zertrümmerte Vogelkäfige, in deren einem auf einer Webeleine ein weißer »Tölpel« saß – ein seltsamer Vogel, der seinen Namen seinem trägen, schlafwandlerischen Wesen verdankt und häufig auf See mit der Hand gefangen wird. Zerstört und mit Schimmel bedeckt, glich das burgartige Vorderkastell einem alten Wachtturm, der vor langer Zeit im Sturm genommen und dann dem Verfall preisgegeben worden ist. Oberhalb der unbenutzten Staatskabine, deren Lukendeckel trotz der milden

Witterung fest verschlossen und kalfatert waren, ragten achtern zwei hohe Heckgalerien empor, deren Geländer stellenweise mit trockenem, zunderartigem Seemoos bedeckt waren; verlassene Balkone, die über dem Meer hingen, als ob es der Canale Grande von Venedig wäre. Das hauptsächliche Überbleibsel vergangener Größe war indes das reichgeschnitzte Oval des schildartigen Heckstückes, das, mit den verschlungenen Zeichen von Kastilien und León geschmückt, von Rundbildern umgeben war, die mythologische und allegorische Gruppen zeigten. Ganz oben in der Mitte war ein maskierter dunkler Faun zu sehen, der den Fuß auf den gebeugten Nacken einer gleichfalls maskierten kriechenden Figur setzte.

Ob das Schiff eine Galionsfigur oder einen einfachen Schiffsschnabel besaß, ließ sich nicht genau feststellen, weil dieser Teil mit Leinwand umwickelt war; entweder sollte er während einer Überholung geschützt oder sein Verfall schicklich verborgen werden. In groben Zügen, wie in einer Matrosenlaune mit Ölfarbe oder Kreide geschrieben, war längs der Vorderseite auf einer Art Sockel unterhalb der Leinwand die Inschrift »Seguid vuestro jefe« (Folgt eurem Führer) zu lesen, während auf der fleckigen Vorderwand in stattlichen, ehemals vergoldeten Lettern der Name des Schiffes, ʻSan Dominickʼ, prangte, jeder Buchstabe vom herabrieselnden Rost kupferner Nägel streifig gebeizt. Mit jedem Rollen des Schiffsrumpfes, das an das Schwanken eines Leichenwagens gemahnte, wogten dunkle Girlanden von Seegras wie Trauerflore über dem Namen hin und her.

Als das Boot endlich vom Bug zum Fallreep herangeholt wurde, rieb sich sein Kiel, wiewohl noch einige

Zoll vom Schiffsrumpf entfernt, hart wie an einem überspülten Korallenriff. Die Ursache war eine gewaltige Ansammlung von Entenmuscheln, die unter Wasser an der Seitenwand des Schiffes wie eine Balggeschwulst hingen und die widrigen Winde und langen Flauten verrieten, die es irgendwo in jenen Meeren zu überstehen hatte.

An der Seitenwand hinaufkletternd, sah sich der Besucher sogleich von einem lärmenden Gewimmel weißer und schwarzer Menschen umgeben; doch überwog die Zahl der Schwarzen alle Erwartungen, obgleich das Schiff dem Transport von Negern diente. Sie alle sprudelten in einer einzigen Sprache und wie mit einer einzigen Stimme eine gemeinsame Erzählung ihrer Leiden hervor, worin es die Negerinnen, deren Zahl nicht klein war, den übrigen in der Heftigkeit ihrer Wehklagen zuvortaten. Der Skorbut hatte zusammen mit dem Fieber den größten Teil der Bemannung, insbesondere Spanier, dahingerafft. Auf der Höhe von Kap Horn war man mit knapper Not dem Schiffbruch entronnen, dann hatte man lange Tage im Banne von Windstillen gelegen. Die Vorräte waren gering, Trinkwasser fast gar nicht mehr vorhanden, und ihre Lippen waren ausgedörrt.

Während so Kapitän Delano all ihren eifrigen Zungen zur Zielscheibe diente, umfaßte er mit einem einzigen scharfen Blick alle Gesichter und sonstigen Gegenstände in der Runde.

Immer, wenn man auf See ein großes, volkreiches und vor allem ausländisches Schiff mit fremder, etwa aus ostindischen oder Manila-Matrosen bestehender Mannschaft betritt, erhält man einen ganz anderen Eindruck als etwa beim Betreten eines fremden

Hauses mit fremden Bewohnern in einem fremden Lande. Sowohl das Haus mit seinen Wänden und Fensterläden als auch das Schiff mit seinen hohen, wallartigen Schanzkleidern bewahren ihr Inneres bis zuletzt vor neugierigen Blicken. Was das Schiff betrifft, kommt jedoch noch etwas anderes hinzu: das belebte Schauspiel, welches es so unmittelbar und vollständig enthüllt, übt im Gegensatz zur Leere des Ozeans, die es umgibt, eine geradezu zauberhafte Wirkung aus. Das Schiff scheint unwirklich; die seltsamen Trachten, Bewegungen und Gesichter gleichen einem soeben der Tiefe entstiegenen Schattenbild, das sogleich wieder dahin zurückkehren muß, woher es gekommen.

Vielleicht legte Kapitän Delano auf Grund eines Einflusses, wie er hier zu beschreiben versucht wurde, Dingen, die beim ruhigen Nachdenken allerdings etwas ungewöhnlich aussehen mochten, übertriebene Wichtigkeit bei – wie vor allem den auffallenden Gestalten von vier ältlichen Negern, deren Schädel schwarzen, struppig bewachsenen Weidenköpfen glichen und die gleich Sphinxen in würdevollem Gegensatz zu der unter ihnen lärmenden Menge auf den Steuer- und Backbord-Kranbalken und auf den Schanzkleidern über den Hauptankerketten hockten. Sie hielten altes, aufgedrehtes Tauwerk in den Händen und zerzupften es in stoischer Selbstzufriedenheit zu Werg, wovon schon einer kleiner Haufen neben ihnen lag. Ihre Tätigkeit begleiteten sie mit einem ununterbrochenen, leisen und eintönigen Singsang, der mit seinem Gesumm und Gebrumm an grauhaarige Dudelsackpfeifer denken ließ, die einen Trauermarsch spielen.

Das Achterdeck stieg zu einer hohen und breiten Heckkabine auf, auf deren vorderem Rand – gleich den Wergzupfern etwa acht Fuß oberhalb der allgemeinen Menge – in gleichmäßigen Abständen die Gestalten sechs anderer Schwarzer im Schneidersitz hockten. Jeder von ihnen hielt ein rostiges Beil in der Hand, das er wie eine Scheuermagd mit einem Stückchen Backstein und einem Lappen blank zu putzen hatte. Zwischen den einzelnen Paaren lagen kleine Stapel von Beilen, deren rostige Klingen wie in Erwartung der Behandlung nach vorn gerichtet waren. Indes die vier Wergzupfer zuweilen einen oder mehrere aus der unter ihnen wogenden Menge kurz anriefen, sprachen die sechs Beilputzer weder mit anderen, noch tuschelten sie untereinander; sie saßen in ihre Aufgabe vertieft da, diese nur unterbrechend, wenn sie nach Art der Neger, welche die Arbeit gern mit der Kurzweil verbinden, hin und wieder zu zweit die Beile gegeneinander schlugen, wodurch ein barbarisches Getöse wie Zimbelklang entstand. Im Gegensatz zu den meisten übrigen boten alle sechs den rohen Anblick unverfälschter Afrikaner dar.

Den ersten Blick, mit dem der Besucher jene zehn Gestalten sowie Dutzende anderer umfaßte, ließ er nur kurz auf ihnen ruhen. Dann wandte er sich ab, um, des Stimmengewirrs überdrüssig, nach dem Befehlshaber des Schiffes auszuschauen.

Aber als hätte er nichts dagegen einzuwenden, durch seine leidende Mannschaft die Natur selbst sprechen zu lassen, oder als verzweifelte er an seiner Macht, ihr im Augenblick Zurückhaltung aufzuerlegen, lehnte der spanische Kapitän, ein vornehm und zurückhaltend aussehender und in den Augen des Fremden noch junger Mann, der mit ungewöhnlicher Pracht gekleidet war, jedoch deutliche Spuren schlafloser Nächte zeigte, unbeteiligt am Großmast, bald traurig und verzagt auf seine erregte Mannschaft, bald bekümmert auf seinen Gast blickend. Ihm zur Seite stand ein kleiner Neger, dessen grobes Gesicht, das er manchmal wie ein Schäferhund zu seinem Herrn hob, Besorgtheit und Treue zugleich ausdrückte.

Der Amerikaner trat, indem er sich einen Pfad durch die Menge bahnte, auf den Spanier zu, begrüßte ihn und erbot sich, ihm in jeder durch die Umstände erlaubten Weise behilflich zu sein. Der Spanier dankte für den Augenblick nur mit steifen und feierlichen Worten, wobei seine spanische Förmlichkeit noch von der Trübsal seines körperlichen Leidens überschattet wurde.

Um jedoch keine Zeit mit leeren Artigkeiten zu verlieren, begab sich Kapitän Delano zum Fallreep zurück und ließ einen Korb mit Fischen heraufholen. Da der Wind noch immer so schwach wehte, daß Stunden vergehen konnten, bis das Schiff am Ankerplatz läge, befahl er seinen Leuten, zum Robbenfänger zurückzurudern, soviel Wasser, wie das Boot tragen könne, alles weiche Brot aus den Vorräten des Stewards, alle an Bord befindlichen Kürbisse, ein Faß Zucker sowie ein Dutzend Flaschen Apfelwein aus seinem Privatbesitz heranzubringen.

Kurz, nachdem das Boot abgegangen war, legte sich zur allgemeinen Enttäuschung der Wind gänzlich, und die eintretende Ebbe bewirkte, daß das hilflose Schiff seewärts zu treiben begann. Aber im Vertrauen darauf, daß dieser Zustand nicht von Dauer wäre, war Kapitän Delano hoffnungsvoll bestrebt, die Fremden aufzuheitern; denn es bereitete ihm große Genugtuung, daß er sich mit ihnen dank seinen häufigen Fahrten in spanischen Gewässern ziemlich frei in ihrer Muttersprache unterhalten konnte.

Mit ihnen allein gelassen, konnte er bald einige Beobachtungen machen, die seine ersten Eindrücke vertieften. Aber seine Überraschung verwandelte sich in Mitleid, das sowohl den Spaniern wie auch den Schwarzen galt, weil sie durch den Mangel an Trinkwasser und Proviant in gleicher Weise geschädigt worden waren. Die andauernden Leiden schienen die weniger angenehmen Seiten der Neger ans Licht gezogen zu haben, indes zugleich die Autorität der Spanier beeinträchtigt worden war. Unter den obwaltenden Umständen war diese Lage der Dinge allerdings vorauszusehen gewesen. In Kriegsheeren und Flotten, in Städten und Familien, ja, in der Natur selbst ist die Ordnung durch nichts mehr als durch den Mangel gefährdet. Freilich vergaß Kapitän Delano nicht, daß die Mißstände, wenn Benito Cereno energischer gewesen wäre, kaum das gegenwärtige Ausmaß erreicht hätten. Die entweder angeborene oder durch körperliche und geistige Beschwerden verursachte Schwäche des spanischen Kapitäns war jedoch nicht zu übersehen. Ein Opfer seines tief eingewurzelten Trübsinns, war er so lange von Hoffnungen genarrt worden, daß er sich ihnen selbst jetzt, da sie sich nicht mehr als trügerisch erwiesen, nicht hingeben mochte. Jedenfalls schien ihn die Aussicht, spätestens am Abend vor Anker zu liegen, reichlich Wasser für seine Leute und einen

Freund und Ratgeber in einem brüderlich gesinnten Kapitän gefunden zu haben, nicht merkbar zu ermutigen. Sein Geist schien geschwächt, wenn nicht noch ernster angegriffen zu sein. Von den eichenen Schiffswänden eingeschlossen, in den eintönigen Kreis seiner Befehlspflichten gebannt, deren Unausweichlichkeit ihn abstieß, schlich er umher wie ein hypochondrischer Abt, blieb bisweilen unvermittelt stehen, starrte verwundert um sich, biß sich die Lippen, die Fingernägel, wurde abwechselnd rot und blaß, zerrte an seinem Bart und gab Anzeichen eines abwesenden oder gestörten Geistes. Dieser kranke Geist wohnte, wie bereits gesagt wurde, in einem kranken Körper. Der Kapitän war ziemlich groß, schien aber nie robust gewesen zu sein und war jetzt durch sein Nervenleiden bis zum Skelett abgemagert. Eine gewisse Veranlagung zur Schwindsucht schien in letzter Zeit mehr hervorgetreten zu sein. Wie ein Mensch, dessen Lunge zur Hälfte zerstört ist, sprach er in einem heiseren und unterdrückten Flüstern. Kein Wunder, daß dem in solchem Zustand herumwankenden Manne sein Diener besorgt auf dem Fuße folgte. Von Zeit zu Zeit bot der Neger seinem Herrn den Arm oder zog für ihn sein Taschentuch aus der Tasche. Diese und ähnliche Dienste verrichtete er mit jenem inbrünstigen Eifer, der solche an sich niedrigen Dienstleistungen in kindliche oder brüderliche Akte verwandelt und der dem Neger den Ruf des angenehmsten Leibdieners der Welt eingetragen hat. Einen solchen Diener, der eher ein ergebener Gefährte ist, kann sein Herr ohne steife Herablassung, doch mit freundschaftlichem Vertrauen behandeln.

Angesichts der lauten Zuchtlosigkeit der anderen Schwarzen und der mürrischen Trägheit der Weißen betrachtete Kapitän Delano das gute Benehmen Babos nicht ohne innere Befriedigung.

Aber weder das gute Benehmen Babos noch die schlechte Aufführung der anderen schienen den halb wahnsinnigen Don Benito seinem dumpfen Brüten entreißen zu können. Allerdings war dies nicht ganz der Eindruck, den der Spanier auf seinen Gast ausübte. Die persönliche Unrast des Spaniers konnte im Augenblick nur als besonders hervorstechendes Merkmal der allgemeinen Niedergeschlagenheit an Bord angesehen werden. Bei alledem war Kapitän Delano nicht wenig von der Art Don Benitos, die er geradezu als unfreundliche Gleichgültigkeit ihm selbst gegenüber auslegen mußte, betroffen. Überdies zeigte das Benehmen des Spaniers eine gewisse griesgrämige Verachtung, aus der er kein Hehl zu machen suchte. Dies schrieb der Amerikaner in seiner Nächstenliebe jedoch den lästigen Auswirkungen des Siechtums zu, da er schon früher öfter bemerkt hatte, daß es gewisse Sonderlinge gab, bei denen langes körperliches Leiden jedes Gefühl für angenehme gesellige Umgangsformen abgestumpft zu haben schien. Da sie selbst genötigt waren, schwarzes Brot zu essen, hielten sie es nur für gerecht, wenn sie jeden, der in ihre Nähe kam, durch kränkendes Verhalten dazu zwangen, an ihrer Kost teilzunehmen.

Aber bald schien es Kapitän Delano, daß er trotz all seiner anfänglichen Nachsicht zu wenig Sympathie in der Beurteilung des Spaniers haben walten lassen. Eigentlich war es ja nur die Verschlossenheit Don Benitos, die ihm mißfiel; aber diese ließ er alle

außer seinem getreuen persönlichen Wärter spüren.
Sogar die förmlichen Berichte, die ihm, wie es auf
Schiffen Brauch ist, zu bestimmten Zeiten von irgendeinem unbedeutenden Untergebenen — einem Weißen, Mulatten oder Neger — erstattet wurden, nahm
er mit wenig Geduld und verächtlichem Widerwillen entgegen. Sein Verhalten bei diesen Gelegenheiten mochte in gewissem Sinne dem seines kaiser-
lichen Landsmannes Karl V. ähneln, bevor sich dieser Monarch vom Thron in die Einsamkeit der
Klosterzelle zurückzog.

Die grämliche Abneigung gegen seinen Rang zeigte
sich in fast jeder seiner dienstlichen Handlungen.
Ebenso stolz wie mißmutig, ließ er sich nicht dazu
herab, persönlich einen Befehl zu erteilen. War dies
jedoch unumgänglich nötig, so bediente er sich dazu
der Mittelsperson seines Leibdieners, der seinerseits
die Befehle durch Boten, flinke spanische oder Neger-
jungen, die ihn wie Pagen oder Lotsenfische beständig umkreisten, an ihren letzten Bestimmungsort
gelangen ließ. Beim Anblick dieses verschlossenen
Leidenden, der schweigend und träge umherschlich,
hätte sich's keine Landratte träumen lassen, daß er
eine Befehlsgewalt verkörperte, gegen die es, solange er sich auf See befand, keine irdische Berufung gab.

So schien der Spanier, was sein zurückhaltendes Wesen betraf, das unfreiwillige Opfer einer Geistes-
störung zu sein. Allerdings mochte seine Reserve in
gewissem Grade Absicht sein. Wenn dies der Fall
war, so zeigte sich hier der gefährliche Gipfel jener
mehr oder weniger von allen Befehlshabern großer
Schiffe angenommenen, eiskalten, aber bewußten

Politik, außer in Fällen dringender Not die Hervorkehrung ihrer Würde sowie jede Spur von Umgänglichkeit zu verleugnen. So verwandelt sich der Mensch in einen Block oder vielmehr in eine geladene Kanone, die so lange nichts zu sagen hat, bis ihr das Signal zum Losdonnern erteilt wird.

Sah man ihn in diesem Lichte, so schien es nur eine logische Folge der durch langgeübte Selbstbeherrschung entstandenen, unnatürlichen Gewohnheit zu sein, daß der Spanier ungeachtet der gegenwärtigen Lage seines Schiffes bei einer Haltung beharrte, die auf einem wohlversehenen Schiff, wie es die 'San Dominick' bei ihrer Ausfahrt gewesen sein mochte, allerdings harmlos und vielleicht sogar angebracht war, jetzt aber ganz und gar sinnlos wirkte. Oder bildete sich der Spanier etwa ein, daß es Schiffskapitäne ähnlich zu halten hätten wie Götter und daß Zurückhaltung unter allen Umständen ihre Richtschnur sein müsse? Aber möglicherweise war diese Vorspiegelung eines schlummernden Herrscherwillens auch nur ein Versuch des Spaniers, seine ihm wohlbewußte Unzulänglichkeit zu bemänteln – nicht hohe Politik also, sondern niedrige List. Allein mochte alles sein, wie es wollte – mochte Don Benitos Benehmen beabsichtigt sein oder nicht: je mehr Kapitän Delano seine Zurückhaltung spürte, um so weniger beunruhigte ihn der Gedanke, daß sie gegen ihn selbst gerichtet sein könne.

Indessen beschäftigten sich seine Gedanken nicht nur mit dem Kapitän. An die Ruhe und Ordnung des Robbenfängers mit seiner an eine zufriedene Familie erinnernden Mannschaft gewöhnt, lenkte er sein Augenmerk wiederholt auf den lärmenden Trubel der notleidenden Menge der 'San Dominick'. Nicht nur gegen die Disziplin, sondern auch gegen den Anstand ließen sich einige erhebliche Verstöße feststellen. Diese mußte Kapitän Delano hauptsächlich dem Fehlen unterer Deckoffiziere zuschreiben, denen auf einem volkreichen Schiff außer höheren Pflichten sozusagen der Polizeidienst obliegt. Wohl schienen die alten Wergzupfer ihren schwarzen Landsleuten gegenüber die Rolle mahnender Polizisten zu spielen. Wenn es ihnen auch gelang, gelegentliche kleine Übergriffe einzelner mit Erfolg zu dämpfen, konnten sie doch für die Herstellung der allgemeinen Ruhe nur wenig oder gar nichts tun. Die 'San Dominick' befand sich in der Lage eines transatlantischen Auswandererschiffes, unter dessen großer lebender Fracht sich zweifellos einige Geschöpfe befinden, die nicht mehr stören als Kisten und Körbe; aber die freundlichen Ermahnungen jener ihren rauheren Gefährten gegenüber nützen weniger als der unfreundliche Arm des Maats. Was die 'San Dominick' brauchte, das Auswandererschiff aber besitzt, waren strengere höhere Offiziere. Auf diesen Decks war indessen noch nicht einmal ein vierter Offizier zu sehen.

Es reizte die Neugier des Besuchers, die Einzelheiten der Unbilden zu erfahren, die diesen Mangel an Offizieren samt seinen Folgen verursacht hatten. Denn wenn er auch manchen Hinweis auf die Reise aus den Wehklagen, die ihm bei seiner Ankunft an Bord entgegengeklungen waren, hatte entnehmen können, über die genaueren Umstände war noch keine klare Auskunft zu erlangen gewesen. Zweifellos würde ihm diese am besten der Kapitän geben können.

106

Doch zunächst schrak der Besucher vor einer Frage zurück, weil er eine hochmütige Abfuhr befürchtete. Endlich aber faßte er Mut, ging auf Don Benito zu, drückte ihm abermals seine wohlwollende Anteilnahme aus und setzte hinzu, daß er vielleicht besser helfen könne, wenn ihm Einzelheiten über die Mißgeschicke des Schiffes bekannt wären. Ob ihm wohl Don Benito die ganze Geschichte erzählen würde.

Don Benito schwankte; dann starrte er seinen Gast wie ein Nachtwandler, der plötzlich angerufen wird, ausdruckslos an, um den Blick schließlich zur Erde zu richten. In dieser Haltung verharrte er lange, so daß sich Kapitän Delano, fast ebenso verstimmt, aber auch fast ebenso unhöflich, brüsk von ihm abwandte und auf einen der spanischen Matrosen zutrat, um von diesem die gewünschte Auskunft zu erlangen. Er hatte sich jedoch kaum fünf Schritte entfernt, als Don Benito ihn ungestüm zurückrief, seine momentane Zerstreutheit bedauerte und sich bereit erklärte, ihm zu Diensten zu sein.

Während des größten Teils der Erzählung standen die beiden Kapitäne auf dem hinteren Teil des Hauptdecks, einem bevorzugten Platz, weil sich dort außer dem Diener niemand in ihrer Nähe befand.

»Es ist jetzt hundertundneunzig Tage her«, begann der Spanier in seinem heiseren Flüstertone, »daß dieses Schiff, mit Offizieren und Mannschaften wohlversehen, dazu mit mehreren Kajütenpassagieren – insgesamt fünfzig Spaniern – an Bord, von Buenos Aires nach Lima absegelte. Die Fracht war die übliche, Eisenwaren, Mate und dergleichen und«, hier deutete er nach vorn, »dieser Negerhaufen, jetzt nicht mehr als hundertundfünfzig, damals jedoch über dreihundert Seelen. Auf der Höhe von Kap Horn suchten uns schwere Stürme heim. In einem Augenblick gingen bei Nacht drei meiner besten Offiziere mit fünfzehn Matrosen und der Großrah über Bord; denn die Spiere brach unter ihnen in den Tauen, als sie ein vereistes Segel mit Hebebäumen herabzuschlagen versuchten. Um das Schiff zu entlasten, wurden die schwereren Matesäcke sowie die meisten Wasserschläuche, die damals auf Deck festgemacht waren, ins Meer geworfen. Diese Notwendigkeit bildete, zusammen mit den uns später auferlegten langen Wartezeiten, schließlich den Hauptgrund unserer Leiden. Als –«

Hier erlitt er plötzlich einen seiner Hustenanfälle, zweifellos durch sein nervöses Leiden verursacht. Sein Diener stützte ihn, zog ein herzstärkendes Mittel aus seiner Tasche und setzte es ihm an die Lippen. Er kam ein wenig zu sich. Der Schwarze jedoch, der ihm seinen Beistand, solange er sich nicht völlig erholt hatte, nicht entziehen wollte, hielt seinen Herrn mit einem Arm umschlungen und sah ihm gleichzeitig fest ins Gesicht, als wolle er je nachdem die ersten Anzeichen der Besserung oder eines Rückfalls beobachten.

Der Spanier redete weiter, jedoch so unklar und abgerissen, wie man in Träumen spricht.

»Ach, mein Gott! Fast hätt' ich mit Freuden die furchtbarsten Stürme begrüßt, wenn mir dadurch meine anderen Leiden erspart geblieben wären! Aber –«

Sein Husten kam mit verdoppelter Heftigkeit wieder. Als der Anfall endlich nachließ, sank Don Benito mit rot gefärbten Lippen und geschlossenen Augen schwer gegen seinen Helfer.

»Sein Geist wandert. Er hat an die Seuche gedacht, die den Stürmen folgte«, seufzte der Diener klagend. »Mein armer, armer Herr!« Dabei drückte er mit einer Hand die seine und wischte ihm mit der anderen den Mund. »Aber Sie müssen Geduld haben«, wandte er sich wieder zu Kapitän Delano, »diese Anfälle dauern nicht lange; bald wird der Herr wieder bei sich sein.«

Sobald sich Don Benito erholt hatte, fuhr er in seiner Geschichte fort; doch wurde dieser Teil so stockend hervorgebracht, daß er hier nur auszugsweise wiedergegeben werden kann.

Nachdem das Schiff auf der Höhe von Kap Horn viele Tage von Stürmen herumgetrieben worden war, brach anscheinend der Skorbut aus und raffte zahlreiche Weiße und Schwarze dahin. Zwar konnte man sich schließlich um das Kap Horn herum in den Stillen Ozean hineinmanövrieren; aber Spieren und Segel waren so beschädigt und wurden von den überlebenden Seeleuten, die zum größten Teil Invaliden geworden waren, so unvollkommen gehandhabt, daß das Schiff seinen Nordkurs gegen den gewaltig wehenden Wind nicht fortsetzen konnte, sondern viele Tage und Nächte nach Nordwesten getrieben wurde, wo es in unbekannten Gewässern unversehens lähmenden Windstillen ausgeliefert war. Das Fehlen der Wasserschläuche erwies sich jetzt als ebenso lebensgefährdend wie früher ihr Vorhandensein. Durch die überaus kümmerliche Wasserzuteilung verursacht oder wenigstens verschlimmert, folgte auf den Skorbut ein bösartiges Fieber. Die grenzenlose Hitze der Flaute verrichtete so schnelle Arbeit, daß ganze Familien der Afrikaner und eine verhältnismäßig noch größere Zahl der Spanier wie in Wellen hinweggefegt wurden, unter ihnen zum Unglück alle noch an Bord verbliebenen Offiziere. Infolgedessen waren die schon zerfetzten Segel, die man einfach hängen lassen mußte, weil man sie nicht mehr anbinden konnte, in den heftigen Westwinden, die die Windstille endlich ablösten, allmählich zu dem Bettlerkleid geworden, das sie jetzt darboten. Um sich Ersatz für die eingebüßten Matrosen sowie neue Wasser- und Segelvorräte zu verschaffen, nahm der Kapitän, sobald es anging, Kurs auf Baldivia, den südlichsten zivilisierten Hafen Chiles und Südamerikas; aber das diesige Wetter in der Nähe der Küste hinderte ihn daran, den Hafen überhaupt nur zu sichten. Seit dieser Zeit wurde die 'San Dominick', fast ohne Mannschaft, fast ohne Segelleinen und fast ohne Trinkwasser, der See immer wieder neue Tote übergebend, von widrigen Winden umhergeworfen, geriet in Strömungen oder verkam in Windstillen. Wie ein Verirrter im Walde folgte sie öfter als einmal ihren eigenen Spuren.

»Doch in all diesen Drangsalen«, fuhr Don Benito, der sich in der halben Umarmung seines Dieners gepeinigt wand, mit leiser Stimme fort, »muß ich diesen Negern danken, die sich, so unfügsam sie Ihren unerfahrenen Augen auch scheinen mögen, gesetzter benommen haben, als es unter solchen Umständen ihr Eigentümer selbst erwartet hätte.«

Hier überkam ihn ein neuer Schwächeanfall, und seine Gedanken schweiften wieder ab. Dann aber nahm er sich zusammen und setzte seinen Bericht weniger unbestimmt fort.

»Jawohl, ihr Eigentümer hatte ganz recht, als er mir

versicherte, daß man diese Schwarzen nicht in Fesseln zu legen brauche. Daher durften die Neger, wie in dieser Schiffahrt üblich, immer an Deck bleiben und wurden nicht – wie auf den Guinea-Schiffen – unten eingesperrt; sie konnten sich innerhalb gegebener Grenzen frei nach ihrem Belieben bewegen.«

Wieder verließen ihn die Kräfte, und sein Geist ging in die Irre; aber dann faßte er sich und schloß: »Doch diesem Babo hier habe ich, nächst Gott, meine eigene Erhaltung zu verdanken, und ihm gebührt auch in der Hauptsache das Verdienst, seine unwissenderen Brüder besänftigt zu haben, wenn sie manchmal aufzubegehren suchten.«

»Ach, Herr«, seufzte der Schwarze, den Blick senkend, »sprechen Sie nicht von mir. Babo ist nichts, und was Babo getan hat, war nur seine Pflicht.«

»Braver Bursche!« rief Kapitän Delano aus. »Don Benito, um einen solchen Freund beneide ich Sie; denn einen Sklaven möchte ich ihn nicht nennen.«

Als Herr und Diener, der Weiße auf den Schwarzen gestützt, so vor ihm standen, konnte er sich nicht des Gedankens erwehren, wie schön es um ein solches Verhältnis bestellt war, das auf der einen Seite die Treue, auf der anderen das Vertrauen zeigte. Der Eindruck wurde durch das Gegensätzliche in ihrer Kleidung, die ihren Stellungen entsprach, noch vertieft. Der Spanier trug eine lose Chile-Jacke aus spanischem Samt, weiße Beinkleider und Strümpfe mit Silberschnallen an Knie und Spann, einen hochgewölbten Sombrero aus feinem Grasleinen und einen schlanken, silberbeschlagenen Degen, der in einem Knoten seiner Schärpe hing. Dieser Degen bildete ein fast unumgängliches Zubehör eines nach der letzten Mode gekleideten Spaniers und wurde mehr aus Nützlichkeitsgründen als zur Zierde getragen. Der Anzug Don Benitos ließ, wenn er nicht gerade durch seine nervösen Bewegungen in Unordnung geriet, eine gewisse Sorgfalt erkennen, die gegen das wirre Unwesen um ihn her, besonders gegen den unsauberen Platz vor dem Hauptmast, wo sich nur Schwarze aufhielten, auffallend abstach.

Der Diener trug nichts als weite Hosen, die wahrscheinlich, nach dem derben Zeug und den aufgesetzten Flicken zu urteilen, aus einem alten Toppsegel hergestellt waren. Allerdings waren sie sauber und um die Hüften von einem Stück Tau zusammengehalten, das dem Neger, im Verein mit seiner gefaßten und bisweilen abbittenden Miene, das Aussehen eines franziskanischen Bettelmönches gab.

Zumindest in der schlichten Denkweise des Amerikaners mochte die Kleidung des Spaniers der Zeit und dem Ort unangemessen und in ihrer Dauerhaftigkeit trotz aller Bedrängnisse etwas wunderlich erscheinen; doch ging sie über das unter Südamerikanern damals Übliche kaum hinaus. Obwohl er auf dieser Reise von Buenos Aires abgesegelt war, hatte er selbst gestanden, daß er in Chile gebürtig und ansässig sei, und die Einwohner dieses Landes hatten den schlichten Rock und die vordem plebejischen Pantalons nicht allgemein übernommen, sondern die Tracht ihrer Provinz, malerisch wie keine andere der Welt, mit schicklicher Abwandlung beibehalten. Aber in Anbetracht seiner farblosen Reisegeschichte und seines eigenen farblosen Antlitzes lag etwas so Widersinniges im Aufzuge des Spaniers, daß man fast an das Bild eines siechen Höflings hätte denken können, der in der Pestzeit durch die Straßen Londons wankte.

Der Abschnitt der Erzählung, der das größte Interesse sowie einige Überraschung betreffs der in Frage stehenden Breiten hervorrief, bezog sich auf die erwähnten langen Windstillen sowie auf die ausgedehnten Irrfahrten des Schiffes. Ohne natürlich seine Meinung zu äußern, konnte der Amerikaner wenigstens einen Teil der Verzögerungen lediglich ungeschickter und mangelhafter Seemannskunst zuschreiben. Wenn er die kleinen gelben Hände Don Benitos sah, schloß er ohne weiteres, daß der junge Kapitän seine Befehle nicht von der Kommandobrücke, sondern vom Kajütenfenster erteilt hatte; und wenn das stimmte, wie konnte man sich da noch über Unzulänglichkeiten wundern, wo Jugend, Krankheit und feine Lebensart vereint waren?

Indem Kapitän Delano statt des Tadels jedoch das Mitgefühl sprechen ließ, brachte er erneut seine Sympathie zum Ausdruck und verpflichtete sich, da er nun die ganze Geschichte gehört hätte, nicht nur wie zuvor Don Benito und seine Leute in ihrer unmittelbaren leiblichen Notdurft zu versorgen, sondern versprach jetzt außerdem, ihm mit der Anlieferung eines großen und ausreichenden Wasservorrats sowie Segel- und Takelwerks zu helfen. Überdies wollte er, wenn er dadurch auch selbst in nicht geringe Verlegenheit geriet, drei seiner besten Matrosen als zeitweilige Deckoffiziere zur Verfügung stellen, damit das Schiff ohne Verzug die Reise nach Concepción fortsetzen konnte, um dort für seinen Bestimmungshafen, Lima, völlig instand gesetzt zu werden.

Diese Großmut übte sogar auf den Kranken eine sichtbare Wirkung aus. Seine Miene hellte sich auf; in nervösem Eifer suchte er den ehrlichen Blick seines Gastes. Er schien von Dankbarkeit überwältigt zu sein.

»Diese Aufregung schadet dem Herrn nur«, lispelte der Diener, ergriff seinen Arm und zog ihn mit beruhigenden Worten sanft zur Seite.

Als Don Benito zurückkam, mußte der Amerikaner zu seinem Bedauern bemerken, daß die Hoffnung des Spaniers wie das jähe Aufflackern seiner Wangen nur fieberhaft und vergänglich gewesen war.

Etwas später lud der Wirt seinen Gast, indem er zum Achterdeck hinaufblickte, ein, ihn dorthin zu begleiten, weil er den geringen Lufthauch, der sich da oben regen könne, genießen wollte.

Während der Erzählung war Kapitän Delano ein paarmal beim Zimbelschlagen der Beilputzer zusammengefahren, und er hatte sich gewundert, daß solche Störung, zumal auf diesem Teil des Schiffs und vor den Ohren eines Kranken, erlaubt war. Da ferner die Beile keineswegs erfreulich aussahen (die Personen, die mit ihnen umgingen, übrigens noch weniger), stimmte Kapitän Delano, um die Wahrheit zu sagen, nicht ohne ein gewisses innerliches Widerstreben oder gar Erschauern, jedoch äußerlich höflich der Einladung seines Gastgebers zu. Überdies entsann sich Don Benito in diesem ungelegenen Moment einer Förmlichkeit, die durch sein totenbleiches Aussehen etwas Gequältes erhielt, und bestand unter kastilianischen Verbeugungen feierlich darauf, seinen Gast vor ihm die Leiter, die nach oben führte, ersteigen zu lassen, wo rechts und links neben der letzten Sprosse zwei der unheimlichen Gesellen wie Wappenträger oder Schildwachen saßen. Etwas zaghaft ging Kapitän Delano zwischen ihnen hindurch und spürte in dem Augenblick, da er sie hinter sich ließ, ein unbehagliches Zucken in den Waden wie ein Spießrutenläufer.

Als er dann aber zurückblickte und ihre ganze Reihe stumpf wie Orgeldreher in ihre Arbeit vertieft sah, ohne daß sie sich um etwas in ihrer Umgebung kümmerten, mußte er über die soeben empfundene nervöse Angst lächeln.

Wie er nun, neben seinem Gastgeber stehend, auf die unteren Decks hinabschaute, setzte ihn ein neues Beispiel von Zügellosigkeit in Erstaunen. Drei Negerknaben saßen mit zwei spanischen Schiffsjungen auf den Luken und scheuerten eine Schüssel aus rohem Holz, in der vorher irgendeine armselige Speise gekocht worden war. Plötzlich ergriff einer der Schwarzen, durch ein Wort, das einer seiner weißen Gefährten hatte fallen lassen, in Wut versetzt, ein Messer und stieß damit, obwohl ihn ein Wergzupfer zur Ordnung rief, nach dem Kopfe des Burschen, dem er eine blutende Schnittwunde beibrachte.

Erstaunt erkundigte sich Kapitän Delano, was dies zu bedeuten habe. Darauf murmelte der bleiche Don Benito stumpf, daß die Burschen auf diese Art Kurzweil trieben.

»Eine recht grimmige Kurzweil allerdings«, erwiderte Kapitän Delano. »Wenn an Bord der 'Bachelor's Delight' dergleichen geschähe, erfolgte sofortige Bestrafung.«

Bei diesen Worten richtete der Spanier einen seiner plötzlichen, starren und halb wahnsinnigen Blicke auf den Amerikaner. Sodann antwortete er, in seine Trägheit zurücksinkend: »Ich zweifle nicht daran, Señor.«

Sollte dieser unglückliche Mann, fragte sich Kapitän Delano, einer jener Kapitäne ohne Autorität sein, wie ich sie gekannt habe, die aus Klugheit ein Auge darüber zudrücken, was abzustellen sie keine Macht besitzen? Ich könnte mir nichts Traurigeres denken als einen Befehlshaber, dessen Befehlsgewalt lediglich in seinem Namen liegt.

»Ich sollte meinen, Don Benito«, sagte er jetzt, indem er nach dem Wergzupfer, der auf die Burschen einzuwirken versucht hatte, blickte, »daß es für Sie von Vorteil wäre, alle Ihre Schwarzen, besonders die jüngeren, mit etwas zu beschäftigen, ganz gleich, wie nutzlos ihre Aufgabe wäre oder in welcher Lage sich das Schiff befände. Sehen Sie, selbst bei meiner kleinen Schar halte ich solches Vorgehen für unerläßlich. Einmal ließ ich meine Mannschaft auf dem Achterdeck Matten für meine Kajüte spicken, weil ich seit drei Tagen Schiff, Segel, Mannschaft und alles verloren gegeben hatte und wir in einem heftigen Sturm nichts anderes tun konnten, als hilflos vor ihm herzutreiben.«

»Ich zweifle nicht daran«, murmelte Don Benito.

»Allerdings«, fuhr Kapitän Delano, indem er wieder auf die Wergzupfer und dann auf die Beilputzer blickte, fort, »sehe ich, daß Sie wenigstens einen kleinen Teil Ihrer Mannschaft beschäftigt halten.«

»Ja«, war wieder die nichtssagende Antwort.

»Die alten Männer da, die von ihren Kanzeln herunterdrohen«, sprach Kapitän Delano, indem er auf die Wergzupfer zeigte, weiter, »scheinen den anderen gegenüber die Rolle alter Geistlicher zu spielen, deren Ermahnungen auch nicht immer beachtet werden. Haben sie diese Rolle freiwillig übernommen, Don Benito, oder sind sie von Ihnen als Hirten über Ihre Herde schwarzer Schafe eingesetzt worden?«

»Die Posten, die sie ausfüllen, sind ihnen von mir zugeteilt worden«, antwortete der Spanier bitter, als habe ihn eine vermeintlich spöttische Bemerkung gekränkt.

»Und die anderen hier, diese Aschanti-Zauberer«, fuhr Kapitän Delano fort und blickte mit leisem Unbehagen auf die Beilputzer, die ihren stellenweise auf Hochglanz gebrachten Stahl schwangen, »scheinen doch wohl ein etwas seltsames Geschäft zu verrichten?«

»In den Stürmen, die uns heimsuchten«, antwortete der Spanier, »wurden alle Gegenstände der Ladung, die wir nicht über Bord geworfen hatten, durch Salzwasser beschädigt. Seit wir wieder in ruhiges Wetter kamen, habe ich täglich mehrere Kisten Messer und Beile heraufholen lassen, damit sie instand gesetzt und gereinigt würden.«

»Ein kluger Gedanke, Don Benito. Sie sind Miteigentümer des Schiffes und der Ladung, wenn ich nicht irre – aber doch wohl nicht der Schwarzen?«

»Ich bin Eigentümer von allem, was Sie hier sehen«, gab Don Benito ungeduldig zurück, »außer der Mehrzahl der Schwarzen, die meinem verstorbenen Freunde Don Alexandro Aranda gehörten.«

Als er diesen Namen erwähnte, nahm sein Gesicht einen Ausdruck der Verzweiflung an; seine Knie wankten, und sein Diener mußte ihn stützen.

In der Annahme, die Ursache einer so ungewöhnlichen Erregung erraten zu haben, sagte Kapitän Delano, der sich seine Vermutung bestätigen lassen wollte, nach einer Pause: »Und darf ich fragen, Don Benito – da Sie vorhin von einigen Kajütenpassagieren sprachen –, ob Ihr Freund, dessen Verlust Sie so bekümmert, bei der Abreise seine Schwarzen begleitete?«

»Ja.«

»Aber er starb am Fieber?«

»Starb am Fieber. Ach, könnt' ich doch –«

Der Spanier stockte; dann wurde er wieder von einem Zittern befallen.

»Vergeben Sie mir«, sagte Kapitän Delano leise, »aber ich glaube auf Grund einer ähnlichen Erfahrung vermuten zu können, was Ihren Kummer besonders bitter macht, Don Benito. Einst wollte es mein Unglück, daß ich auf See einen lieben Freund, meinen eigenen Bruder, der damals Superkargo war, verlor. Des Heils seiner Seele sicher, hätte ich sein Scheiden ertragen wie ein Mann. Aber dies ehrliche Auge, diese ehrliche Hand – beide mir so lange vertraut – und dies warme Herz – alles, alles den Haien zum Fraß hingeworfen wie Brocken den Hunden! Damals schwor ich mir, nie wieder mit einem Manne zu reisen, den ich liebe, es sei denn, ich hätte für den Fall eines unabwendbaren Geschickes ohne sein Wissen alles Nötige zur Einbalsamierung besorgt, damit seine sterbliche Hülle an Land bestattet werden könne. Wenn sich die Reste Ihres Freundes jetzt hier an Bord befänden, würde die Erwähnung seines Namens Sie nicht so furchtbar erregen, Don Benito.«

»An Bord dieses Schiffes?« wiederholte der Spanier. Dann sank er mit entsetzten Gebärden, als erwehre er sich eines Gespenstes, in die geöffneten Arme seines Wärters, der Kapitän Delano mit einem vielsagenden Blick zu bitten schien, einen Gegenstand, der seinen Herrn so unaussprechlich peinige, nicht wieder zu berühren.

Dieser arme Teufel, dachte der Amerikaner betroffen, ist das Opfer eines kläglichen Aberglaubens und vermag sich einen entseelten Körper ebensowenig ohne einen Geist vorzustellen wie ein unbewohntes Haus! Wie ungleich sind wir doch geschaffen! Was mir eine weihevolle Genugtuung bedeutet, braucht man dem Spanier nur zu nennen, um ihn bis zur Ohnmacht zu erschrecken. Armer Alexandro Aranda! Was würdest du sagen, wenn du deinen Freund sehen könntest, der sich auf früheren Fahrten, auf Monate von dir getrennt, oft nach einem einzigen Blick von dir gesehnt haben mag und der jetzt beim bloßen Gedanken, daß du ihm nahe sein könntest, vom Grauen überwältigt wird!

In diesem Augenblick drang das klägliche Geläut der Schiffsglocke, die zersprungen zu sein schien, von einem der grauen Wergzupfer angeschlagen, zum Zeichen der zehnten Stunde durch die bleierne Stille. Kapitän Delanos Aufmerksamkeit richtete sich auf die herannahende Gestalt eines riesigen Schwarzen, der aus der Menge unten hervortauchte und langsam auf das erhöhte Achterdeck zuschritt. Er trug einen Eisenkragen um den Hals, von dem eine Kette herabhing, die dreimal um seinen Körper geschlungen war; die zusammengeschlossenen Endglieder, ein breites Eisenband, bildeten seinen Gürtel.

»Wie stumm Atufal daherkommt«, murmelte der Diener.

Der Schwarze stieg die Stufen zum Achterdeck empor und stand wie ein mutiger Angeklagter, der seinen Urteilsspruch erwartet, in unverzagtem Schweigen vor Don Benito, der sich von seinem Anfall erholt hatte.

Als er ihn kommen sah, war Don Benito zusammengezuckt; ein Schatten des Unwillens flog über sein Antlitz. Als erinnere er sich aber plötzlich daran, daß seine Wut nutzlos sei, preßten sich seine weißen Lippen zusammen.

Wohl ein eigensinniger Meuterer, dachte Kapitän Delano, der die gewaltige Erscheinung des Schwarzen nicht ohne Bewunderung betrachtete.

»Er wartet auf Ihre Frage, Herr«, sagte der Diener.

Auf diese Weise gemahnt, wandte Don Benito nervös den Blick ab, als wolle er einer aufrührerischen Antwort von vornherein ausweichen. Dann sagte er mit unsicherer Stimme: »Atufal, willst du mich um Verzeihung bitten?«

Der Schwarze schwieg.

»Fragen Sie noch einmal, Herr«, murmelte der Diener und sah seinen Landsmann vorwurfsvoll an. »Noch einmal, Herr — er wird sich dem Herrn doch noch beugen.«

»Antworte«, sagte Don Benito mit noch immer abgewandtem Gesicht. »Sprich nur dies eine Wort — Verzeihung — und du bist deiner Ketten ledig.«

Daraufhin hob der Schwarze beide Arme und ließ sie müde fallen; seine Ketten klirrten. Er beugte das Haupt, wie um zu sagen: Nein, ich bin ganz zufrieden. »Geh«, sagte Don Benito in verhaltener Erregung. Bedächtig, wie er gekommen war, gehorchte der Schwarze.

»Entschuldigen Sie, Don Benito«, sagte Kapitän Delano, »aber diese Szene überrascht mich. Was hat sie zu bedeuten, bitte?«

»Sie bedeutet, daß mich dieser Neger als einziger der ganzen Schar gekränkt hat. Ich ließ ihn in Ketten legen. Ich —«

Hier unterbrach er sich, die Hand am Kopfe, als ob ihn schwindelte oder eine plötzliche Gedächtnisstörung ihn befallen hätte. Dem freundlichen Blick seines Dieners begegnend, schien er sich zu sammeln und fuhr fort: »Ich konnte einen solchen Leib nicht auspeitschen lassen. Aber ich befahl ihm, mich um Verzeihung zu bitten. Bis jetzt hat er es noch nicht getan. Auf meinen Befehl muß er alle zwei Stunden vor mir stehen.«

»Und wie lange geht diese Sache schon?«

»Seit etwas mehr als sechzig Tagen.«

»Aber sonst ist er in allem gehorsam—ehrerbietig?«

»Ja.«

»Wahrlich«, rief Kapitän Delano leidenschaftlich aus, »dann lebt in dem Burschen der Geist eines Königs!«

»Darauf mag er allerdings Anspruch haben«, erwiderte Don Benito bitter, »denn er sagt, daß er in seinem Lande König gewesen sei.«

»Ja«, mischte sich der Diener in das Gespräch, »die Schlitze in Atufals Ohren trugen einst Goldstäbe. Aber der arme Babo war in seinem Lande nur ein armer Sklave: eines schwarzen Mannes Sklave war Babo, der jetzt der Sklave eines weißen Mannes ist.«

Kapitän Delano, den diese Vertraulichkeiten befremdeten, sah erst verwundert den Diener, dann fragend seinen Herrn an. Allerdings schienen ihn weder Herr

noch Diener, als wären sie an solche kleinen Form-
fehler lange gewöhnt, zu verstehen.

»Worin, bitte, bestand Atufals Kränkung?« fragte
Kapitän Delano. »Wenn es nichts sehr Ernstes war, so
lassen Sie sich von einem Dummen raten, und schenken Sie ihm wegen seiner sonstigen Fügsamkeit und
aus natürlicher Achtung vor seinem Geist die Strafe.«

»Nein, nein, der Herr wird dies niemals tun«, murmelte der Diener wie zu sich selbst. »Zuerst muß
der stolze Atufal seinen Herrn um Verzeihung bitten. Der Sklave trägt das Schloß, aber der Herr hat
den Schlüssel dazu.«

Dadurch aufmerksam gemacht, bemerkte Kapitän
Delano jetzt zum ersten Male, daß an einer dünnen
Seidenschnur um Don Benitos Hals ein Schlüssel
hing. Da er aus dem Murmeln des Dieners den Zweck
des Schlüssels erraten hatte, sagte er lächelnd: »Ei,
Don Benito – Schloß und Schlüssel – das nenn' ich
mir aber bezeichnende Symbole.«

Don Benito zuckte zusammen und biß sich auf die
Lippen.

Obgleich die Bemerkung Kapitän Delanos, der in
seiner angeborenen Einfalt gar kein Talent für Witz
und Spott besaß, nur eine spaßhafte Anspielung
auf die so merkwürdig bekundete Herrschaft des
Spaniers über die Schwarzen gewesen war, schien
der Hypochonder sie als boshaften Hinweis auf seine
bewiesene Unfähigkeit, den hartnäckigen Willen des
Sklaven wenigstens durch mündliche Ermahnung
zu brechen, aufgefaßt zu haben. Kapitän Delano bedauerte dieses vermeintliche Mißverständnis, zwei-
felte aber daran, es wieder gutmachen zu können,
und änderte das Gesprächsthema. Indessen fand er

seinen Gefährten verschlossener denn je, als ob er immer noch an dem mutmaßlichen Schimpf zu würgen hätte. Daraufhin wurde auch Kapitän Delano, den der heimliche Groll des krankhaft reizbaren Spaniers gegen seinen Willen bedrückte, immer wortkarger. Aber der biedere Seemann, der selbst so gänzlich anders veranlagt war, hütete sich seinerseits, diesen Unwillen zu zeigen oder ihn gar nur zu empfinden, und wenn er in Schweigen versank, war dies lediglich dem Beispiel zuzuschreiben.

Jetzt entfernte sich der Spanier, von seinem Diener gestützt, ziemlich unhöflich von seinem Gaste. Dieses Verhalten, an sich recht deutlich, hätte man als bedeutungslosen Ausdruck seiner Übellaune gelten lassen können, wenn nicht Herr und Diener, in der Ecke des hohen Deckfensters stehend, eine geflüsterte Unterhaltung begonnen hätten. Das war geradezu unartig. Mehr noch: der mißmutige Ausdruck des Spaniers, dem das Leiden bisweilen einen adeligen Zug verliehen hatte, schien jetzt aller Würde entblößt zu sein. Andererseits hatte die unterwürfige Vertraulichkeit des Dieners den ursprünglichen Reiz ihrer unschuldigen Anhänglichkeit verloren.

In seiner Verwirrung sah der Besucher nach der anderen Seite des Schiffes hinüber. Dabei blieb sein Auge wie zufällig auf einem jungen spanischen Matrosen haften, der, eine Rolle Tauwerk in der Hand, zur Besantakelung ging. Vielleicht wäre ihm der Mann nicht einmal aufgefallen, hätte er den Blick, während er zu einer der Rahen hinaufstieg, nicht mit verstohlener Eindringlichkeit auf Kapitän Delano geheftet, von dem er ihn wie natürlich zur Gruppe der beiden Flüsterer weiterwandern ließ.

Da Kapitän Delanos Aufmerksamkeit hierdurch wieder nach dieser Seite gelenkt war, fuhr er leicht zusammen. Etwas im Benehmen Don Benitos ließ den Besucher gerade jetzt darauf schließen, daß er selbst, wenigstens zum Teil, den Gegenstand der heimlichen Unterredung bilde – was für den Gast ebensowenig angenehm wie für den Gastgeber schmeichelhaft war.

Das eigentümliche Hin- und Herschwanken des Spaniers zwischen Anstand und Ungehörigkeit war unerklärlich und ließ nur eine von zwei Vermutungen offen: entweder war der Mann ein harmloser Irrer oder ein verschlagener Betrüger.

Aber obwohl sich die erste der beiden Annahmen einem unvoreingenommenen Beobachter leicht hätte aufdrängen können, wie es ja in gewissem Sinne zuerst auch Kapitän Delano geschehen war, mußte er sie doch jetzt, da er das Verhalten des Fremden allmählich im Licht einer beabsichtigten Kränkung zu betrachten begann, verständlicherweise aufgeben. Aber wenn nicht ein Wahnsinniger, was dann? Würde unter solchen Umständen ein Edelmann oder auch nur ein anständiger Bauer den Part spielen, den jetzt sein Gastgeber spielte? Der Mann war ein Betrüger. Irgendein Abenteurer von gemeiner Herkunft, der die Maske eines ozeanischen Granden trug, dem aber die an einen wirklichen Edelmann gestellten Anforderungen so fremd waren, daß er sie bis zu der augenblicklichen bemerkenswerten Ungezogenheit verraten konnte. Das strenge Zeremoniell überdies, das er zuweilen beachtete, schien nicht wenig bezeichnend für jemand zu sein, der eine Rolle spielte, die über seiner wirklichen Ebene lag. Benito Cereno – Don Benito Cereno – ein wohlklingender Name. Ein Name, der, wenigstens was den Familiennamen betraf, den Superkargos und Seekapitänen, die damals längs der spanischen Küsten Handel trieben, nicht unbekannt war, da er einer der unternehmendsten und verzweigtesten Kaufmannsfamilien all dieser Provinzen gehörte, von der mehrere Mitglieder Titel trugen: eine Art kastilianischer Rothschilds mit einem vornehmen Bruder oder Vetter in jeder großen Handelsstadt Südamerikas. Der bewußte Don Benito war ein noch junger Mann, etwa neunundzwanzig oder dreißig Jahre alt. Als Herrensohn in den Seegeschäften eines solchen Hauses zu reisen – was wäre passender für einen jungen Schelm von Verstand und Talenten? Aber der Spanier war ein blasser Invalide. Wenn auch. Bekanntlich ist es gerissenen Spitzbuben schon gelungen, sogar tödliche Krankheiten vorzutäuschen. Zu denken, daß hinter dem Anschein knabenhafter Schwäche die wildesten Energien schlummern konnten – spanische Samtpfoten, in denen sich die Krallen verbargen!

Diese Phantasien waren keine Ausgeburten des Hirns; sie kamen von außen, nicht von innen. Sie erschienen mit einem Male wie Rauhreif und entschwanden ebenso schnell, sobald die milde Sonne der Gutmütigkeit Kapitän Delanos ihren Scheitelpunkt erreicht hatte.

Noch einmal zu seinem Gastgeber hinüberblickend, der ihm jetzt über dem Deckfenster seine Seitenansicht zukehrte, war er überrascht von diesem Profil, dessen klarer Schnitt durch die Abzehrung verfeinert und in der Kinngegend vom Bart geadelt war.

Zum Teufel mit allem Argwohn! Er war ein echter Abkömmling eines echten Hidalgos Cereno.

Durch diese und andere Gedankengänge von seinen Zweifeln befreit, begann der Besucher, eine Melodie vor sich hinsummend, gleichgültig auf dem Achterdeck umherzuschlendern, um Don Benito nicht merken zu lassen, daß er ihn der Unhöflichkeit, ja des Doppelspiels verdächtigt hatte. Zuletzt mußte sich ein solches Mißtrauen ja doch als richtig erweisen. Für den Augenblick blieb freilich der Umstand, der dieses Mißtrauen hervorgerufen hatte, unerklärt. Aber sobald das kleine Geheimnis entschleiert wäre, grübelte Kapitän Delano weiter, würde er es höchlich bedauern, wenn Don Benito erführe, daß er sich von einem kleinlichen Verdacht hatte hinreißen lassen. Kurz, es war am besten, seine Bemerkungen zum Unglücksbericht des Spaniers einstweilen zurückzustellen.

Mit bleichem, zuckendem Gesicht und verfinstert ging der Spanier, wieder auf seinen Wärter gestützt, auf seinen Gast zu und eröffnete, in womöglich noch größerer Nervosität als bisher und mit einem merkwürdig listigen Ton in seiner heiseren Flüsterstimme, folgendes Gespräch: »Darf ich Sie fragen, Señor, wie lange Sie schon an dieser Insel liegen?«
»Oh, ein bis zwei Tage.«
»Und in welchem Hafen haben Sie zuletzt geankert?«
»In Kanton.«
»Und dort haben Sie, wie Sie wohl sagten, Ihre Robbenfelle gegen Tee und Seide eingetauscht?«
»Ja, gegen Seide hauptsächlich.«
»Und der Überschuß wurde Ihnen in barem Gelde bezahlt, nehme ich an?«

Etwas unruhig antwortete Kapitän Delano: »Ja, in Silber – es war aber nicht sehr viel.«

»Gut, gut. Darf ich fragen, wie stark Ihre Mannschaft ist?«

Kapitän Delano erschrak leicht, antwortete jedoch: »Ungefähr fünfundzwanzig Mann, insgesamt.«

»Und sie befinden sich zur Zeit alle an Bord, Señor, nicht wahr?«

»Alle an Bord, Don Benito«, antwortete der Kapitän, jetzt voller Genugtuung.

»Und sie werden es auch heute nacht sein, Señor?«

Bei dieser letzten Frage, die auf so viele andere bohrende Fragen folgte, konnte es Kapitän Delano um alles nicht vermeiden, den Frager ernsthaft anzusehen. Dieser jedoch wich seinem Blick aus und sah mit allen Anzeichen feiger Erregung zu Boden. Hiermit stach er unwürdig gegen seinen Diener ab, der soeben zu seinen Füßen niedergekniet war, um eine lose Schuhschnalle zu richten. Unterdessen wandte er den Blick teilnahmslos, jedoch mit schüchterner Neugier zu dem bekümmerten Gesicht seines Herrn empor.

Der Spanier wiederholte, noch immer mit seinem schuldbewußten Gebaren, seine Frage: »Und – sie werden es auch heute nacht sein, Señor?«

»Soviel ich weiß, ja«, antwortete Kapitän Delano, »doch nein«, raffte er sich zu furchtloser Wahrheit auf, »einige sprachen davon, daß sie um Mitternacht wieder auf Fischfang gehen wollten.«

»Ihre Schiffe sind im allgemeinen... mehr oder weniger bewaffnet, Señor, nicht wahr?«

»O ja, wir haben einen Sechspfünder oder zwei – für den Notfall«, war die beherzt lässige Antwort. »Und

dann einen kleinen Vorrat von Gewehren, Robbenspeeren und Entermessern, wie Sie wissen.«

Bei dieser Antwort sah er wieder Don Benito an, der
indes den Blick abgewandt hielt. Plötzlich wechselte
dieser ungeschickt das Thema, sagte etwas Mürri-
sches über die Windstille und zog sich, ohne sich
zu entschuldigen, nochmals mit seinem Diener zur
gegenüberliegenden Reling zurück, wo sie ihr Ge-
tuschel fortsetzten.

In diesem Augenblick und ehe Kapitän Delano über
das, was sich soeben zugetragen hatte, ruhig nachdenken konnte, kam wieder der erwähnte junge
Spanier zum Vorschein, der jetzt aus der Takelung
herunterkletterte. Indem er sich vorneigte, um auf
das Deck hinabzuspringen, klaffte seine weite und
zwanglose Jacke aus rauher Wolle, reichlich mit
Teer befleckt, über seiner Brust auseinander und
ließ seine verschmutzte Unterwäsche sehen, die aus
feinstem Leinen zu bestehen schien und um den Hals
mit einem schmalen blauen Bande gesäumt war, das
jedoch verblaßt und verschlissen aussah. Wieder
heftete sich der Blick des jungen Matrosen auf die
Flüstergruppe, und Kapitän Delano glaubte darin
etwas Lauerndes zu erkennen, als wären soeben
stumme Zeichen nach Freimaurerart ausgetauscht
worden.

Dies ließ ihn selbst wieder in die Richtung Don
Benitos schauen, und wie zuvor mußte er folgern,
daß er selbst den Gegenstand des Gesprächs bildete.
Er stutzte. Das Geräusch des Beilputzens drang ihm
ins Ohr. Er warf noch einen Seitenblick auf die
beiden. Sie sahen wie Verschwörer aus. Im Zusammenhang mit den letzten Fragen und der Erschei-

nung des jungen Matrosen überflutete ihn unwillkürlich eine solche Welle des Mißtrauens, daß es der
ungewöhnlichen Arglosigkeit des Amerikaners zuviel wurde. Eine frohe und gutgelaunte Miene auf-
setzend, ging er rasch zu den beiden hinüber und
sagte: »Ei, ei, Don Benito, Ihr Schwarzer scheint ja
hoch in Ihrem Vertrauen zu stehen. Eine Art Ge-
heimer Staatsrat, möchte man sagen.«
Bei diesen Worten blickte der Diener mit einem
gutmütigen Grinsen auf; der Herr indes erschrak,
als hätte ihn ein giftiges Tier gebissen. Es währte
einige Augenblicke, bis sich der Spanier genügend
gesammelt hatte, um antworten zu können. Dann
sagte er kalt und gezwungen: »Ja, Señor, in Babo
setze ich mein Vertrauen.«
Hierauf sah Babo, dessen vergnügtes Grinsen sich
jetzt in ein verschmitztes Lächeln verwandelte, seinen Herrn dankbar an.
Als er bemerkte, daß der Spanier stumm und verschlossen dastand, als wolle er unbewußt oder auch
absichtlich andeuten, daß ihm die Gegenwart Kapitän Delanos jetzt unerwünscht sei, machte dieser,
dem es mißfiel, selbst der Unhöflichkeit gegenüber
unhöflich zu erscheinen, irgendeine nebensächliche
Bemerkung und entfernte sich, um weiter über das
geheimnisvolle Benehmen Don Benito Cerenos nach-
zusinnen.
Er hatte das Achterdeck verlassen und ging in Gedanken verloren an einer dunklen Luke vorüber, die
ins Zwischendeck hinabführte, als er dort eine Bewegung wahrnahm und nachsah, was sich bewegte.
In demselben Augenblick blitzte in der dunklen
Luke etwas auf, und er sah, wie einer der spanischen

Matrosen, der dort hockte, eilig die Hand auf die Brust legte, als wolle er etwas verbergen. Ehe der Mann den Vorübergehenden erkannt haben konnte, schlüpfte er hinunter und verschwand. Und doch war genug von ihm zu sehen gewesen, daß man sicher sein konnte, es war derselbe junge Matrose, der sich vorhin in der Takelage gezeigt hatte.

Was blitzte dort eigentlich so, fragte sich Kapitän Delano. Es war keine Lampe – kein Feuerzeug – keine glühende Kohle. Sollte es ein Edelstein gewesen sein? Aber wie kamen Matrosen zu Edelsteinen? Oder, was das betraf, zu seidengesäumten Hemden? Hatte er die Koffer der toten Kajütenpassagiere ausgeplündert? Wenn dies jedoch der Fall war, so würde er einen der dort gestohlenen Gegenstände an Bord dieses Schiffes kaum zu tragen wagen. Oh – und wenn es wirklich ein geheimes Zeichen war, das ich diesen verdächtigen Burschen vorhin mit seinem Kapitän austauschen sah – wenn ich nur sicher sein könnte, daß meine Unruhe keine Sinnestäuschung zur Folge hat, dann ...

Von einem verdächtigen Umstand auf den anderen kommend, erwog er nochmals die seltsamen Fragen, die ihm über sein Schiff gestellt worden waren. Bei jedem Punkt, den er sich ins Gedächtnis zurückrief, schlugen die Aschanti-Zauberer in merkwürdiger Übereinstimmung ihre Beile zusammen, als wollten sie die Gedanken des weißen Mannes mit düsteren Anmerkungen begleiten. Durch diese Rätsel und Vorzeichen bedrückt, wäre es fast wider die Natur gewesen, wenn nicht selbst das vertrauensvollste Gemüt von häßlichen Ahnungen beschlichen worden wäre.

130

Indem er an das Schiff dachte, das jetzt, hilflos in eine Strömung gerissen, mit seinen verwunschenen Segeln immer geschwinder meerwärts trieb, und indem er bemerkte, daß durch eine soeben erfolgte Verschiebung der Küstenlinie der Robbenfänger verdeckt war, erbebte der kühne Seefahrer bei Gedanken, die er kaum sich selbst einzugestehen wagte. Vor allem begann er eine geisterhafte Furcht vor Don Benito zu empfinden. Aber wenn er sich auf sich selbst besann, seinen Brustkorb dehnte, sich auf seinen zwei Beinen fest dastehen fühlte und kühl über alles nachdachte – was hatten dann alle diese Trugbilder zu bedeuten?

Wenn der Spanier eine finstere Absicht hegte, konnte sie weniger ihn selbst (Kapitän Delano) als sein Schiff (die 'Bachelor's Delight') betreffen. Trieb aber jetzt das eigene Schiff von dem anderen ab, so begünstigte dieser Umstand eine derartige Absicht nicht, sondern arbeitete ihr, zumindest für den Augenblick, eher entgegen. Zweifellos mußte ein Verdacht, der auf einer Verbindung solcher Widersprüche beruhte, irreführend sein. Und war es nicht sinnlos anzunehmen, daß ein Schiff in Not – ein Schiff, das durch Krankheit fast seiner gesamten Mannschaft beraubt war – ein Schiff, dessen Insassen Durstqualen litten: war es nicht tausendmal sinnlos, daß sich ein solches Fahrzeug der Seeräuberei widmete oder daß sein Befehlshaber für sich oder seine Untergebenen etwas anderes erstrebte als Erleichterung und Erquickung? Aber konnten nicht gerade das allgemeine Elend und besonders der Durst vorgetäuscht sein? Konnte nicht die gleiche unverminderte spanische Mannschaft, die angeblich bis

auf einen kleinen Rest umgekommen war, in diesem
Augenblick im Innern des Schiffes auf der Lauer
liegen? Unter dem rührenden Vorgeben, ein Glas
Wasser zu erbitten, hatten sich Teufel in Menschen-
gestalt in einsame Häuser geschlichen und diese nicht
eher verlassen, als bis eine schwarze Tat begangen
war. Und unter malaiischen Piraten geschah es nicht
selten, daß sie Schiffe in ihre trügerischen Häfen
lockten oder einem feindlichen Schiff auf See vor-
täuschten, daß ihre Decks spärlich oder gar nicht bemannt seien – und doch warteten darunter hundert
Speere in gelben Armen darauf, nach oben durch die
Matten geschleudert zu werden? Das heißt nicht,
daß Kapitän Delano dergleichen Dinge glaubte. Aber
er hatte von ihnen gehört, und jetzt fielen ihm diese
Geschichten wieder ein. Das momentane Ziel der
ʿSan Dominickʾ war der Ankerplatz. Dort würde sie
neben seinem eigenen Schiff liegen. Könnte sie, in
die Nähe seines Schiffes gelangt, nicht wie ein schla-
fender Vulkan Kräfte auslösen, die jetzt noch verborgen waren?
Er entsann sich der Haltung des Spaniers, als ihm
dieser seine Geschichte erzählt hatte. Dabei hatte er
oft verdrießlich gezögert und Ausflüchte gemacht.
Das war recht eigentlich die Art, wie man solche
Erzählungen zu unredlichen Zwecken zu erfinden
pflegt. Allein wenn die Geschichte nicht stimmte –
wo lag dann die Wahrheit? War das Schiff unrecht-
mäßig in den Besitz des Spaniers gelangt? Aber in
vielen Einzelheiten – besonders was die geschilder-
ten Unbilden wie die Geschicke der Mannschaft, das
lange Umherirren, die vorher durch die anhaltenden
Windstillen und jetzt durch den Durst verursachten

Leiden betraf – in allen diesen und noch anderen Punkten war Don Benitos Erzählung sowohl durch die Wehklagen der urteilslosen Menge Weißer und Schwarzer als auch durch den Ausdruck und das Mienenspiel der menschlichen Gesichter selbst, was Kapitän Delano mit eigenen Augen gesehen hatte, erhärtet worden. Wenn Don Benitos Bericht völlig frei erfunden war, hätte jede Seele an Bord bis zur jüngsten Negerin sorgfältig auf die von ihr zu spielende Rolle gedrillt sein müssen: eine unglaubliche Folgerung. Wenn indessen Grund bestand, an seiner Aufrichtigkeit zu zweifeln, so war diese Folgerung berechtigt.

Aber jene Fragen des Spaniers. Da konnte man tatsächlich stutzig werden. Verfolgten sie in der Art, wie sie gestellt wurden, nicht das gleiche Ziel, das den Einbrecher oder Mordbuben veranlaßt, bei Tag die Mauern eines Hauses zu erkunden? Aber in übler Absicht derartige Auskünfte offen von der am meisten bedrohten Person einholen und diese dadurch veranlassen, um so mehr auf ihrer Hut zu sein – hieß das nicht ganz und gar unwahrscheinlich gehandelt? Daher war es unsinnig zu glauben, daß die Fragen in böser Absicht gestellt worden waren. So diente der gleiche Vorfall, der das Unbehagen zuerst ausgelöst hatte, nun dazu, es zu zerstreuen. Kurz, es gab kaum einen Verdacht oder einen Anlaß zur Unruhe, der nicht jetzt, wie begründet er ihm auch früher erschienen sein mochte, aus ebenso klaren Vernunftgründen aufgegeben werden mußte.

Schließlich mußte Kapitän Delano über seine eigenen früheren Ahnungen lachen. Er mußte lachen über das seltsame Schiff, dessen Anblick diese Ahnungen immerhin genährt hatte – mußte lachen über die wunderlichen Schwarzen, besonders über die alten Scherenschleifer (die Aschanti), über die Spinnstubenweiber (die Wergzupfer) und fast über den finsteren Spanier, den obersten dieser Kobolde, selber.

Was die übrigen ernstlich rätselhaften Umstände betraf, ließen sie sich wohlwollend dadurch wegdisputieren, daß der arme Kranke gar nicht wußte, was er tat, wenn er verdrießlich seinen schwarzen Stimmungen nachhing oder müßige Fragen ohne Zweck und Vernunft stellte. Offensichtlich war er für den Augenblick ungeeignet, das Schiff zu befehligen. Unter irgendeinem freundlichen Vorwand würde ihm Kapitän Delano den Oberbefehl abnehmen und das Schiff unter der Leitung seines Zweiten Maats, eines würdigen Mannes und guten Schiffers, nach Concepción schicken. Dieser Plan käme sowohl der 'San Dominick' als auch Don Benito zustatten; denn dann könnte der Kranke, all seiner Sorgen ledig, in der guten Pflege seines Dieners in der Kajüte bleiben und wäre am Ende der Reise voraussichtlich so weit genesen, daß er wieder in seinen Posten eingesetzt werden könnte.

Dies waren die Gedanken des Amerikaners. Sie wirkten beruhigend. Es lag schon ein Unterschied darin, wie geheimnistuerisch Don Benito über das Schicksal Kapitän Delanos und wie offenherzig dieser über das Don Benitos verfügte. Nichtsdestoweniger fühlte sich der wackere Seemann wesentlich erleichtert, als er jetzt in einiger Entfernung sein Boot bemerkte. Sein Ausbleiben war durch eine unerwartete Verzögerung auf dem Robbenfänger sowie durch das beständige Zurückweichen des Ziels während seiner Rückfahrt verursacht worden.

Der heranrückende Punkt wurde von den Schwarzen entdeckt. Ihre Schreie machten Don Benito aufmerksam, der mit seiner alten Höflichkeit auf Kapitän Delano zutrat und ihm seine Befriedigung über die ankommenden Vorräte ausdrückte, eine wie geringe und flüchtige Hilfe diese ihnen auch zu bieten vermochten.

Kapitän Delano antwortete; aber in diesem Augenblick wurde seine Aufmerksamkeit auf einen Vorfall gelenkt, der sich unten auf Deck abspielte. Unter der auf die Schanzkleider der Landseite kletternden Menge, die in banger Erwartung nach dem kommenden Boot ausspähte, stießen zwei Schwarze einen spanischen Matrosen, der sie anscheinend gestört hatte, heftig zur Seite und schleuderten ihn, als er aufbegehrte, ungeachtet der ernsten Ermahnungen der Wergzupfer zu Boden.

»Don Benito«, sagte Kapitän Delano rasch, »was geht denn da vor sich? Sehen Sie!«

Der Spanier erlitt jedoch wieder einen seiner Hustenanfälle; beide Hände vorm Gesicht, taumelte er, als ob er umsinken wolle. Kapitän Delano wollte ihn stützen; aber der Diener war flinker. Mit einer Hand hielt er seinen Herrn, während er ihm mit der anderen das Herzmittel reichte. Don Benito erholte sich, der Schwarze ließ von ihm ab und schlich etwas zur Seite, blieb aber pflichteifrig in nächster Nähe stehen. Soviel Rücksichtnahme tilgte in den Augen des Gastes jeden Vorwurf der Ungehörigkeit, den er dem Diener nach den vorgenannten unstatthaften Konferenzen machen zu müssen geglaubt hatte; bewies sie doch, daß, wenn der Diener Tadel verdiente, mehr sein Herr daran schuld sein mochte, da er sich, wenn er sich selbst überlassen war, so schicklich zu benehmen wußte.

Den Blick von dem garstigen Schauspiel der Zuchtlosigkeit ab- und dem gefälligeren vor ihm zuwendend, konnte Kapitän Delano nicht umhin, seinen Wirt nochmals zum Besitz eines solchen Dieners zu beglückwünschen, der, obschon vielleicht dann und wann etwas zu eifrig, im ganzen für eine Person in der Lage des Kranken unschätzbar sein mußte.

»Sagen Sie, Don Benito«, begann er lächelnd, »ich hätte Ihren Mann hier gern für mich selbst – welchen Preis wollen Sie für ihn haben? Wären etwa fünfzig Dublonen angemessen?«

»Der Herr würde sich nicht um tausend Dublonen von Babo trennen«, murmelte der Schwarze, der das Angebot gehört und es ernstgenommen hatte. Mit der wunderlichen Eitelkeit des treuen Sklaven, den sein Herr schätzt, mußte er eine so schäbige Bewertung seiner Person durch einen Fremden verachten. Don Benito aber, der sich anscheinend noch nicht ganz erholt hatte und wieder von seinem Husten unterbrochen wurde, gab nur irgendeine undeutliche Antwort.

Bald verschlimmerte sich sein Übel so sehr und griff überdies seinen Geist so offensichtlich an, daß der Diener, wie um das traurige Schauspiel zu verbergen, seinen Herrn behutsam in die Kajüte führte.

Sich selbst überlassen, hätte sich der Amerikaner, um sich die Zeit bis zur Ankunft seines Bootes zu vertreiben, einem der wenigen sichtbaren spanischen Matrosen zugewandt; aber da ihm einfiel, daß Don

Benito beiläufig ihr schlimmes Betragen erwähnt hatte, stand er als Schiffsherr, dem es gegen den Strich ging, Feigheit oder Untreue bei Seeleuten zu unterstützen, davon ab.

Während er, solches bedenkend, den Blick auf jenes Häuflein Matrosen gerichtet hielt, schien es ihm plötzlich, als habe einer oder zwei von ihnen seinen Blick irgendwie bedeutungsvoll erwidert. Er rieb sich die Augen und sah noch einmal hin; aber wieder glaubte er, das gleiche zu beobachten. Unter neuer Gestalt, wenn auch unbestimmter als je vorher, wandelte ihn der alte Verdacht wieder an, der ihn freilich jetzt, da Don Benito abwesend war, weniger beängstigte. Trotz des schlechten Zeugnisses über die Matrosen beschloß Kapitän Delano erneut, einen von ihnen anzusprechen. Er stieg vom Achterdeck herab und nahm seinen Weg durch die Schwarzen. Dies nötigte den Wergzupfern einen fremdartigen Ausruf ab, der die Neger veranlaßte, einander zur Seite zu ziehen, um ihm Platz zu machen. Aber als wollten sie in ihrer Neugier sehen, zu welchem Zweck er freiwillig ihr Getto besuchte, schlossen sie sich in gewisser Ordnung hinter ihm zusammen und folgten dem weißen Manne. So setzte Kapitän Delano, wie von berittenen Herolden angekündigt und eine Kaffern-Ehrengarde hinter sich, seinen Weg zwanglos und gutgelaunt fort, indem er den Negern mitunter ein freundliches Wort sagte und sein Blick neugierig auf den Gesichtern der Weißen ruhte, die, hie und da unter die Schwarzen versprengt, wie verstreute weiße Bauern im Schachspiel wirkten, die sich in die Reihen der feindlichen Figuren vorgewagt hatten.

Während er sich zurechtlegte, welchen von ihnen er für seinen Zweck auswählen sollte, entdeckte er zufällig einen Matrosen, der im Sitzen damit beschäftigt war, das Tau eines großen Blocks zu teeren, indes ein Kreis von Schwarzen, sein Vorhaben neugierig beäugend, um ihn herumhockte.

Die untergeordnete Beschäftigung des Mannes widersprach einer gewissen Würde seines Wesens. Seine Hand, vom beständigen Eintauchen in den Teertopf, den ein Neger hielt, geschwärzt, paßte irgendwie nicht zu seinem Gesicht, das, von seiner Verstörtheit abgesehen, sehr schön zu nennen gewesen wäre. Ob diese Verstörtheit etwas mit Schuldgefühlen zu tun hatte, ließ sich nicht ausmachen; denn wie übermäßige Hitze und Kälte, bei aller Verschiedenheit, die gleichen Empfindungen hervorrufen, so tragen Reinheit und Schuld, falls sie mit seelischem Schmerz verbunden sind, sichtbar gemacht, das gleiche Siegel.

Diese Überlegungen stellte Kapitän Delano, so mildherzig er auch war, diesmal nicht wieder an. Dafür kam ihm ein anderer Gedanke. Wenn er diese merkwürdige Verstörtheit in dem wie in Verwirrung und Scham abgewandten dunklen Auge sah und dann wieder an Don Benitos schlechte Meinung von seiner Mannschaft dachte, drängten sich ihm unwillkürlich gewisse allgemeine Vorstellungen auf, nach denen Schmerz und Scham, unvereinbar mit der Tugend, unfehlbar auf Laster schließen lassen.

Wenn es tatsächlich, grübelte Kapitän Delano, Niedertracht an Bord gab, so hat zweifellos dieser Mann seine Hand damit besudelt, wie er sie jetzt mit Teer besudelt. Ich mag ihn nicht anreden. Lieber

will ich mit diesem anderen hier, diesem alten See-
bären am Ankerspill, sprechen.

Er näherte sich einer alten Teerjacke aus Barcelona,
die zerlumpte rote Kniehosen und eine schmierige
Nachtmütze trug. Die Wangen des Mannes waren
braungebrannt, zerfurcht und mit einem Backenbart, so dicht wie Dorngestrüpp, bedeckt. Zwischen
zwei schläfrig aussehenden Negern sitzend, war der
Seemann wie sein jüngerer Bordgenosse mit der Takelung, nämlich dem Tauspleißen, beschäftigt. Die
verschlafenen Schwarzen versahen das untergeordnete Amt, ihm die beiden Tauenden zu halten.

Beim Näherkommen Kapitän Delanos senkte der
Mann seinen Kopf noch tiefer als zuvor – tiefer, als
es für sein Geschäft nötig war. Er schien vorschüt-
zen zu wollen, daß er mit mehr als gewöhnlicher
Hingabe in seine Arbeit vertieft sei. Bei der Anrede
blickte er auf, aber mit einer von seinem wetterge-
bräunten Gesicht so seltsam abstechenden, scheuen
und ängstlichen Miene, als sähe ein Grizzlybär, anstatt zu brummen und zu beißen, mit der Einfalt
eines Schafes drein. Ihm wurden mehrere Fragen
gestellt, die die Reise betrafen – Fragen, die sich
bewußt auf verschiedene Einzelheiten in Don Benitos Erzählung bezogen, ohne von vornherein durch
das impulsive Geschrei, das den Besucher bei seiner
Ankunft an Bord begrüßt hatte, erhärtet worden zu
sein. Die Fragen, die knapp beantwortet wurden,
bestätigten alles, was noch von der Erzählung zu
bestätigen war. Die Neger am Spill stimmten in die
Worte des alten Matrosen ein. Als sie jedoch zu ge-
schwätzig wurden, verstummte er immer mehr und
wurde schließlich so unwirsch, daß er weitere Fra-

gen nur noch widerwillig zu beantworten schien; doch trug während der ganzen Szene sein Bärengesicht den schafsmäßigen Ausdruck zur Schau.

Kapitän Delano, der daran verzweifelte, mit solchem Zentauren in ein ungestörtes Gespräch zu kommen, spähte umher, um ein Gesicht, das mehr versprach, zu entdecken. Da er indes keines fand, redete er den Schwarzen freundlich zu, ihm den Weg freizugeben. Und so ging er, von ihrem vielfältigen Grinsen und Fratzenschneiden begleitet, zum Achterdeck zurück, zunächst – er wußte selbst kaum, warum – mit etwas eigenartigen Gefühlen, doch im Grunde mit wiedergewonnenem Vertrauen zu Benito Cereno.

Wie deutlich, sinnierte er, hat doch der alte Backenbart sein Schuldbewußtsein verraten! Zweifellos fürchtete er, als er mich kommen sah, daß ich, von seinem Kapitän über das schlechte Betragen der Schiffsmannschaft belehrt, scharfe Worte für ihn fände – also runter mit dem Kopfe. Und doch – und doch, wenn ich jetzt daran denke, gehörte dieser Geselle wohl ausgerechnet zu jenen, die mir ein Weilchen vorher so bedeutsam zuzublinzeln schienen. Ach, diese Dinge wirbeln mir um den Kopf wie Strömungen um das Schiff. Aber dort zeigt sich ein angenehmes, heiteres Bild – und ein tief menschliches obendrein.

Sein Blick war auf eine schlummernde Negerin gefallen, die, teilweise durch das Gitterwerk der Takelage sichtbar, mit achtlos hingestreckten jungen Gliedern im Lee der Schanzkleider lag wie eine Ricke im Schatten eines Waldfelsens. An ihren flachen Brüsten zappelte ihr munteres Kitz, splitternackt, den kleinen schwarzen Körper, senkrecht zu dem der Mutter, halb vom Deck erhoben. Seine Hände tasteten sich wie Pfoten an ihr hinauf; sein Mund und seine Nase schnüffelten hilflos, um das Ziel zu erreichen. Dazwischen stieß es ein leises, gequältes Grunzen aus, das sich mit dem sonoren Schnarchen der Negerin vermengte.

Die ungewohnte Kraftleistung des Kindes weckte endlich die Mutter. Sie fuhr auf und sah in einiger Entfernung Kapitän Delano stehen. Aber als ob die Lage, in der sie angetroffen worden war, sie nicht im geringsten bekümmere, zog sie das Kind mit mütterlicher Seligkeit zu sich herauf und bedeckte es mit Küssen.

Dies ist reine Natur, ist schlichte Zärtlichkeit und Liebe, sagte sich Kapitän Delano mit Wohlgefallen. Die Szene veranlaßte ihn, den anderen Negerinnen mehr Aufmerksamkeit als bisher zuzuwenden. Er war von ihrem Gebaren angenehm berührt. Wie die meisten unzivilisierten Frauen schienen sie zähe Körper und zarte Herzen zu besitzen und bereit zu sein, für ihre Kinder zu kämpfen oder zu sterben. Unverfälscht wie Leopardinnen – liebevoll wie Tauben. Ach, dachte Kapitän Delano, vielleicht sind es ein paar von den Frauen, die Ledyard in Afrika sah und von denen er so vortrefflich berichtete.

Diese natürlichen Bilder vermehrten unwillkürlich sein Vertrauen und Wohlbehagen. Schließlich blickte er noch einmal hinaus, um sich zu vergewissern, wie sein Boot vorankam; es war aber noch ziemlich weit entfernt. Er wandte sich ab, um zu sehen, ob Don Benito zurückgekehrt sei; dies war jedoch nicht der Fall.

Um den Platz zu wechseln und gleichzeitig in behag-

licher Muße das herankommende Boot zu beobachten, schritt er zu den Besanketten hinüber und stieg
zur Heckgalerie der Steuerbordseite empor – einem
jener bereits erwähnten leeren Wasserbalkone venezianischen Stils, die Unterabteilungen des Decks
bildeten. Als sein Fuß den Teppich des teils feuchten, teils trockenen Seemooses betrat, streichelte
ein geisterhaftes Lüftchen – die im Nu vorüber-
huschende Ahnung einer Brise – wie von ungefähr
seine Wange. Sein Blick fiel auf die Reihe der kleinen, runden Lukendeckel, die alle geschlossen waren
wie die Augen Verstorbener, und auf die ihnen ge-
genüberliegende Tür der Staatskabine, die einst die
Verbindung zur Galerie hergestellt hatte, jetzt aber
zugenagelt war wie ein Sarg, mit schwarzgeteerten
Füllungen, Pfosten und Schwelle. Er mußte an die
Zeit denken, da hier die Stimmen königlich spanischer Offiziere gehallt und vielleicht ebenda, wo er
jetzt stand, die Töchter des Vizekönigs von Lima
gelehnt hatten. Diese und andere Bilder flogen
durch sein Hirn wie das Lüftchen durch die Windstille, und allmählich fühlte er eine traumhafte Unruhe in sich aufsteigen, wie sie jemand empfinden
mag, der in der Mittagsstille allein auf weiter Prä-
rie weilt.

Er stützte sich auf das geschnitzte Geländer und
schaute wiederum nach seinem Boot aus – aber wie
von ungefähr fiel sein Blick auf das Seegras, das sich
längs der Wasserlinie wie eine grüne Buchsbaum-
einfassung hinzog. Nah und fern fluteten Beete von
Schwimmgewächsen, zu breiten Ovalen und Halb-
monden geordnet und mit Zwischenräumen, die
lange Alleen zu bilden schienen und sich wie zu

Terrassen hinauf- und zu Grotten hinabschwangen. Über alledem hing das Geländer, an das er sich lehnte; teils mit Teer beschmiert, teils mit Moosen gepolstert, glich es der verkohlten Ruine eines Sommerhauses in einem großen, verwilderten Garten.

Bei dem Versuch, sich von diesem Zauber zu befreien, wurde er bereits von einem anderen gebannt. Obwohl ihn in Wirklichkeit das weite Meer umgab, schien er fern irgendwo im Binnenlande zu weilen – als Gefangener in einem verödeten Schloß, auf kahle Felder und leere Straßen starrend, auf denen nie ein Wagen oder ein Wanderer entlangzog.

Indessen ließ diese Verzauberung etwas nach, als sein Blick auf die verrotteten Hauptankerketten fiel. In alter Machart, die massigen Glieder, Schäkel und Bolzen verrostet, schienen sie besser für den jetzigen als für den beim Bau vorgesehenen Zweck des Schiffes zu passen.

Plötzlich kam es ihm so vor, als habe sich bei den Ketten etwas geregt. Er rieb die Augen und blickte aufmerksam hin. Ganze Wälder von Takelwerk umgaben die Ketten. Und dort erschien, hinter einem großen Stag hervorlugend wie ein Indianer hinter einer Schierlingstanne, ein spanischer Matrose, einen Marlpfriem in der Hand, der unbestimmte Gebärden nach dem Balkon hin zu machen schien, aber gleich darauf, als hätte ihn ein nahender Schritt drinnen auf Deck gestört, wie ein Wilddieb in den Tiefen seines hänfenen Waldes verschwand.

Was hatte das zu bedeuten? Der Mann hatte versucht, etwas zu übermitteln, was allen, selbst seinem Kapitän, unbekannt war. Enthielt das Geheimnis etwas für seinen Kapitän Nachteiliges? Sollten sich die früheren Befürchtungen Kapitän Delanos bestätigen? Oder hatte er, noch in seinem Wahn befangen, eine zufällige und unwillkürliche Bewegung des Mannes, indes er mit dem Stag, den er ausbessern zu wollen schien, beschäftigt war, irrtümlich für einen bedeutungsvollen Wink gehalten?

In einiger Verwirrung spähte er wieder nach seinem Boot, das aber jetzt von einem felsigen Vorsprung der Insel verborgen war. Als er sich eifrig vorbeugte, um das Hervorschnellen der Bootsspitze zu beobachten, gab das Geländer vor ihm wie Zunder nach. Wenn er sich nicht an ein herabhängendes Tau geklammert hätte, wäre er ins Meer gestürzt. Das schwache Geräusch und der dumpfe Fall der morschen Bruchstücke mußten immerhin gehört worden sein. Er sah nach oben. Mit träger Neugier blickte einer der alten Wergzupfer, der von seiner Stange auf eine äußere Spiere gerutscht war, zu ihm hinunter. Aber unter dem alten Neger und diesem nicht sichtbar, aus einer Pfortenöffnung äugend wie ein Fuchs aus dem Eingang seines Baues, hockte wieder der spanische Matrose. Durch ein Etwas im Gehaben des Mannes bedingt, schoß jäh der wahnsinnige Gedanke durch Kapitän Delanos Hirn, daß Don Benitos Unwohlsein, das ihn nach unten getrieben hatte, nur vorgetäuscht war, weil er dort seine finsteren Pläne schmieden wollte. Der Matrose hatte irgendwie davon Wind bekommen und nun den Fremden warnen wollen − vielleicht aus Dankbarkeit für ein freundliches Wort, das Kapitän Delano bei seiner Ankunft an Bord an ihn gerichtet haben mochte. Hatte Don Benito derartige Störungen vorausgesehen und deswegen von vornherein so Schlechtes von seinen Leuten gesagt und auf ihre Kosten die Neger gepriesen? In Wirklichkeit schienen aber nur die Weißen gefügig und die Schwarzen alles andere zu sein. Übrigens waren die Weißen die von Natur scharfsinnigere Rasse. Würde ein Mensch, der sich mit einer schändlichen Absicht trägt, nicht eher die Einfalt loben, die gegen seine Laster blind ist, und den Scharfsinn tadeln, dem sie nicht verborgen bleiben können? Immerhin möglich. Wenn aber die Weißen schwarze Geheimnisse hegten, die Don Benito angingen – könnte sich dieser dann nicht irgendwie mit den Schwarzen verbündet haben? Allerdings waren sie zu einfältig. Und wer hatte schließlich je von einem weißen Manne gehört, der, ein Abtrünniger, seine Rasse so vollkommen verraten konnte, daß er mit Negern gemeinsame Sache gegen sie machte? Diese Schwierigkeiten ließen ihn an andere von früher denken. In diesem Irrgarten verloren, schritt Kapitän Delano, der sich wieder aufs Deck begeben hatte, unbehaglich dahin, als ihm ein neues Gesicht auffiel. Unweit der Hauptluke saß ein ältlicher Matrose im Schneidersitz. Seine Haut war faltig verschrumpft wie der Kehlsack eines Pelikans; sein Haar war ergraut, seine Miene ernst und würdig. Er hielt Taue in den Händen und schlang sie zu einem dicken Knoten zusammen. Ein paar Schwarze standen um ihn her und senkten ihm dienstwillig die Duchten, wie es sein Gewerbe von Zeit zu Zeit verlangte.

Kapitän Delano ging zu ihm hin und blieb, schweigend den Knoten betrachtend, vor ihm stehen, während seine Gedanken beziehungsvoll von dem Wirrwarr in seinem Innern zu dem des Hanfes hinüberwechselten. Einen dermaßen verwickelten Knoten hatte er zeitlebens weder auf einem amerikanischen noch einem sonstigen Schiff gesehen. Der alte Mann erinnerte an einen ägyptischen Priester, der gordische Knoten für den Ammonstempel herstellt. Der Knoten schien eine Verbindung von Pfahlstek, Timmerstek, Doppelverschlingung, Weberknoten und Kreuzknoten zu sein.

Schließlich redete Kapitän Delano, der den Sinn eines solchen Knotens nicht erraten konnte, den Knotendreher folgendermaßen an:

»Was dreht Ihr denn da bloß zusammen, mein Lieber?«

»Den Knoten«, war die kurze Antwort, die der Matrose erteilte, ohne aufzuschauen.

»Das dacht' ich mir – aber welchem Zweck soll er dienen?«

»Dem Zweck, daß ein anderer ihn auflöst«, murmelte der Alte und ließ seine Finger eifriger spielen als vorher; denn er hatte den Knoten jetzt beinahe vollendet.

Indes ihn Kapitän Delano noch so betrachtete, warf ihm der alte Mann plötzlich den Knoten zu und sagte in gebrochenem Englisch – es war das erste Englisch, das er an Bord zu hören bekam – etwas wie: »Auflösen – zerschneiden – rasch.« Er sagte es leise, aber so gedrängt und hastig, daß sich die langen, gedehnten spanischen Worte, die vorausgingen und folgten, wie Buchdeckel um den kurzen englischen Text zu schließen schienen.

Einen Augenblick stand Kapitän Delano, einen Knoten in der Hand, einen anderen im Kopfe, schweigend da. Unterdessen hatte sich der Alte, ohne

sich weiter um ihn zu kümmern, in andere Taue
versenkt. Jetzt entstand eine leichte Bewegung hinter Kapitän Delanos Rücken. Als er sich umdrehte,
sah er Atufal, den in Ketten geschlossenen Neger,
regungslos dastehen. Im nächsten Augenblick erhob
sich der alte Seemann, murmelte etwas vor sich hin
und zog sich, von seinen schwarzen Gehilfen gefolgt, zum Vorderteil des Schiffes zurück, wo er im
Gedränge verschwand.

Ein ältlicher Neger, mit einem Fetzen, der einem
Kind gepaßt hätte, bekleidet, mit grau gesprenkel-
tem Schädel und der Miene eines Rechtsanwaltes,
kam jetzt auf Kapitän Delano zu. In leidlichem Spanisch und mit gutmütigem, verständnisinnigem
Blinzeln belehrte er ihn, daß der alte Knotendreher
ein allerdings harmloser Irrer sei, der oft seine närrischen Possen treibe. Der Neger schloß, indem er
um den Knoten bat, da der Fremde mit solchem Un-
fug selbstverständlich nicht belästigt werden solle.
Gedankenlos händigte Kapitän Delano ihm den
Knoten aus. Einen Abschiedsgruß andeutend, nahm
ihn der Neger und schnüffelte, seinen Rücken wen-
dend, daran wie ein Zollbeamter, der geschmuggel-
ten Spitzen nachspürt. Dann warf er den Knoten
mit einem afrikanischen Laut, der soviel wie »Pah«
besagte, über Bord.

Das alles ist höchst sonderbar, grübelte Kapitän
Delano in einer Aufregung, die ihm Übelkeit verursachte, aber wie jemand, der die ersten Anzeichen
von Seekrankheit merkt, war er bestrebt, sich von
dem Übel zu befreien, ohne sich um die Symptome
zu kümmern. Noch einmal schaute er nach seinem
Boot aus. Zu seiner Freude hatte es jetzt den Fels-

vorsprung hinter sich gelassen und befand sich in voller Sicht.

Dieser Anblick, der zuerst sein Mißbehagen nur vermindert hatte, zerstreute das Gefühl nun mit unerwarteter Macht. Das herannahende, wohlbekannte Boot zeigte sich jetzt nicht, wie zuvor, halb vom Dunst verschleiert, sondern mit klarer Umrißlinie, so daß seine Persönlichkeit wie die eines Menschen deutlich hervortrat. Wie oft hatte sich die 'Rover' – so hieß das Boot, das jetzt in fremden Meeren herumschwamm – an den Strand seiner Heimat geschmiegt oder, zu Ausbesserungszwecken vor seine Schwelle gebracht, vertraut wie ein Neufundländer dort gelegen. Der Anblick dieses zu seinem Hause gehörenden Bootes weckte tausend angenehme Gedanken, die ihn jetzt, im Gegensatz zu seinen vorigen Zweifeln, nicht nur mit lichtem Vertrauen erfüllten, sondern ihm auch, wegen seines früheren Mangels daran, scherzhafte Selbstvorwürfe abnötigten.

Wie denn – ich, Amasa Delano, der Strand-Hannes, wie sie mich als Knaben nannten; ich, Amasa, der, den Segeltuchranzen in der Hand, längs der Küste zum Schulhaus trabte, das aus einem alten Schiffsrumpf bestand; ich, der kleine Strand-Hannes, der mit Vetter Nat und den anderen in die Beeren ging – ich sollte hier am Ende der Welt, an Bord eines gespenstischen Piratenschiffs, von einem schrecklichen Spanier umgelegt werden? Zu dumm, auch nur daran zu denken! Wem sollte es einfallen, Kapitän Delano zu ermorden? Sein Gewissen ist rein. Der Himmel wölbt sich über ihm. Pfui, schäm dich, Strand-Hannes! Du bist wahrhaftig noch ein

Kind – zum zweiten Male ein Kind, alter Knabe, und fängst, scheint's, schon an, zu spinnen und mit dem Kopf zu wackeln!

Unbeschwerten Herzens und Fußes ging er nach achtern und fand dort Don Benitos Diener, der ihm in höflicher Form, die seinen eigenen augenblicklichen Gefühlen entsprach, meldete, daß sich sein Herr von den Folgen des Hustenanfalls erholt und ihn beauftragt habe, seinen lieben Gast Don Amasa zu grüßen und ihm zu bestellen, daß er (Don Benito) bald wieder das Glück haben würde, mit ihm zusammenzutreffen.

Siehst du wohl? sann Kapitän Delano, auf dem Achterdeck auf und ab gehend, weiter. Was bin ich nur für ein Esel gewesen! Dieser freundliche Herr, der mir seine liebenswürdigen Grüße sendet, sollte vor ganzen zehn Minuten, eine Blendlaterne in der Hand, im Schiffsraum an einem Schleifstein gestanden haben, um ein Messer für mich zu wetzen? So habe ich mir's gedacht. O ja, diese langen Flauten beeinflussen das Gemüt unheilvoll, habe ich mir oft sagen lassen, obgleich ich eigentlich nie daran glauben mochte. Dann, nach dem Boot blickend: Nun, das ist die 'Rover', mein guter Hund – und trägt einen weißen Knochen im Maule. Einen niedlichen weißen Knochen allerdings, scheint mir. – Wieso? Ei, sie ist an eine gischtende Stromkabbelung geraten. Für diesmal bleibt ihr nichts übrig, als herumzufahren. Na, Geduld.

Es war jetzt etwa Mittag, obwohl das überall herrschende Grau den Einbruch der Dämmerung anzuzeigen schien. Die Windstille dauerte an. In weiter Ferne, der Beeinflussung durch die Küste entzogen, schien der in Blei gefaßte Ozean erstarrt, entseelt, ausgelöscht zu sein. Indessen war die Strömung vom Lande, in der das Schiff lag, im Steigen begriffen, so daß es still immer weiter nach den regungslosen Wassern im Hintergrund abgetrieben wurde.

Aber nach allem, was Kapitän Delano von diesen Himmelsstrichen wußte, erhoffte er sich in Kürze, obwohl es einstweilen nicht danach aussah, eine hübsche, steife Brise und rechnete vergnügt damit, die 'San Dominick' ungeachtet der gegenwärtigen Aussichten noch vor Nacht sicher vor Anker legen zu können. Die Entfernung bis zum Hafen hatte überhaupt nichts zu bedeuten; denn bei gutem Winde konnte man in zehn Minuten ebensoweit segeln, wie man in sechzig Minuten abgetrieben wurde. Abwechselnd damit beschäftigt, den Kampf der 'Rover' gegen die Strömung zu beobachten und nach dem Erscheinen Don Benitos auszublicken, setzte er seine Wanderung über das Achterdeck fort.

Allmählich wurde er sich einer quälenden Unruhe, durch das Ausbleiben des Bootes hervorgerufen, bewußt. Diese Unruhe vertiefte sich bald zu einem Unbehagen. Und als er unablässig, wie von einer Proseniumsloge ins Parterre, auf die merkwürdige Menge vor und unter sich hinabsah und das jetzt zur Gleichgültigkeit erstarrte Gesicht des spanischen Matrosen, der ihm von den Hauptankerketten zugewinkt hatte, wiedererkannte, kehrte etwas von seinen früheren Befürchtungen zurück.

Ach, dachte er in bitterem Ernst, das geht wie beim Wechselfieber: ist es auch vorbei, so läßt sich daraus noch nicht folgern, ob es nicht wiederkommen wird. Obwohl er sich seines Rückfalls schämte, konnte er seine Gefühle doch nicht ganz unterdrücken; daher ließ er sich, seinem guten Willen das Äußerste zumutend, auf einen Vergleich ein.

Zugegeben, es ist ein seltsames Fahrzeug; es hat auch eine seltsame Geschichte, und seltsame Leute befinden sich an Bord. Doch – weiter nichts.

Um alle düsteren Gedanken bis zur Ankunft des Bootes zurückzustellen, suchte er sich damit zu beschäftigen, daß er aus purer Freude am Spintisieren über einige kleinere Eigenarten des Kapitäns und seiner Mannschaft nachdachte. Unter anderem fielen ihm vier merkwürdige Punkte ein:

Erstens, der Fall des spanischen Schiffsjungen, der von dem Negerknaben mit einem Messer angegriffen worden war – eine Handlung, über die Don Benito einfach hinweggesehen hatte. Zweitens, die Tyrannei, mit der Don Benito den Neger Atufal behandelte – als wenn ein Kind einen Nilbüffel am Nasenring führte. Drittens, der von zwei Negern niedergestoßene Matrose – eine Unverschämtheit, die ohne den geringsten Tadel geblieben war. Viertens, die kriechende Unterwürfigkeit der schwarzen Untergebenen vor ihrem Herrn – als fürchteten sie, durch die geringste Unachtsamkeit sein despotisches Mißfallen auf sich herabzuziehen.

Stellte er diese vier Fälle zusammen, so schienen sie einander in manchem zu widersprechen. Aber was dann, grübelte Kapitän Delano, den Blick auf sein nahendes Boot gerichtet. Was dann? Nun, Don Benito ist ein sehr launischer Vorgesetzter. Freilich ist er nicht der erste seinesgleichen, der mir vorgekommen ist, wenn er auch alle anderen übertrifft. Als Nation freilich – fuhr er in seinen Gedanken fort – sind die Spanier ohnehin eine wunderliche Gesellschaft; schon das Wort »Spanier« besitzt einen merkwürdigen, verschwörerischen Klang, und doch darf ich sagen, daß sie im ganzen genauso gute Leute sind wie irgend jemand aus Duxbury (Massachusetts). Wie schön! Endlich ist die 'Rover' da.

Als das Boot mit seiner willkommenen Ladung längsseits anlegte, bemühten sich die Wergzupfer mit gebietenden Gesten, die Schwarzen zurückzuhalten, die beim Anblick der drei mitten im Boot festgemachten Wasserfässer und einer Anzahl im Bug aufgehäufter welker Kürbisse in hemmungslosem Entzücken über den Schanzkleidern hingen.

Jetzt erschien Don Benito mit seinem Diener. Vielleicht war seine Ankunft durch den Lärm der Schwarzen beschleunigt worden. Kapitän Delano bat ihn um Erlaubnis, das Wasser austeilen zu dürfen, damit jeder die gleiche Menge erhielte und niemand durch unbillige Ausschweifung Schaden davontrüge. Wie vernünftig und gutgemeint dieses Anerbieten auch war, so wurde es mit sichtlicher Ungeduld aufgenommen. Es schien, daß sich Don Benito, im Bewußtsein seiner mangelnden Tatkraft als Vorgesetzter und mit der wahren Eifersucht des Schwächlings, über jedes Dazwischentreten wie über eine persönliche Beleidigung ärgere. Jedenfalls war dies die Folgerung Kapitän Delanos.

Im nächsten Augenblick wurden die Fässer heraufgewunden, als ein paar übereifrige Neger Kapitän Delano, der unweit des Fallreeps stand, anstießen, worauf dieser, ohne an Don Benito zu denken, einer momentanen Regung nachgab und den Schwarzen mit freundlicher Autorität befahl zurückzutreten, seinen Worten mit einer halb scherzhaften, halb drohenden Gebärde Nachdruck verleihend. Augenblicklich stutzten die Schwarzen und blieben – Männer wie Weiber – mehrere Sekunden wie erstarrt in den von ihnen eingenommenen Stellungen stehen. In der Reihe der Wergzupfer wurde ein unbekannter Laut von Mund zu Mund weitergegeben wie eine Drahtnachricht von Telegrafenmast zu Telegrafenmast. Während die Aufmerksamkeit des Besuchers auf dieses Schauspiel gelenkt war, richteten sich plötzlich die Beilputzer mit halbem Leibe auf, und Don Benito stieß einen kurzen Schrei aus.

Kapitän Delano wollte schon, in dem Glauben, daß er auf das Signal des Spaniers niedergemacht werden sollte, in sein Boot springen, hielt aber inne, weil die Wergzupfer mit ernsten Ermahnungen zur Menge herunterkamen, alle Weißen und Schwarzen zurückdrängten und zugleich ihn selbst mit vertraulichen und fast komischen Gebärden aufzufordern schienen, doch kein Narr zu sein. Sofort nahmen die Beilputzer ihre Plätze ruhig wie Schneider wieder ein, und die Arbeit des Heraufwindens der Fässer wurde, als ob nichts geschehen wäre, wieder aufgenommen, vom Gesang schwarzer und weißer Männer begleitet.

Kapitän Delano sah zu Don Benito hinüber. Als er seine magere Gestalt bemerkte, die sich in den Armen des Dieners, in die der erregte Kranke gesunken war, aufrichtete, mußte er sich über den Schrecken, der ihn soeben übermannt hatte, bei der Vorstellung wundern, wie ein Befehlshaber, der bei einem so alltäglichen und – wie es jetzt schien – geringfügigen

Ereignis alle Selbstbeherrschung verlor, mit entschlossener Tücke seine Ermordung betreiben sollte.

Als die Fässer an Deck waren, händigte einer der Gehilfen des Stewards Kapitän Delano eine Anzahl Becher und Krüge ein und bat ihn im Namen seines Kapitäns, das Wasser gemäß seinem eigenen Vorschlag zu verteilen. Er kam dieser Aufgabe mit der Unparteilichkeit nach, die diesem demokratischen Element, das stets dieselbe Ebene anstrebt, angemessen ist, indem er den ältesten Weißen nicht besser bedachte als den jüngsten Schwarzen, Don Benito allerdings ausgenommen, dessen Zustand, wenn auch nicht sein Rang, eine Extraration beanspruchte. Ihm kredenzte Kapitän Delano zuerst einen wohlgefüllten Becher der Flüssigkeit; der Spanier aber trank, wie sehr ihn auch dürstete, erst nach mehreren tiefen Verbeugungen und Förmlichkeiten. Eine Kundgebung der Etikette, die von den schaulustigen Afrikanern mit Händeklatschen begrüßt wurde.

Nachdem zwei der weniger welken Kürbisse für den Kajütentisch zurückgelegt worden waren, gelangte der Rest sofort zur allgemeinen Verteilung. Das weiche Brot, den Zucker und den Apfelwein hätte Kapitän Delano zwar nur den Weißen und insbesondere Don Benito geben mögen; aber dem widersetzte sich dieser — eine Selbstlosigkeit, die Kapitän Delano wohlgefiel — und so wurden kleine Portionen davon unterschiedslos an Weiße und Schwarze abgegeben, mit Ausnahme einer Flasche Apfelwein, die auf Babos dringendes Anraten für seinen Herrn beiseite gestellt wurde.

Hier mag erwähnt werden, daß der Amerikaner beim ersten Besuch des Bootes seinen Leuten nicht erlaubt hatte, an Bord zu gehen. Ebensowenig erlaubte er es ihnen jetzt; denn er wollte den Wirrwarr auf den Decks nicht noch vermehren.

Infolge der jetzt allgemein herrschenden Freudenstimmung nur noch wohlwollender Gedanken fähig, schickte Kapitän Delano, der aus neuerlichen Anzeichen in einer oder höchstens zwei Stunden mit einer Brise rechnete, das Boot zum Robbenfänger zurück und befahl, daß alle entbehrlichen Leute auf Flößen zum Wasserplatz fahren und dort die Fässer füllen sollten. Ferner ließ er seinem ersten Offizier ausrichten, daß er sich nicht beunruhigen möge, falls das Schiff wider Erwarten bis Sonnenuntergang nicht vor Anker läge; denn da eine Mondnacht bevorstehe, werde er (Kapitän Delano) als Lotse an Bord bleiben, wann immer der Wind komme.

Als die zwei Kapitäne beisammen standen und der Abfahrt des Bootes zusahen — der Diener hatte auf dem Samtärmel seines Herrn einen Fleck entdeckt und sich schweigend daran gemacht, ihn wegzureiben —, drückte der Amerikaner sein Bedauern darüber aus, daß die 'San Dominick' keine Boote habe. Wenigstens sah man keine außer dem alten, nicht mehr seetüchtigen Langboot, das, gleich einem Kamelgerippe in der Wüste und fast ebenso ausgebleicht, wie ein umgekehrter Topf mittschiffs ruhte; etwas nach der Seite geneigt, gab es eine Art Höhle für Familiengruppen der Schwarzen, zumeist Frauen und kleine Kinder, ab. Sie kauerten auf alten Matten oder saßen erhöht oben im dunklen Gewölbe und erinnerten etwa an eine Gesellschaft von Fledermäusen, die in einer gastlichen Höhle Zuflucht gefunden hat. In Abständen schossen nackte Knaben

und Mädchen, drei bis vier Jahre alt, wie Ebenholz-
blitze hinein und heraus.

»Wenn Sie jetzt drei oder vier Boote hätten, Don
Benito«, sagte Kapitän Delano, »könnten Ihre Neger,
denk' ich, die Ruder nehmen und der Sache dadurch
etwas voranhelfen. Haben Sie die Reise ohne Boote
angetreten, Don Benito?«

»Sie sind in den Stürmen zerstört worden, Señor.«

»Das war schlimm. Auch haben Sie dabei viele Leute
verloren. Boote und Männer. Es müssen schwere
Stürme gewesen sein, Don Benito.«

»Unbeschreiblich«, flüsterte der Spanier.

»Sagen Sie mir, Don Benito«, fuhr sein Gefährte
mit gesteigerter Anteilnahme fort, »sagen Sie mir,
tobten diese Stürme unmittelbar auf der Höhe von
Kap Horn?«

»Kap Horn? Wer hat denn von Kap Horn gesprochen?«

»Sie selbst sprachen davon, als Sie mir einen
Bericht Ihrer Reise gaben«, antwortete Kapitän
Delano, höchst erstaunt darüber, daß der Spanier
seine eigenen Worte widerrief, die ihm vorher so
zu Herzen gegangen waren. »Sie selbst, Don Benito, sprachen von Kap Horn«, wiederholte er mit
Nachdruck.

Der Spanier stutzte und fuhr in seiner gebeugten
Stellung herum, als ob er von einem Element ins
andere, beispielsweise von der Luft ins Wasser springen wollte.

In diesem Augenblick kam ein weißer Schiffsjunge
gelaufen, der, in ordnungsmäßiger Erfüllung seiner
Pflicht, die zuletzt abgelaufene halbe Stunde an der
Kajütentür abgelesen hatte und auf dem Vorder-

156

deck anzeigen mußte, damit sie auf der großen Schiffsglocke angeschlagen würde.

»Herr«, sagte der Diener, seine Bemühung am Rockärmel aufgebend, und wandte sich mit ängstlicher Miene zu seinem Herrn. Er schien sich einer Pflicht entledigen zu wollen, die seinem Herrn, der sie ihm selbst auferlegt hatte, lästig sein mußte, obwohl sie zu seinem Guten bestimmt war. »Der Herr hat mir befohlen, ihn unter allen Umständen auf die Minute zu erinnern, wann es Zeit zum Rasieren ist. Miguel hat die Glocke der halben Stunde nach Mittag angeschlagen; also ist es soweit, Herr. Will der Herr jetzt in die Messe kommen?«

»Ach ja«, antwortete der Spanier, der zusammenfuhr, als sei er aus Traumwelten in die Wirklichkeit zurückgekehrt. Dann wandte er sich zu Kapitän Delano und sagte ihm, daß sie ihr Gespräch in Bälde fortsetzen könnten.

»Wenn der Herr weiter mit Don Amasa sprechen möchte«, sagte der Diener, »könnte doch Don Amasa bei dem Herrn in der Messe sitzen? Der Herr kann reden, und Don Amasa kann zuhören, während Babo den Schaum schlägt und das Messer abzieht.«

»Ja«, sagte Kapitän Delano, dem dieser zwanglose Plan nicht mißfiel, »ja, Don Benito, wenn Sie nichts dagegen haben, will ich mitgehen.«

»Wie es Ihnen beliebt, Señor.«

Als die drei nach achtern gingen, mußte es der Amerikaner als neues seltsames Beispiel der Schrulligkeit seines Gastgebers betrachten, daß er sich mit so ungewöhnlicher Pünktlichkeit mitten am Tage rasieren ließ. Allerdings hielt er es für mehr als wahrscheinlich, daß die besorgte Treue des Dieners etwas mit der Sache zu tun hatte, insofern als die vorübergehende Unterbrechung seinem Herrn dazu verhalf, sich von der Anwandlung, die offenbar über ihn gekommen war, zu erholen.

Der als »Messe« bezeichnete Raum war eine vom Achterdeck abgeteilte helle Deckkabine, eine Art Dachboden der großen unteren Kajüte. Ein Teil davon hatte die früheren Offiziersquartiere gebildet; aber seit dem Tode der Offiziere waren alle Trennwände niedergelegt und das ganze Innere in eine luftige und geräumige Schiffshalle verwandelt worden. Das Fehlen feinerer Mobiliars und die malerische Unordnung, in der die wunderlichsten Gerätschaften herumstanden, erinnerte etwa an die weite, unaufgeräumte Halle eines grillenhaften unverheirateten Landedelmannes, der die Schießjacke und den Tabaksbeutel am Hirschgeweih aufhängt und die Angelrute, die Feuerzange und den Spazierstock in der gleichen Ecke aufbewahrt.

Dieser Vergleich wurde durch den Blick auf das umgebende Meer zwar nicht ausgelöst, aber doch unterstrichen; denn das Meer und das flache Land sind in gewissem Sinne verwandt miteinander.

Der Fußboden der Messe war mit Matten belegt. Zu Häupten des Beschauers staken vier oder fünf alte Musketen in waagerechten Löchern längs der Deckenbalken. An einer Seite war ein klauenfüßiger alter Tisch am Boden befestigt; darauf lag ein abgegriffenes Meßbuch, über dem ein kleiner und magerer Gekreuzigter an der Wand hing. Unter dem Tisch lagen ein paar schartige Entermesser und eine abgenutzte Harpune zwischen armseligem altem Takelwerk, das an einen Haufen Gürtelstricke armer

Mönche erinnerte. Außerdem gab es zwei lange, scharfkantige Bänke aus Malakkarohr, die, vom Alter geschwärzt, unheimlich anzusehen waren wie Foltergeräte der Inquisition, und einen großen, unförmigen Armstuhl, der nach Art der Barbierstühle hinten mit einer durch eine Schraube verstellbaren Kopfstütze versehen war und ebenfalls an ein wunderliches Marterwerkzeug gemahnte. In einer Ecke befand sich ein geöffneter Flaggenschrank, der allerlei buntes Flaggentuch sehen ließ, das zum Teil ganz, zum Teil halb aufgerollt und zum Teil unordentlich zerknüllt war. An der gegenüberliegenden Wand stand ein ungefüger Waschtisch aus schwarzem Mahagoni, aus einem Stück gearbeitet, mit einem Untersatz wie ein Taufstein und einem umgitterten Wandbrett darüber, das Kämme, Bürsten und andere Toilettenartikel enthielt. Eine zerrissene Hängematte aus beflecktem Grasleinen hing in der Nähe; die zerwühlten Decken und das wie eine Stirn gerunzelte Kissen verrieten, daß die Person, deren Nachtlager dies war, einen schlechten, von argen Gedanken und wüsten Träumen gestörten Schlaf hatte.

Das äußerste, über das Schiffsdeck hinausragende Ende der Messe war von drei Öffnungen – Fenstern oder Schießscharten – durchbrochen, so daß je nachdem Männer oder Kanonen, freundlich oder feindlich gesinnt, aus ihnen hinausblicken konnten. Gegenwärtig waren jedoch weder Männer noch Kanonen zu sehen, obgleich gewaltige Ringbolzen und andere verrostete eiserne Befestigungsvorrichtungen an den Holzwänden an Vierundzwanzigpfünder denken ließen.

Beim Eintreten fragte Kapitän Delano mit einem Blick auf die Hängematte: »Schlafen Sie hier, Don Benito?«

»Ja, Señor, seit wir mildes Wetter haben.«

»Dies scheint Wohnzimmer, Schlafgemach, Schiffsspeicher, Arsenal und Privatkabine in einem zu sein, Don Benito«, fügte Kapitän Delano, sich umschauend, hinzu.

»Ja, Señor. Die Umstände haben mir nicht erlaubt, viel Ordnung in meinen Zurüstungen herzustellen.«

Hier machte der Diener, die Serviette überm Arm, eine Bewegung, als wolle er fragen, ob es seinem Herrn gefällig sei. Don Benito deutete seine Bereitwilligkeit an, worauf der Diener ihm den Malakka-Rohrstuhl anwies, den er zur Bequemlichkeit des Gastes einer der Bänke gegenüberstellte. Dann begann er mit der Prozedur, indem er seinem Herrn den Kragen öffnete und die Halsbinde löste.

Der Neger hat etwas in seinem Wesen, was ihn für persönliche Dienstleistungen besonders geeignet macht. Die meisten Neger sind geborene Kammerdiener und Barbiere, die ebensogern nach Kamm und Bürste wie nach der Klapper greifen und sie fast mit der gleichen Befriedigung schwingen. Auch zeigen sie bei ihrer Handhabung einen gewissen feinen Anstand, der, mit einer wunderbaren, lautlosen und geschmeidigen Behendigkeit verbunden, recht angenehm für den Zuschauer, aber noch angenehmer für den von ihnen Behandelten ist. Und all dies wird noch von der großen Gabe ihres Humors übertroffen. Damit ist nicht bloßes Grinsen oder Lachen gemeint – das wäre unpassend –, sondern eine gewisse beschwingte Heiterkeit, die mit jedem Blick und jeder Bewegung harmoniert. Es ist, als hätte Gott den ganzen Neger in eine gefällige Musik gesetzt.

Nimmt man noch die Gelehrigkeit hinzu, die der ehrgeizlosen Zufriedenheit eines beschränkten Gemüts entspringt, sowie die Bereitschaft zu kindlicher Anhänglichkeit, die Tieferstehenden manchmal eignet, so begreift man leicht, warum Hypochonder wie Johnson und Byron — vielleicht dem Hypochonder Benito Cereno ähnlich — ihre schwarzen Diener, Barber und Fletcher, auf Kosten fast der ganzen weißen Rasse ins Herz geschlossen haben. Aber wenn im Neger etwas läge, was einen kranken oder zynischen Geist von der ihm auferlegten Bitterkeit befreit — wie muß er in seinen ansprechendsten Zügen erst einem wohlwollenden Geiste erscheinen? Solange sich Kapitän Delano mit den äußeren Dingen im Gleichgewicht befand, hatte er nicht nur ein gütiges, sondern auch ein vertrauliches und humorvolles Wesen. Daheim hatte er oft besondere Befriedigung darin gefunden, vor seiner Tür sitzend, einem freien Farbigen bei der Arbeit oder beim Spiel zuzuschauen. Wenn sich zufällig auf einer Reise ein schwarzer Matrose bei ihm an Bord befand, so dauerte es bestimmt nicht lange, bis er mit ihm zu schwatzen und zu scherzen begann. Allerdings verkehrte Kapitän Delano — wie die meisten Menschen von gutem und fröhlichem Herzen — mit Negern nicht als Philanthrop, sondern auf unverbindliche Art wie andere mit ihren Neufundländern.

Bisher waren die Umstände, die er auf der 'San

Dominick' vorfand, diesem Bestreben nicht günstig gewesen. Aber in der Messe, von seinem vorigen Unbehagen befreit und aus verschiedenen Gründen geselliger gestimmt als je zuvor an diesem Tage, fühlte er, wie er den farbigen Diener, die Serviette überm Arm, in der so vertrauten Handlung des Rasierens artig um seinen Herrn bemüht sah, seine alte Schwäche für die Neger zurückkehren.

Unter anderem belustigte ihn das seltsame Beispiel der Vorliebe des Afrikaners für alles Grelle und Augenfällige, als der Schwarze dem Schrank achtlos ein großes Stück buntes Flaggentuch entnahm und es seinem Herrn verschwenderisch als Serviette unter das Kinn band.

Die Spanier verfahren beim Rasieren etwas anders als die übrigen Nationen. Sie haben ein Becken, das bezeichnenderweise Barbierbecken heißt und an einer Seite ausgehöhlt ist, um das Kinn aufzunehmen, dem es beim Einseifen fest angedrückt wird; dies geschieht nicht mit einem Pinsel, sondern mit der in Wasser getauchten und auf dem Gesicht verriebenen Seife.

Im gegenwärtigen Falle wurde aus zwingenden Gründen Salzwasser verwandt. Eingeseift wurden lediglich die Oberlippe und der Hals dicht unter der Kehle, weil alles übrige gepflegter Bart war.

Da diese Vorbereitungen für Kapitän Delano recht neu waren, saß er, in neugierige Betrachtung versunken, ohne daß zunächst eine Unterhaltung stattfand. Auch Don Benito schien für den Augenblick nicht geneigt zu sein, diese wieder aufzufrischen.

Sein Becken abstellend, suchte der Neger unter den Rasiermessern das schärfste heraus und verlieh ihm, als er es gefunden hatte, noch eine zusätzliche Schärfe, indem er es sachkundig auf der festen, glatten und öligen Haut seiner offenen Handfläche abzog. Dann machte er eine Bewegung, als ob er anfangen wollte, hielt aber dabei einen Augenblick inne, in der einen Hand das erhobene Rasiermesser, indes er mit der anderen in dem blasigen Seifenschaum auf dem schlanken Halse des Spaniers herumrieb. Von dem nahen Anblick des blitzenden Stahls betroffen, schauderte der Spanier nervös zusammen. Seine gewohnte Blässe wurde durch den Schaum noch gesteigert, während wiederum dieser grell gegen die Schwärze der Negerhaut abstach. Alles in allem war es eine recht merkwürdige Szene, mindestens für Kapitän Delano, der, als er die beiden in dieser Lage sah, dem seltsamen Einfall nicht widerstehen konnte, daß der Schwarze der Henker sei und der Weiße der Mann auf dem Block. Aber das war eine jener sonderbaren Vorstellungen, die in einem Atem kommen und gehen und von denen auch der klarste Verstand vielleicht nicht immer frei ist.

Inzwischen hatte sich durch die Erregung des Spaniers das Flaggentuch an seinem Hals ein wenig gelockert, so daß eine breite Falte wie ein Vorhang über die Armlehne des Stuhls zur Erde geglitten war und zwischen vielerlei heraldischen Balken und Grundfarben – Schwarz, Blau und Gelb – ein Kastell in blutrotem Feld sowie diagonal einen kriechenden Löwen in weißem Felde zeigte.

»Das Kastell und der Löwe«, rief Kapitän Delano aus. »Ei, Don Benito, das ist ja die Flagge von Spanien, die Sie da benutzen! Zum Glück sehe nur ich dies und nicht der König«, fügte er mit einem Lächeln hinzu; »aber es ist wohl alles eins« − hier sah er nach dem Schwarzen − »wenn nur die Farben recht bunt sind.« Diese scherzhafte Bemerkung schien dem Neger zu schmeicheln.

»Jetzt, Herr«, sagte er, indem er die Flagge ordnete und den Kopf sanft weiter zurück auf die Stütze drückte, »jetzt, Herr.« Und der Stahl blitzte unweit der Kehle auf.

Wieder schauderte Don Benito leicht.

»Sie dürfen nicht so zittern, Herr. Sehen Sie, Don Amasa, immer zittert der Herr, wenn ich ihn rasiere. Und doch weiß der Herr, daß ich ihn noch nie geschnitten habe; wenn er aber so zittert, kann es schon mal vorkommen. Jetzt, Herr«, fuhr er fort. »Und nun, Don Amasa, reden Sie, bitte, weiter über den Sturm und alles das; der Herr kann hören und zwischendurch antworten.«

»Ach, ja, diese Stürme«, sagte Kapitän Delano. »Aber je mehr ich an Ihre Reise denke, Don Benito, desto mehr wundere ich mich − nicht über die Stürme, wie schrecklich sie auch gewesen sein mögen, sondern über die verhängnisvolle Zeitspanne, die ihnen folgte. Denn nach Ihrem Bericht haben Sie zwei Monate und länger gebraucht, um von Kap Horn nach St. Maria zu gelangen, eine Entfernung, die ich selbst bei gutem Winde in ein paar Tagen zurückgelegt habe. Allerdings hatten Sie Flauten, lange Flauten sogar − aber Flauten, die zwei Monate andauern, sind zum mindesten ungewöhnlich. Nun, Don Benito, hätte mir irgendein anderer Ehrenmann eine solche Geschichte erzählt, so wäre ich geneigt gewesen, daran etwas zu zweifeln.«

Hier fuhr der Spanier ähnlich wie kurz vorher an Deck unwillkürlich zusammen. Lag es nun an seiner hastigen Bewegung, an einem plötzlichen Rollen des Schiffsrumpfes in der Windstille oder an einer augenblicklichen Ungeschicklichkeit des Negers – jedenfalls schnitt das Rasiermesser in seine Haut, und Blut färbte den sahnigen Schaum unter seiner Kehle. Sofort nahm der schwarze Barbier das Messer weg. In seiner fachmännischen Pose bleibend, Kapitän Delano ab- und Don Benito zugekehrt, hielt er das tropfende Rasiermesser in die Höhe und sagte halb scherzend, halb bekümmert: »Sehen Sie, Herr – Sie haben so gezittert. Hier ist das erste Blut, das Babo vergoß.«

Kein vor Jakob I. von England gezogenes Schwert, kein Mord in der Gegenwart dieses furchtsamen Königs hätte eine so furchtbare Wirkung gezeitigt, wie sie jetzt Don Benitos Anblick darbot.

Der arme Teufel, dachte Kapitän Delano. Er ist so nervös, daß er nicht einmal den Anblick von etwas Blut bei der Rasur ertragen kann. Und dieser schlappe und kranke Mann – konnte ich mir wirklich vorstellen, daß er mein ganzes Blut vergießen wollte, da er nicht einmal den Anblick eines Tropfens seines eigenen erträgt? Wahrlich, Amasa Delano, du bist heut nicht ganz bei Sinnen gewesen. Erzähl das nur nicht daheim, Amasa, du alter Esel. Allerdings – er sieht aus wie ein Mörder – nicht wahr? Dann schon eher, als ob es um ihn selber geschehen wäre! Nun, die heutige Erfahrung soll mir zur Lehre dienen.

Während diese Dinge dem wackeren Seemann durch den Kopf gingen, hatte der Diener das Tuch von

seinem Arm genommen und zu Don Benito gesagt:
»Aber antworten Sie doch auf Don Amasas Fragen,
Herr. Inzwischen will ich das häßliche Zeug vom
Rasiermesser abwischen und es noch einmal schär-
fen.«

Als er dies sagte, war sein Gesicht halb abgekehrt,
so daß es dem Spanier und dem Amerikaner zugleich sichtbar war. Nach seinem Ausdruck zu schließen, schien er sagen zu wollen, daß er es gern sähe,
wenn sein Herr in der Unterhaltung fortführe, damit seine Aufmerksamkeit von dem garstigen Vorfall abgelenkt würde. Wie über die gebotene Erleichterung erfreut, nahm Don Benito den Faden
wieder auf und wiederholte, daß es nicht allein
Flauten von ungewöhnlicher Dauer waren, sondern
daß auch widrige Strömungen das Schiff abgetrieben hätten. Er fügte noch andere Dinge hinzu, von
denen einige nur Wiederholungen früherer Behauptungen waren, um zu erklären, wie es geschehen
konnte, daß die Fahrt von Kap Horn nach St. Maria
so außerordentlich lange gedauert hatte. Hin und
wieder flocht er in seine Rede beiläufige, obschon
jetzt weniger bestimmte Lobsprüche für die Schwarzen betreffs ihrer allgemeinen guten Führung ein.
Diese Einzelheiten wurden nicht in einem Zuge gegeben, weil der Diener zwischendurch mit dem Rasiermesser hantierte, und so setzten sich der Bericht
und die Lobeshymnen, in ungewöhnlich heiserem
Ton vorgetragen, eine Weile fort.

In der Einbildung Kapitän Delanos, die sich auch
jetzt nicht ganz beruhigen konnte, lag etwas so Unnatürliches im Benehmen des Spaniers, dem etwas
ebenso Unnatürliches in der unausgesprochenen, fin-

steren Zustimmung des Dieners entsprach, daß der Gedanke in ihm aufblitzte, Herr und Diener führten zu unbekanntem Zweck ein in Handlung und Wort bis zum Schaudern Don Benitos durchdachtes Gaukelspiel vor ihm auf. Auch wurde ihm der Verdacht, daß sie unter einer Decke steckten, offenbar durch die Tatsache der oben erwähnten Flüsterkonferenzen bestätigt. Aber was konnten sie dann mit der Darbietung dieser Barbierszene bezwecken? Zuletzt wies er diese Annahme ab, da er sie für eine Schrulle halten mußte, die ihm unwillkürlich durch den theatralischen Anblick Don Benitos in seinem Harlekinsaufzuge eingegeben worden war.

Nach dem Rasieren machte sich der Diener mit einer kleinen Flasche Haarwasser zu schaffen, spritzte einige Tropfen davon auf Don Benitos Kopf und verrieb sie gewissenhaft, wobei die Anstrengung der Übung seine Gesichtsmuskeln recht sonderbar zucken ließ.

Dann kamen Kamm, Schere und Bürste an die Reihe. Don Benito immer umkreisend, glättete er hier eine Strähne, schnitt da ein widerspenstiges Barthaar ab, verhalf einer Schläfenlocke zu anmutigem Schwunge und verriet mit anderen kleinen Improvisationen die Hand des Meisters. All das ertrug Don Benito wie irgendein geduldiger Herr unter den Händen des Barbiers mit viel geringerem Unbehagen als das Rasieren. Allerdings saß er so blaß und steif da, als wäre der Neger ein nubischer Bildhauer, der einen weißen Statuenkopf vollendet.

Als endlich alles getan, die spanische Standarte abgenommen, zusammengeknüllt und in den Flaggenschrank zurückgeworfen war, blies der Neger mit seinem warmen Atem ein verirrtes Haar weg, das sich auf dem Hals seines Herrn niedergelassen haben mochte, richtete ihm Kragen und Halsbinde, entfernte ein auf den Samtärmel gefallenes Fädchen, trat, nachdem auch dies alles geschehen war, einen Schritt zurück und überprüfte einen Augenblick mit der Miene bescheidener Selbstgefälligkeit seinen Herrn, als wäre dieser – wenigstens in Dingen der Toilette – das Geschöpf seiner geschickten Hände. Kapitän Delano sagte ihm ein paar anerkennende Worte über seine Leistung und beglückwünschte zugleich Don Benito.

Aber weder Haarwasser noch Kopfmassage, weder die Treue des Dieners noch die Gesellschaft Kapitän Delanos vermochten den Spanier aufzuheitern. Als Kapitän Delano ihn noch sitzenbleiben und wieder in seinen Dämmerzustand zurückgleiten sah, hielt er seine Anwesenheit im Augenblick für unerwünscht und zog sich unter dem Vorwande, nach dem Wetter und etwaigen Anzeichen der von ihm vorausgesagten Brise zu sehen, zurück.

Am Großmast angekommen, blieb er eine Weile nachdenklich mit der soeben erlebten Szene beschäftigt und konnte sich unbestimmter Ahnungen nicht erwehren, als er ein Geräusch von der Messe her hörte und, sich umwendend, den Neger erblickte, der sich mit der Hand die Backe hielt. Nähertretend erkannte Kapitän Delano, daß sie blutete. Er wollte sich schon nach der Ursache erkundigen, als er durch das klagende Selbstgespräch des Negers aufgeklärt wurde.

»O weh, wann wird der Herr von seiner Krankheit genesen! Nur die Bosheit, die von der bösen Krankheit kommt, läßt ihn Babo so behandeln. Babo mit dem Rasiermesser zu verletzen, nur weil ihn Babo zufällig ein bißchen geschnitten hat – und das zum ersten Mal in so vielen Tagen! Au, au, au –«. Und er hielt sich das Gesicht mit den Händen.

Ist es möglich? fragte sich Kapitän Delano. Wollte mich Don Benito mit seinem mißmutigen Wesen vertreiben, um seinen spanischen Groll im geheimen an seinem armen Diener auszulassen? Ach, der Sklavenhandel erzeugt häßliche Leidenschaften im Menschen. – Armer Kerl!

Er wollte dem Neger einige freundliche Worte sagen; aber dieser betrat schon wieder mit scheuem Widerstreben die Messe.

Dann kamen Herr und Diener heraus, Don Benito auf den Schwarzen gestützt, als ob nichts geschehen wäre. Also nur ein kleiner Liebeszwist alles in allem, sagte sich Kapitän Delano.

Er näherte sich Don Benito, und zusammen gingen sie langsam weiter. Sie waren noch nicht weit gekommen, als der Steward, ein großer, wie ein Rajah aussehender Mulatte, nach morgenländischer Art mit einem pagodenartigen Turban geschmückt, der aus drei oder vier übereinander um seinen Kopf geschlungenen Madrastüchern bestand, mit einem »Salem« auf sie zutrat, um das in der Kajüte angerichtete Mittagsmahl zu melden.

Auf ihrem Wege dorthin schritt ihnen der Mulatte voraus, wobei er sich öfters umwandte und sie mit beständigem Lächeln und Sichverneigen einlud. Eine derartige Entfaltung von Vornehmheit, die den kleinen, barhäuptigen Babo ganz in den Schatten stellte, bewirkte, daß dieser, als sei er sich seiner

Minderwertigkeit bewußt, den anmutigen Steward mit scheelen Blicken betrachtete. Aber zum Teil schrieb Kapitän Delano seine eifersüchtige Wachsamkeit dem eigenartigen Gefühl zu, das der Vollblutafrikaner dem Mischling gegenüber empfindet. Was den Steward betrifft, zeigte sein Benehmen, wenn nicht Würde oder Selbstachtung, so doch das starke Bedürfnis, zu gefallen — was doppelt verdienstlich ist, ebenso wie Christ und zugleich Anhänger Chesterfields zu sein.

Kapitän Delano beobachtete mit Interesse, daß die Hautfarbe des Mulatten den Mischling verriet, während seine Gesichtszüge den klassischen Schnitt des Europäers zeigten.

»Don Benito«, flüsterte er, »ich freue mich, diesen Ihren Würdenträger zu sehen. Sein Anblick widerlegt eine häßliche Bemerkung, die ich einmal von einem Pflanzer auf Barbados gehört habe: daß man, wenn ein Mulatte das regelmäßige Gesicht eines Europäers habe, vor ihm auf der Hut sein müsse; denn er sei ein Teufel. Aber Ihr Steward besitzt regelmäßigere Züge als König Georg von England — und doch nickt, lächelt und verbeugt er sich: wahrlich ein König, der König der guten Herzen und höflichen Burschen. Und was für eine angenehme Stimme er hat, nicht wahr?«

»Jawohl, Señor.«

»Aber sagen Sie doch — hat er sich, soweit Sie ihn kennen, nicht stets als braver, anständiger Bursche gezeigt?« fragte Kapitän Delano, als der Steward mit einer abschließenden Verneigung in der Kajüte verschwand. »Aus dem eben erwähnten Grunde bin ich neugierig, es zu erfahren.«

»Francesco ist ein guter Mensch«, antwortete Don Benito etwas träge, wie ein phlegmatischer Schiedsrichter, der weder tadeln noch loben möchte.

»Ah, ich dacht' es mir. Denn es wäre allerdings seltsam und nicht sehr ehrenvoll für uns Weiße, wenn ein Tropfen unseres Blutes, mit afrikanischem gemischt, anstatt dessen Qualität zu erhöhen, nur die traurige Wirkung hätte, Schwefelsäure in die schwarze Suppe zu gießen, so vielleicht ihre Farbe, aber nicht ihre Bekömmlichkeit verbessernd.«

»Zweifellos, zweifellos, Señor, aber —«, hier blickte er auf Babo, »um nicht von den Negern zu sprechen: die Bemerkung Ihres Pflanzers habe ich in unseren Provinzen auf spanisch-indianische Mischlinge anwenden hören. Aber ich weiß gar nichts darüber«, setzte er gleichgültig hinzu.

Damit betraten sie die Kajüte.

Das Mahl war einfach. Es gab einige von Kapitän Delanos frischen Fischen und Kürbissen, Zwieback und Pökelfleisch, die reservierte Flasche Apfelwein und die letzte Flasche Kanariensekt aus dem Vorrat der 'San Dominick'.

Als sie eintraten, war Francesco mit zwei, drei farbigen Gehilfen am Tisch beschäftigt, um die letzten Anordnungen zu treffen. Sobald sie ihren Herrn bemerkten, zogen sie sich zurück; Francesco verabschiedete sich mit einem Lächeln. Der Spanier ließ sich nicht dazu herab, es zur Kenntnis zu nehmen, sondern bemerkte nur widerwillig, daß ihm an überflüssigen Dienstleistungen nichts gelegen sei.

Ohne weitere Tischgenossen ließen sich Wirt und Gast wie ein kinderloses Ehepaar an den entgegengesetzten Enden des Tisches nieder, indem Don

Benito Kapitän Delano seinen Platz anwies und trotz seiner Schwäche darauf bestand, daß sich sein Gast vor ihm setzte.

Der Neger schob einen Teppich unter die Füße seines Herrn und ein Kissen hinter seinen Rücken; dann stellte er sich nicht hinter Don Benito, sondern hinter Kapitän Delanos Stuhl auf. Zuerst überraschte es diesen. Aber bald wurde ihm klar, daß der Schwarze auch in dieser Stellung seine Treue gegen seinen Herrn bekundete; denn indem er ihm ins Gesicht sah, konnte er sogleich seine leisesten Wünsche erraten.

»Das ist ein ungewöhnlich gescheiter Bursche«, flüsterte Kapitän Delano über den Tisch hinweg.

»Sie sagen die Wahrheit, Señor.«

Während des Essens ging der Gast wieder auf Teile der Geschichte Don Benitos ein und bat hier und da um weitere Einzelheiten. Er fragte, wie es gekommen sei, daß der Skorbut und das Fieber so gewaltig unter den Weißen aufgeräumt hätten, während von den Schwarzen nur weniger als die Hälfte betroffen worden sei. Als führe diese Frage das ganze Schauspiel der Seuche dem Spanier wieder vor Augen, ihn traurig daran mahnend, wie einsam es jetzt in der Kajüte, wo er so viele Freunde und Offiziere um sich gehabt, geworden war, bebte seine Hand, entfärbte sich sein Antlitz und entfuhren ihm abgebrochene Laute; aber gleich darauf schienen an die Stelle der bestimmten Erinnerung an die Vergangenheit unbestimmte Schrecken der Gegenwart zu treten. Mit entsetzten Augen starrte er vor sich ins Leere. Doch da war nichts zu sehen als die Hand seines Dieners, die ihm den Kanariensekt hinschob. Schließlich halfen ihm einige Schlucke davon, seine Fassung teilweise zurückzugewinnen. Etwas verworren kam er auf die verschiedene Veranlagung der Rassen zu sprechen, die es der einen erlaubte, der Krankheit besser zu widerstehen als die andere. Der Gedanke war seinem Tischgenossen neu.

Kapitän Delano beabsichtigte jetzt, mit seinem Gastgeber die finanzielle Seite des Geschäftes, das er ihm vorgeschlagen hatte, zu besprechen, insbesondere – da er seinen Reedern genaue Rechenschaft schuldete – bezüglich der neuen Segel und dergleichen. Er hätte es natürlich vorgezogen, diese Angelegenheit unter vier Augen zu besprechen, und wünschte daher, daß sich der Diener zurückzog. Jedenfalls meinte er, daß Don Benito ein paar Minuten ohne seine Aufwartung auskommen könne. Er wartete jedoch noch ein wenig, in der Annahme, Don Benito käme im Verlauf der Unterhaltung von selbst auf die Notwendigkeit dieser Maßnahme.

Aber umsonst. Schließlich fing er den Blick seines Gastgebers auf und flüsterte ihm mit leichter Bewegung des Daumens nach hinten zu: »Verzeihen Sie, Don Benito, aber ich fühle mich behindert, das, was ich Ihnen zu sagen habe, frei auszudrücken.«

Hierauf änderte sich der Gesichtsausdruck des Spaniers. Er schien den Wink übelzunehmen, weil er einen unausgesprochenen Tadel gegen seinen Diener enthielt. Nach einer Pause versicherte er seinem Gast, daß die Anwesenheit des Schwarzen nicht schaden könne; denn seit er seine Offiziere verloren, habe er Babo, der ursprünglich, wie sich jetzt zeigte, der Kapitän der Schwarzen gewesen war, nicht nur zu seinem ständigen Diener, sondern auch zu seinem Vertrauten in allen Stücken gewählt.

Also war hierzu nichts mehr zu sagen. Allerdings konnte Kapitän Delano eine gewisse Gereiztheit kaum verbergen, weil seinem geringfügigen Wunsch nicht stattgegeben worden war – von einem Manne überdies, dem er so nützliche Dienste erweisen wollte. Aber es ist ja nur sein ewiges Klagen, dachte er, füllte sein Glas und sprach von seinen Geschäften.

Über den Preis der Segel und anderer Gegenstände einigte man sich bald. Aber hierbei bemerkte der Amerikaner, daß, während sein erstes Hilfsangebot mit jäher Freude begrüßt worden war, sich jetzt, da es sich nur noch um geschäftliche Abmachungen handelte, Gleichgültigkeit und Apathie einstellten. Tatsächlich schien sich Don Benito die Einzelheiten mehr aus Gründen des guten Tons anzuhören, als weil er eingesehen hätte, daß sie für ihn und seine Reise einen großen Nutzen bedeuteten.

Bald wurde sein Benehmen noch zurückhaltender. Ihn in ein geselliges Gespräch zu ziehen, war vergebliches Bemühen. Von seiner trübseligen Stimmung geplagt, zerrte er an seinem Bart, indes ihm ohne viel Erfolg die Hand seines Dieners langsam und leise den Kanariensekt zuschob.

Nach beendeter Mahlzeit nahmen sie auf den mit Kissen belegten Heckbalken Platz. Der Diener schob wieder ein Kissen hinter den Rücken seines Herrn. Die lange dauernde Flaute hatte jetzt die Atmosphäre merkbar beeinflußt. Don Benito stieß einen Seufzer aus, als ob er nach Luft ränge.

»Wollen wir nicht in die Messe zurückgehen?« fragte Kapitän Delano, »es ist etwas luftiger dort.«

Aber sein Gastgeber blieb stumm und regungslos sitzen.

Inzwischen kniete sein Diener, einen großen Federfächer in der Hand, vor ihm nieder. Und Francesco, der auf Zehenspitzen nahte, händigte dem Neger ein Fläschchen Riechwasser ein, mit dem dieser hin und wieder die Stirn seines Herrn einrieb. Dabei glättete er ihm das Haar an den Schläfen wie eine Amme dem Kinde. Er sprach kein Wort, sondern ließ nur sein Auge in dem seines Herrn ruhen, als wolle er ihm in seiner tiefen Verzweiflung durch das stumme Schauspiel seiner Treue die Lebensgeister auffrischen.

Jetzt schlug die Schiffsglocke zwei Uhr, und durch das Kajütenfenster ließ sich ein leichtes Gekräusel der See wahrnehmen, das eine Brise aus der gewünschten Richtung anzeigte.

»Sehen Sie«, rief Kapitän Delano aus, »ich habe es Ihnen ja gesagt!«

Er war aufgestanden und sprach in erregtem Ton, um seinen Gefährten aufzurütteln. Aber obwohl der karmesinfarbene Vorhang des Heckfensters neben Don Benito an seine bleiche Wange wehte, schien er jetzt die Brise noch weniger willkommen zu heißen als vorher die Windstille.

Armer Kerl, dachte Kapitän Delano, bittere Erfahrungen haben ihn gelehrt, daß ein Wellengekräusel noch keinen Wind macht — ebensowenig wie eine Schwalbe den Sommer. Aber diesmal ist er im Irrtum. Ich werde sein Schiff in den Hafen führen und es ihm beweisen.

Mit einem kurzen Hinweis auf Don Benitos schwache Gesundheit nötigte er seinen Gastgeber, ruhig sitzen zu bleiben, da er (Kapitän Delano) mit Vergnügen die Verantwortung übernehme, den Wind nach Möglichkeit zu benutzen.

Auf Deck erschrak Kapitän Delano über den unerwarteten Anblick Atufals, der wie ein Denkmal auf der Schwelle stand, ähnlich den aus schwarzem Marmor gehauenen Türhütern, die die Vorhallen ägyptischer Gräber bewachen.

Diesmal war es aber vielleicht nur ein körperliches Erschrecken. Atufals Gegenwart, die seine Gefügigkeit bei allem Eigensinn zeigte, bildete ein Gegenstück zu den Beilputzern, die mit Geduld ihrer Pflicht oblagen. Beides bewies, daß, wie gering Don Benitos Autorität auch sein mochte, sich ihr auch der Wildeste und Gewaltigste mehr oder weniger beugen mußte, wenn es ihm gefiel.

Kapitän Delano ergriff ein an der Reling hängendes Sprachrohr, ging straffen Schrittes zum Vorderteil des Achterdecks und erteilte in seinem besten Spanisch die Befehle. Die wenigen Matrosen und vielen Neger begaben sich mit allen Anzeichen der Freude gehorsam ans Werk, das Schiff in den Hafen zu befördern.

Während er Anweisungen gab, ein Leesegel tiefer zu setzen, hörte er plötzlich eine Stimme, die seine Befehle wortgetreu wiederholte. Beim Umwenden erblickte er Babo, der jetzt, unter dem Kommando des Lotsen, seine ursprüngliche Rolle als Kapitän der Sklaven spielte. Diese Hilfe erwies sich als wertvoll. Die zerfetzten Segel und verzogenen Rahen waren bald in einige Ordnung gebracht. Und jede Brasse, jedes Fall wurden unter den frohen Gesängen der begeisterten Neger gezogen.

Brave Jungen, dachte Kapitän Delano, ein bißchen Übung würde sie zu wackeren Matrosen machen. Aber sieh, auch die Weiber ziehen und singen mit. Das müssen einige dieser Aschanti-Negerinnen sein, die so großartige Soldaten abgeben sollen. Aber wer steht eigentlich am Steuer? Dort brauche ich einen tüchtigen Mann.

Er ging hin, um nachzusehen.

Die 'San Dominick' wurde von einer ungefügen Ruderpinne gesteuert, an der große, waagrechte Taljen angebracht waren. An jeder Talje stand ein untergeordneter Schwarzer und zwischen ihnen, am Steuerrad, auf verantwortlichem Posten, ein spanischer Seemann, dessen Haltung zeigte, daß auch er das allgemeine hoffnungsfrohe Vertrauen auf das Aufkommen der Brise teilte.

Wie sich herausstellte, war es derselbe Mann, der sich mit so verschämter Miene am Spill zu schaffen gemacht hatte.

»Ah, Ihr seid das, mein Lieber«, rief Kapitän Delano. »Schluß jetzt mit dem schafsmäßigen Dreinschauen, wie? Blickt nur geradeaus nach vorn und haltet das Schiff in derselben Richtung. Eine sichere Hand, hoffe ich? Und Ihr freut Euch, in den Hafen zu kommen – stimmt's?«

Der Mann kicherte zustimmend in sich hinein und faßte das Steuerrad fester. Daraufhin musterten die beiden Schwarzen, von dem Amerikaner unbemerkt, den Matrosen aufmerksam.

Nachdem sich der Lotse überzeugt hatte, daß am Steuer alles in Ordnung war, ging er zum Vorderdeck, um zu sehen, wie die Dinge dort standen.

Das Schiff hatte jetzt genügend Fahrt, um der Strömung widerstehen zu können. Sicherlich würde die Brise gegen Abend auffrischen.

Da somit alles für den Augenblick Nötige getan war, wandte sich Kapitän Delano, nachdem er seine letzten Befehle erteilt hatte, nach achtern, um Don Benito in der Kajüte Bericht zu erstatten. Vielleicht trieb ihn außerdem die Hoffnung, mit dem Spanier ein Weilchen unter vier Augen reden zu können, solange der Diener auf Deck beschäftigt war.

Die Kajüte ließ sich unter dem Achterdeck auf zwei Wegen erreichen. Ein Eingang befand sich weiter vorn als der andere und stand daher mit einem längeren Gang in Verbindung. Kapitän Delano vergewisserte sich, daß der Diener noch oben weilte, und nahm den obengenannten, nächstliegenden Eingang, in dem nach wie vor Atufal stand. Er beeilte sich so, daß er an der Schwelle der Kajüte einen Augenblick stehenblieb, um Atem zu holen. Dann trat er, die beabsichtigten Worte auf den Lippen, ein. Als er auf den sitzenden Spanier zuschritt, vernahm er einen anderen Tritt, im gleichen Takt mit dem seinen. Aus der entgegengesetzten Tür kam, ein Tablett in der Hand, der Diener.

Zum Teufel mit dem treuen Gesellen, dachte Kapitän Delano, welch lästiges Zusammentreffen!

Hätte er sich nicht in der durch die Brise hervorgerufenen zuversichtlichen Stimmung befunden, so wäre ihm die Störung wahrscheinlich noch lästiger erschienen. Jedenfalls spürte er einen leisen Stich, weil ihm irgendwie ein Zusammenhang zwischen Babo und Atufal aufdämmerte.

»Don Benito«, sagte er, »ich bringe Ihnen freudige Kunde. Die Brise wird anhalten und sich sogar noch

steigern. Übrigens steht Ihr langer Kerl und Zeit-
messer, Atufal, draußen vor der Tür. Doch wohl auf
Ihren Befehl, nicht wahr?«

Don Benito fuhr zurück, als wäre er von einer spöt-
tischen Bemerkung verletzt worden, die jedoch in
eine viel zu feine Form gekleidet war, um eine Hand-
habe zu schroffer Entgegnung zu bieten.

Er benimmt sich, als würde er bei lebendigem Leibe
geschunden, dachte Kapitän Delano. Kann man ihn
denn an keiner Stelle berühren, ohne ihm einen
Schauer einzujagen?

Der Diener trat auf seinen Herrn zu und rückte ihm
das Kissen zurecht. Der Spanier, der seine Höflichkeit zurückgewonnen hatte, antwortete steif: »Sie
haben ganz recht. Auf meinen Befehl erscheint der
Sklave an der Stelle, wo Sie ihn sahen. Das heißt,
wenn ich mich zur bestimmten Stunde hier aufhalte,
hat er dazustehen und zu warten, bis ich komme.«

»Na, entschuldigen Sie, aber das nenn' ich, den
armen Wicht wirklich als Exkönig behandeln! Ach,
Don Benito«, fuhr er lächelnd fort, »bei aller Freiheit, die Sie in einigen Dingen gestatten, fürchte
ich, daß Sie im Grunde ein recht harter und ge-
strenger Herr sind.«

Wieder schrak Don Benito zusammen, aber diesmal,
wie es dem anderen schien, als habe ihm wirklich das
Gewissen geschlagen.

Die Unterhaltung nahm eine gezwungene Form an.
Vergeblich lenkte Kapitän Delano die Aufmerksamkeit auf die nun schon spürbare Bewegung des
Kiels, der sanft die Fluten teilte; Don Benito antwortete mit glanzlosem Auge und nur mit knappen,
zurückhaltenden Worten.

Allmählich trieb der Wind, der sich beständig verstärkt hatte und noch immer richtig hafenwärts wehte, die 'San Dominick' flott vorwärts. Als sie eine Landspitze umsegelte, kam in einiger Entfernung der Robbenfänger in volle Sicht.

Inzwischen war Kapitän Delano wieder an Deck gegangen und einige Zeit dort geblieben. Er änderte den Kurs des Schiffes, so daß es einen großen Bogen um das Riff beschrieb, und ging dann wieder für ein paar Augenblicke in die Kajüte.

Diesmal will ich meinen armen Freund aber aufheitern, dachte er.

»Besser und besser, Don Benito«, rief er beim Eintreten vergnügt, »bald werden Ihre Sorgen, wenigstens für ein Weilchen, behoben sein. Sie wissen ja, wenn der Anker nach langer und trostloser Fahrt im Hafen fällt, scheint sein ganzes Gewicht dem Schiffer vom Herzen zu fallen. Wir kommen großartig vorwärts, Don Benito. Mein Schiff ist schon in Sicht. Da liegt es, vollständig getakelt! Meine gute 'Bachelor's Delight'! Ach, wie dieser Wind einen aufmöbelt! Hören Sie, heute abend müssen Sie eine Tasse Kaffee bei mir trinken. Mein alter Steward wird sie Ihnen so köstlich zubereiten, daß kein Sultan je etwas Besseres bekam. Was sagen Sie dazu, Don Benito – haben Sie Lust?«

Im ersten Augenblick schaute der Spanier fieberhaft auf und schickte einen sehnsüchtigen Blick nach dem Robbenfänger; aber mit stummer Bedeutung sah ihm sein Diener ins Antlitz. Plötzlich überfiel ihn wieder der alte Schüttelfrost, und schweigend sank er in die Kissen zurück.

»Sie antworten mir ja nicht. Sehen Sie, den ganzen

langen Tag waren Sie mein Gastgeber – ist es Ihr Wille, daß die Gastfreundschaft einseitig bleibt?«
»Ich kann nicht kommen«, war die Antwort.
»Wie? Ich will Sie nicht quälen. Die Schiffe werden so nahe beieinander liegen, wie es sich machen läßt, ohne daß sie sich beschädigen. Dann ist es kaum mehr als ein Schritt von Deck zu Deck, fast wie von Zimmer zu Zimmer. Kommen Sie, kommen Sie – Sie dürfen mir meine Bitte nicht abschlagen.«
»Ich kann nicht kommen«, wiederholte Don Benito abweisend und endgültig.
Er schien jetzt auch das letzte Gefühl für Anstand zu vergessen, brütete starr vor sich hin, biß sich die Fingernägel blutig und blickte, vielmehr stierte ungehalten auf seinen Gast, als hindere ihn die Gegenwart eines Fremden, sich seiner krankhaften Stimmung ungestört hinzugeben. Mittlerweile drang das Geräusch der geteilten Wasser immer lauter, gurgelnd und plätschernd durch die Fenster herein; es schien ihm seine trübe Laune vorzuwerfen oder ihm zu verkünden, daß sich die Natur kein Tüttelchen darum kümmere, wie mürrisch oder gar toll er sich gebärde: an wem lag es denn schließlich?
Die üble Stimmung hatte jetzt ihre unterste, der günstige Wind aber seine höchste Stufe erreicht.
Es lag etwas im Benehmen des Mannes, was über jede bloße Unhöflichkeit oder früher geäußerte Bitternis so weit hinausging, daß sich selbst die verzeihende Gutmütigkeit seines Gastes nicht länger damit abfinden konnte. Unfähig, sich ein solches Verhalten zu erklären, konnte er auch die mit noch so übertriebener Verschrobenheit gepaarte Krankheit nicht als Entschuldigungsgrund gelten lassen.

In dem Bewußtsein, daß nichts in seinem eigenen
Verhalten dazu Veranlassung gegeben hatte, fühlte
Kapitän Delano seinen Stolz erwachen. Er wurde
nun seinerseits zurückhaltend. Aber dem Spanier
schien alles gleichgültig zu sein. Daher verließ ihn
Kapitän Delano wiederum und ging an Deck.
Das Schiff war jetzt weniger als zwei Meilen von
dem Robbenfänger entfernt. Dazwischen konnte man
das Walboot dahinfliegen sehen.
Um es kurz zu machen: Bald lagen die beiden Fahrzeuge, dank der Geschicklichkeit des Lotsen, nach-
barlich nebeneinander verankert.
Eigentlich war es Kapitän Delanos Absicht gewesen,
Don Benito die Nebenumstände der Dienste, die er
ihm erweisen wollte, zu erklären, bevor er auf sein
eigenes Schiff zurückkehrte. Aber unter diesen Umständen wollte er keine neue Zurückweisung erleben
und beschloß, da er die 'San Dominick' jetzt sicher
vertäut wußte, sie sofort zu verlassen, ohne nochmals auf Gastfreundschaft oder Geschäfte zurück-
zukommen. Seine Pläne stellte er vorläufig zurück
und würde den künftigen Umständen entsprechend
handeln. Sein Boot lag bereit, ihn aufzunehmen;
aber sein Gastgeber säumte noch in der Kajüte. Nun,
dachte Kapitän Delano, wenn er so wenig Erziehung
besitzt, muß ich ihm um so mehr die meinige zeigen. Er ging in die Kajüte hinunter, um dem Spanier ein förmliches, wenn auch vielleicht von einem
stillen Vorwurf begleitetes Lebewohl zu entbieten.
Aber zu seiner großen Befriedigung erhob sich jetzt
Don Benito, auf seinen Diener gestützt, von seinem
Sitz, als beginne er zu fühlen, daß sein gekränkter
Gast nicht ohne Würde Vergeltung üben wolle. Ka-

pitän Delanos Rechte ergreifend, stand er zitternd da, viel zu aufgeregt, um sprechen zu können. Aber die guten Vorzeichen, die sich aus seinem Betragen entnehmen ließen, wurden jählings zerstört, als er in seine frühere Verschlossenheit zurücksank, den Blick noch finsterer als vorher abwandte und sich stumm wieder auf seine Kissen setzte. Mit entsprechend abgekühlten Gefühlen verbeugte sich Kapitän Delano und ging.

Kaum befand er sich in der Mitte des Verbindungsganges, der dunkel wie ein Tunnel von der Kajüte zu den Treppen führte, als ihm ein Klang wie vom Armesünderglöckchen in einem Kerkerhofe ins Ohr drang. Es war das Läuten der geborstenen Schiffsglocke, die die Stunde schlug, das in dem unterirdischen Gewölbe traurig widerhallte. Sogleich erfüllten abergläubische Vorstellungen unwiderstehlich seinen für Vorahnungen empfänglichen Geist. Er stand still. In Bildern, viel geschwinder als diese Sätze, stürmten die kleinsten Einzelheiten all seiner früheren Bedenken auf ihn ein.

In seiner Gutgläubigkeit war er bisher allzu geneigt gewesen, Entschuldigungen für seine begründeten Besorgnisse zu finden. Warum achtete der sonst so übertrieben förmliche Spanier jetzt den einfachsten Anstand so gering, daß er seinen Gast scheiden ließ, ohne ihm das Geleit zu geben? Verbot ihm das seine Unpäßlichkeit? Sie hatte ihm schließlich manche heiklere Aufgabe dieses Tages nicht verboten! Sein zweideutiges Benehmen von vorhin fiel ihm wieder ein. Er hatte sich erhoben, die Hand seines Gastes ergriffen und eine Bewegung nach seinem Hute gemacht; dann aber war er in einem einzigen

Augenblick wieder in sein düsteres Hindämmern versunken. Ließ sich daraus auf ein kurzes reumütiges Nachgeben in letzter Minute vor einem furchtbaren Verrat und auf ein unmittelbar folgendes Zurücksinken in die alte Gewissenlosigkeit schließen? Sein letzter Blick schien ein trauriges, dabei jedoch ergebenes Lebewohl für immer an Kapitän Delano ausdrücken zu sollen. Warum hatte er die Einladung, an diesem Abend den Robbenfänger zu besuchen, abgelehnt? Oder gebrach es dem Spanier an der Härte jenes Juden, der sich nicht gescheut hatte, mit dem Manne zu Abend zu speisen, den er in derselben Nacht verraten wollte? Was hatten alle Rätsel und Widersprüche dieses ganzen Tages zu bedeuten, wenn sie nicht ein getarntes Vorspiel eines hinterlistigen Anschlages waren? Atufal, der angebliche Rebell und doch so gewissenhafte Schatten, lauerte in diesem Moment draußen auf der Schwelle. Eine Schildwache, oder mehr. Hatte ihn nicht Don Benito – nach eigenem Geständnis – dort aufgestellt? Wartete der Neger jetzt auf sein Opfer? Den Spanier hinter sich, seine Kreatur vor sich, hatte Kapitän Delano keine andere Wahl, als vom Dunkeln ins Helle zu eilen.

Im nächsten Augenblick war er, mit zusammengebissenen Zähnen und geballten Fäusten, an Atufal vorbeigestürmt – und stand unversehrt im Licht. Friedlich und beinahe in Rufweite, sah er sein schmuckes Schiff vor Anker liegen; das zu seinem Hause gehörende Boot mit den vertrauten Gesichtern schaukelte neben der 'San Dominick' geduldig auf den kurzen Wellen; über die Decks hinwegblickend, sah er die Wergzupfer noch immer ernst ihre Hände regen und hörte das gedämpfte Summen und Brummen der Beilputzer, die noch immer ihrer nicht endenwollenden Tätigkeit oblagen; er sah – vor allem anderen – das freundliche Schauspiel der Natur, die still in den Abendfrieden einging, die verschleierte Sonne am Westhimmel, die wie das sanfte Licht aus Abrahams Zelt schimmerte; er sah und hörte mit verzaubertem Auge und Ohr dies alles einschließlich der Gestalt des gefesselten Schwarzen: und der Krampf seiner Kiefer und Fäuste löste sich. Wieder einmal belächelte er die Schemen, die ihn genarrt hatten, und verspürte etwas wie einen Gewissensbiß, weil er einen Augenblick an sie geglaubt und damit wie ein Atheist an der ewigwachen Vorsehung gezweifelt hatte.

Mehrere Minuten vergingen, in denen das Boot seinem Befehl gemäß längsseit zum Fallreep geholt wurde. In dieser Zeitspanne beschlich ihn so etwas wie eine traurige Genugtuung, wenn er der freundlichen Dienste gedachte, die er heute einem Fremden geleistet hatte. Ach ja, dachte er, nach einer guten Tat hat man doch immer, wie undankbar sich der Betroffene auch zeigen möge, ein gutes Gewissen.

Jetzt setzte er, um in sein Boot hinabzusteigen, den Fuß auf die oberste Sprosse der Leiter, wobei sein Gesicht dem Deck zugekehrt war. In diesem Augenblick hörte er höflich seinen Namen rufen und sah angenehm überrascht Don Benito nahen, dessen Blick ungewohnte Tatkraft ausstrahlte, als wolle er sich in letzter Minute für sein häßliches Benehmen von vorhin entschuldigen. In plötzlicher Aufwallung zog Kapitän Delano seinen Fuß zurück und ging Don Benito entgegen. Der unruhige Eifer des Spaniers steigerte sich, doch plötzlich erlahmte seine Kraft. Um ihn besser stützen zu können, legte sich der Diener die Hand seines Herrn auf die nackte Schulter, hielt sie dort fest und war so gleichsam eine Krücke für ihn.

Als sich die beiden Kapitäne gegenüberstanden, ergriff der Spanier nochmals leidenschaftlich die Hand des Amerikaners und sah ihm gleichzeitig tief ins Auge; er war jedoch zu bewegt, um sprechen zu können.

Ich habe ihm unrecht getan, dachte Kapitän Delano mit einem Selbstvorwurf; seine scheinbare Kälte hat mich getäuscht. In keinem einzigen Augenblick hat er mich beleidigen wollen.

Unterdes schien sich der Diener, als fürchte er, daß die Fortsetzung der Szene seinen Herrn zu sehr anstrengen könne, ängstlich zu bemühen, ihr ein Ende zu machen. Seinem Herrn weiterhin als Krücke dienend, näherte er sich zwischen den beiden Kapitänen dem Fallreep. Don Benito wollte, gleichsam in sanfter Zerknirschung, Kapitän Delanos Hand nicht loslassen, sondern behielt sie über den Körper des Schwarzen hinweg in der seinen.

Gleich darauf standen sie an der Reling und sahen in das Boot hinunter, dessen Mannschaft voll Neugier zu ihnen aufblickte. Kapitän Delano, verlegen geworden, wartete noch einen Augenblick, daß der Spanier seine Hand losließe; dann hob er den Fuß, um die Schwelle des geöffneten Fallreeps zu überschreiten. Aber Don Benito wollte seine Hand noch immer nicht freigeben. Endlich sagte er in erregtem Ton: »Weiter kann ich nicht mitgehen; hier muß ich von Ihnen Abschied nehmen. Leben Sie wohl, mein lieber, lieber Don Amasa. Gehen Sie – gehen Sie!« Seine Hand losreißend, fuhr er fort: »Gehen Sie – und Gott möge Sie besser bewahren als mich, mein bester Freund!«

Von diesen Worten bewegt, wollte Kapitän Delano noch zögern; doch fing er den sanft mahnenden Blick des Dieners auf. So verabschiedete er sich rasch und kletterte in sein Boot, von den nicht endenwollenden Abschiedsgrüßen Don Benitos, der wie angewurzelt am Fallreep stand, begleitet.

Kapitän Delano ließ sich im Heck nieder, grüßte noch einmal hinauf und gab den Befehl zur Abfahrt. Die Mannschaft hatte die Ruder ergriffen. Die Bugmänner stießen das Boot ab, bis genügend Abstand war, so daß die Ruder längsseit eingetaucht werden konnten. In diesem Augenblick sprang Don Benito über die Reling und fiel zu Kapitän Delanos Füßen nieder. Gleichzeitig rief er etwas zum Schiff hinüber; doch waren seine Worte so unklar, daß ihn niemand im Boot verstehen konnte. Drei Matrosen aber, die weniger begriffsstutzig zu sein schienen, stürzten sich von drei verschiedenen Stellen des Schiffes ins Meer und schwammen auf ihren Kapitän zu, als ob sie ihn retten wollten.

Der Offizier im Boot fragte bestürzt, was dies zu bedeuten habe. Darauf blickte Kapitän Delano den unberechenbaren Spanier mit verächtlichem Lächeln an und antwortete, daß er es weder wisse noch daran interessiert sei. Allerdings habe es den Anschein, als ob Don Benito sich in den Kopf gesetzt hätte, bei seinen Leuten den Eindruck zu erwecken, daß das Boot ihn entführen wolle. »Vorwärts – es geht um euer Leben!« fügte er wild hinzu, da ihn ein wirres Getöse vom Schiff her, vom Totengeläut der Beilputzer übertönt, erschreckte. Don Benito an der Gurkel packend, fuhr er fort: »Dieser heimtückische Pirat sinnt Mord!« Und als wollte er seine Worte bestätigen, erschien der Diener, einen Dolch in der Hand, oben an der Reling. Er schickte sich an hinunterzuspringen, vermutlich um seinem Herrn bis zuletzt in verzweifelter Treue beizustehen. Inzwischen versuchten die drei weißen Matrosen, die offenbar dem Schwarzen helfen wollten, ins Boot zu klettern. Der gesamte Negerschwarm hing, anscheinend erregt beim Anblick seines in Gefahr befindlichen Kapitäns, wie eine schwarze Lawine über den Schanzkleidern.

All diese und die folgenden Vorgänge spielten sich mit solcher Geschwindigkeit ab, daß Vergangenheit, Gegenwart und Zukunft eins geworden zu sein schienen.

Kapitän Delano hatte den Neger kommen sehen und den Spanier im gleichen Augenblick, da er ihn umklammerte, zur Seite gestoßen. Durch die unwillkürliche Veränderung seiner Stellung vermochte er mit seinen emporgeworfenen Armen den herabspringenden Neger behende zu packen, dessen Dolch auf Kapitän Delanos Herz gerichtet war und seine eigentliche Absicht zu verraten schien. Die Waffe wurde ihm jedoch entwunden und der Angreifer selbst auf die Bootsplanken geschmettert, während das Boot, dessen Ruder jetzt unbehindert waren, über das Meer jagte.

In diesem kritischen Moment ergriff Kapitän Delano mit der Linken wieder den halb zusammengesunkenen Don Benito, unbekümmert darum, daß dieser erschöpft und stumm war. Zugleich hielt er mit dem rechten Fuß den niedergestreckten Neger am Boden. Mit dem rechten Arm drückte er auf das Achterruder, um die Fahrt des Schiffes zu beschleunigen, und trieb, den Blick nach vorn gerichtet, seine Männer zu äußerster Eile an.

Der Offizier des Bootes, der die schwimmenden Matrosen endlich abgewehrt hatte und, mit dem Gesicht nach achtern, dem Bugmann am Ruder half, rief plötzlich Kapitän Delano zu, daß er auf den Schwarzen achtgeben solle. Gleichzeitig machte ihn ein portugiesischer Ruderer darauf aufmerksam, daß ihm der Spanier etwas zu sagen habe.

Mit einem Blick nach unten sah Kapitän Delano, daß der Neger eine Hand freibekommen hatte und einen zweiten kleineren Dolch schwang, den er in seinem Wollhaar versteckt hatte; wie eine Schlange wand er sich und zielte mit rachsüchtig verzerrtem Gesicht, das den ganzen Sinn seines Vorhabens offenbarte, auf das Herz seines Herrn. Der halb bewußtlose Spanier wich vergeblich zurück und stammelte heisere Worte, die von niemand als dem Portugiesen verstanden wurden.

In diesem Augenblick brach über den so lange umdunkelten Geist Kapitän Delanos eine unerwartete Helle herein, die ihm mit einem Schlag alles enthüllte: seines Gastgebers geheimnisvolles Gebaren, jedes rätselhafte Geschehnis des Tages und alles, was vorher auf der 'San Dominick' vorgefallen war. Er schlug die Hand Babos nieder; aber sein eigenes Herz schlug ihn härter. Voll unendlichen Mitleids löste er den Griff vom Halse Don Benitos. Denn diesen, nicht aber Kapitän Delano hatte der Schwarze bei seinem Sprung ins Boot erstechen wollen.

Kapitän Delano, dem jetzt die Schuppen von den Augen gefallen waren, hielt beide Handgelenke des Schwarzen umspannt und blickte wieder zur ʿSan Dominickʾ hinüber. Das zuchtlose Durcheinander war nicht etwa leidenschaftliche Anteilnahme am Schicksal Don Benitos; das Schiffsvolk, das seine Maske hatte fallen lassen, befand sich, Beile und Messer schwingend, in wildem, seeräuberischem Aufruhr. Wie rasende schwarze Derwische tanzten die sechs Aschanti auf dem Achterdeck. Von ihren Feinden gehindert, ins Wasser zu springen, hasteten die spanischen Schiffsjungen zu den höchsten Spieren hinauf, indes einige der weniger gewandten spanischen Matrosen, wofern sie noch nicht im Wasser schwammen, sich an Deck hilflos von den Schwarzen umzingeln ließen und zwischen ihnen verschwanden.

Nun rief Kapitän Delano sein eigenes Fahrzeug an und befahl, die Stückpforten zu öffnen und die Geschütze auszurennen. Das Ankertau der ʿSan Dominickʾ war jedoch bereits zerschnitten; das ausschlagende lose Tauende fegte die leinene Umhüllung des Schiffsschnabels hinweg und offenbarte jäh, als der ausgebleichte Schiffsrumpf gegen das Meer drehte, als Galionsfigur den Tod: ein menschliches Skelett — eine kreideweiße Erklärung der mit Kreide darunter gesetzten Worte: »Folgt eurem Führer!« Bei diesem Anblick bedeckte Don Benito sein Gesicht mit den Händen und stöhnte: »Er istʾs — Aranda, mein gemordeter, unbestatteter Freund!«

Bei dem Robbenfänger angekommen, rief Kapitän

Delano nach Stricken und ließ den Neger, der keinen Widerstand leistete, fesseln und an Bord bringen. Dann wollte er dem völlig erschöpften Don Benito an der Schiffsseite hinaufhelfen; aber dieser, so hilflos er war, weigerte sich entschieden, seinen Platz zu verlassen, ehe der Neger aus seinen Augen und unter Deck gebracht wäre. Als er sich überzeugt hatte, daß es geschehen war, hatte er nichts mehr dagegen, an Bord zu gehen.

Das Boot wurde sogleich zurückgeschickt, um die drei schwimmenden Matrosen aufzufischen. Inzwischen wurden die Kanonen in Stellung gebracht; weil die 'San Dominick' jedoch schon achteraus an dem Robbenfänger vorbeigeglitten war, konnte nur die letzte das Ziel erreichen. Mit dieser wurde sechsmal gefeuert in der Hoffnung, das flüchtige Schiff durch Herunterholen der Spieren hilflos zu machen. Jedoch nur einige belanglose Taue wurden weggeschossen. Bald hatte das Schiff die Bucht hinter sich und befand sich außer Reichweite der Kanone. Die Schwarzen, die sich dicht um das Bugspriet geschart hatten, stießen bald höhnische Rufe gegen die Weißen aus, bald begrüßten sie mit aufgeworfenen Armen die jetzt in Dämmerung versinkenden Weiten des Ozeans – krächzende Krähen, die der Hand des Vogelstellers entrannen.

Im ersten Eifer wollte man den Anker lichten und die Jagd aufnehmen. Nach einigem Überlegen hielt man es indes für aussichtsreicher, das Schiff mit Walboot und Jolle zu verfolgen.

Auf Kapitän Delanos Frage, über welche Feuerwaffen die 'San Dominick' verfüge, antwortete Don Benito, daß keine brauchbaren vorhanden seien;

denn zu Anfang der Meuterei habe ein inzwischen verstorbener Passagier die Schlösser der wenigen vorhandenen Musketen zerstört. Mit allen ihm verbliebenen Kräften beschwor Don Benito jedoch den Amerikaner, die Jagd weder mit dem Schiff noch mit dem Boot aufzunehmen; denn die Neger hätten sich bereits als solche Verbrecher gezeigt, daß sich im Falle eines Angriffs nur die völlige Niedermetzelung der Weißen voraussehen ließe. Allerdings gab der Amerikaner auf Grund dieser Warnung, die ihm von einem so durch Elend zermürbten Geist erteilt wurde, seine Absicht nicht auf.

Die Boote wurden instand gesetzt und mit Waffen ausgerüstet. Kapitän Delano befahl, sie zu bemannen. Er wollte selbst gehen, als ihn Don Benito am Ärmel festhielt.

»Wie, Señor, haben Sie mir das Leben gerettet, um das Ihre in die Schanze zu schlagen?«

Auch die Offiziere widersetzten sich der Absicht ihres Befehlshabers aus Gründen, die ihr eigenes Wohl, die Belange der Reise und seine Verpflichtung gegenüber seinen Reedern angingen. Einen Augenblick erwog Kapitän Delano ihre Vorhaltungen; dann sah er ein, daß er zum Bleiben verpflichtet war. Er übergab den Oberbefehl seinem Ersten Maat, einem athletischen und sehr entschlossenen Manne, der auf einem Kaperschiff gedient hatte. Um die Matrosen noch mehr anzuspornen, ließ man sie wissen, daß der spanische Kapitän sein Schiff so gut wie verloren gebe, und daß es mit seiner gesamten Ladung, die auch Gold und Silber einschließe, mehr als tausend Dublonen wert sei. Wofern sie das Schiff nähmen, könnten sie alle mit einem beträchtlichen

Anteil rechnen. Die Matrosen antworteten mit lautem Jubel.

Die Flüchtlinge hatten nun beinahe die offene See erreicht. Die Nacht brach herein; aber der Mond befand sich im Steigen. Nach langem und hartem Rudern kamen die Boote in den Bereich des Schiffes; in angemessenem Abstand zogen die Matrosen die Ruder ein, um ihre Gewehre abzufeuern. Die Neger antworteten nicht mit Kugeln, sondern mit gellendem Geschrei. Aber nach der zweiten Salve schleuderten sie nach Indianerart ihre Beile. Eines hackte einem Matrosen die Finger ab. Ein anderes traf den Bug des Walbootes und zerschnitt dort ein Tau; dann blieb es wie die Axt eines Holzfällers im Dollbord haften. Der Maat riß es heraus und schleuderte es zurück. Der zurückkehrende Fehdehandschuh traf die schadhafte Heckgalerie und blieb dort stecken.

Der heiße Empfang, den ihnen die Neger bereiteten, hielt die Weißen in achtungsvoller Entfernung. Außerhalb des Bereiches der wirbelnden Beile, suchten sie die Schwarzen im Hinblick auf ein bevorstehendes Handgemenge zu verlocken, sich selbst ihrer im Nahkampf gefährlichsten Waffen zu berauben, die, da sie ihr Ziel nicht erreichten, als nutzlose Geschosse ins Meer sanken. Aber bald durchschauten die Neger diese Kriegslist und stellten das Beilwerfen ein, allerdings erst, als viele ihre verlorenen Beile durch Hebebäume ersetzen mußten. Dieser Tausch zeigte sich schließlich, wie vorausgesehen, für die Angreifer günstig.

Indes teilte das Schiff bei kräftigem Winde noch immer die Flut; eins nach dem anderen fielen die

Boote zurück und mußten herangerudert werden, damit neue Salven abgefeuert werden konnten.

Das Feuer war vorwiegend gegen das Heck gerichtet, weil die Neger jetzt hauptsächlich dort versammelt waren. Man bezweckte indessen nicht, sie zu töten oder zu Krüppeln zu schießen; denn es galt, das Schiff zu nehmen und die Neger zu Gefangenen zu machen. Um dies zu erreichen, mußte man das Schiff entern, was sich jedoch, solange es so schnell segelte, von den Booten aus nicht bewerkstelligen ließ.

Da kam dem Maat ein Gedanke. Als er bemerkte, daß sich die spanischen Schiffsjungen noch immer hoch oben auf den Masten hielten, befahl er ihnen, zu den Rahen herunterzusteigen und die Segel loszuschneiden. Dies geschah. Um diese Zeit wurden aus Gründen, die später erklärt werden, zwei Spanier in Matrosenkleidung, die sich besonders bemerkbar machten, getötet. Allerdings erlagen sie nicht den Salven, sondern gezielten Einzelschüssen. In der allgemeinen Beschießung wurde, wie sich später herausstellte, auch der Neger Atufal und der Spanier am Steuer getötet. Nachdem das Schiff Segel und Führer verloren hatte, konnte es von den Negern nicht mehr regiert werden.

Mit knarrenden Masten drehte es sich schwer nach dem Winde. Langsam schwenkte der Bug zu den Booten herum; das Skelett schimmerte in den waagrechten Strahlen des Mondes, und seine Rippen warfen einen riesigen Schatten aufs Wasser. Der ausgestreckte Arm des Gespenstes schien für die Weißen ein Ruf nach Rache.

»Folgt eurem Führer!« schrie der Maat, und die

Boote legten an, eines an jeder Seite des Bugs. Robbenspeere und Entermesser kreuzten sich mit Beilen und Hebebäumen. Mittschiffs, auf dem Langboot zusammengedrängt, stimmten die Negerinnen ein Klagelied an, zu dem das Klirren des Stahls den Kehrreim bildete.

Eine Zeitlang schwankte der Angriff; die Neger hatten sich zusammengeschart, um ihn abzuschlagen. Die Matrosen, die noch nicht Fuß fassen konnten, kämpften wie Kavalleristen vom Sattel, ein Bein seitlich über das Schanzkleid geschwungen, das andere draußen herabhängend; sie gebrauchten ihre Entermesser wie Fuhrmannspeitschen. Aber vergebens. Sie wurden nahezu überwältigt. Doch dann schlossen sie sich zu einem Trupp zusammen und sprangen mit Hurra an Bord, wo sie sich unfreiwillig im Gedränge wieder trennen mußten. Einige Atemzüge lang war ein dumpfes, unterdrücktes Geräusch zu vernehmen, als ob ein Schwertfisch unter Wasser zwischen Schwärmen kleinerer Fische hin und her schießt. Bald jedoch wieder zur geschlossenen Truppe vereinigt und um die spanischen Matrosen vermehrt, gewannen die Weißen die Oberhand und drängten die Neger unwiderstehlich gegen das Heck zurück. Hier aber war zu beiden Seiten des Großmasts eine Barrikade aus Fässern und Säcken errichtet worden. Die Neger sammelten sich und hätten, obwohl sie von Frieden oder Waffenstillstand nichts wissen wollten, einen Aufschub willkommen geheißen. Aber ohne Pause schlossen sich die unermüdlichen Seeleute, nachdem sie die Sperre überrannt hatten, wieder zusammen. Die Schwarzen, die schon ermattet waren, fochten jetzt verzweifelt. Wie den Wölfen hingen ihnen ihre roten Zungen aus den schwarzen Mündern. Die bleichen Matrosen hatten die Zähne zusammengebissen. Kein Wort wurde gesprochen, und fünf Minuten darauf war das Schiff genommen.

Fast zwanzig Neger hatten ihr Leben verloren. Außer den von einer Kugel Getroffenen gab es viele Verstümmelte. Ihre Wunden, die zumeist von den langschneidigen Robbenspeeren herrührten, ähnelten den Schnittwunden, die die Engländer bei Preston Pans von den Sensen der Hochländer empfingen. Die andere Seite hatte keine Toten, aber mehrere Verletzte zu beklagen; unter den wenigen Schwerverwundeten befand sich der Maat. Die überlebenden Neger wurden einstweilen in Ketten gelegt, und das Schiff lag um Mitternacht abermals im Hafen vor Anker.

Wir übergehen die anschließenden Begebenheiten und Maßnahmen und sagen nur so viel, daß beide Schiffe nach zwei Tagen der Instandsetzung gemeinsam nach Concepción in Chile und von da weiter nach Lima in Peru segelten. Dort wurde die ganze Angelegenheit dem vizeköniglichen Gericht vorgelegt und eingehend untersucht.

Obgleich der unglückliche, jetzt des Zwanges ledige Spanier um die Mitte der Reise Zeichen wiederkehrender Gesundheit und Willenskraft zeigte, erlitt er, wie er selbst vorausgesagt hatte, vor der Ankunft in Lima einen Rückfall und war schließlich so geschwächt, daß er an Land getragen werden mußte. Als sich die Kunde von seinen Erlebnissen und Leiden verbreitet hatte, bot ihm eine der vielen religiösen Einrichtungen der Stadt der Könige Zuflucht an. Arzt und Priester wetteiferten in seiner Pflege, und ein Mitglied des Ordens erklärte sich freiwillig bereit, ihm bei Tag und Nacht als Wärter und Seelsorger zu dienen.

Die folgenden, aus einer amtlichen spanischen Urkunde übersetzten Auszüge werden hoffentlich Licht auf die vorstehende Erzählung werfen, zumal sie zunächst den wirklichen Ausgangshafen und die wahre Geschichte der 'San Dominick' bis zu ihrem Erscheinen vor der Insel St. Maria enthüllen.

Doch möge hier noch eine Bemerkung vorausgeschickt werden.

Die für eine teilweise Übersetzung unter vielen anderen ausgewählte Urkunde enthält die Aussage Benito Cerenos, der als erster Zeuge in dieser Sache vernommen wurde. Einige der darin enthaltenen Enthüllungen wurden damals aus theoretischen sowie natürlichen Gründen angezweifelt. Das Tribunal neigte zu der Ansicht, daß der Geist des Zeugen durch die kürzlichen Geschehnisse verwirrt sei und Dinge zusammenphantasiere, die sich niemals zugetragen haben konnten. Aber die nachfolgenden Aussagen der überlebenden Seeleute, die die Enthüllungen ihres Kapitäns in mehreren der seltsamsten Begleitumstände erhärteten, ließen auch das übrige glaubwürdig erscheinen. Infolgedessen stützte sich das Tribunal in seinem endgültigen Urteilsspruch auf Behauptungen, die es, wenn sie nicht bestätigt worden wären, pflichtgemäß hätte zurückweisen müssen.

Ich, Don José de Abos y Padilla, Seiner Majestät Notar für die Königlichen Einkünfte, Registrator dieser Provinz, amtlicher Notar des Ordens vom Heiligen Kreuzzug in diesem Bistum, usw.

bestätige und erkläre nach den Erfordernissen des Gesetzes, daß in der am 24. September des Jahres 1799 eröffneten Gerichtsverhandlung gegen die Neger des Schiffes 'San Dominick' folgende Erklärung vor mir abgelegt wurde:

Erklärung des ersten Zeugen, Don Benito Cereno.

Am genannten Tag dieses Monats und Jahres ersuchte Seine Gnaden, Doktor Juan Martinez de Rozas, Königlicher Audienzrat dieses Königreiches, der Gesetze dieses Amtes kundig, den Kapitän des Schiffes 'San Dominick', Don Benito Cereno, vor Gericht zu erscheinen. Dieser kam der Aufforderung in einer Sänfte, von dem Mönch Infelez begleitet, nach. Darauf wurde er im Namen Gottes, Unseres Herrn, unter dem Zeichen des Kreuzes vereidigt und versprach, über alles, was er wisse und wonach er befragt würde, wahrheitsgemäß auszusagen. Nach dem Tenor des Gesetzes zu Beginn der Verhandlung befragt, bekundete er, daß er am 20. Mai dieses Jahres mit seinem Schiff im Hafen von Valparaiso nach Callao unter Segel gegangen sei. Die Ladung habe aus den Erzeugnissen des Landes sowie dreißig Kisten Eisenwaren und hundertsechzig Schwarzen beider Geschlechter, meist im Besitz des Herrn Don Alexandro Aranda aus Mendoza, bestanden. Das Schiff sei mit sechsunddreißig Matrosen bemannt gewesen und habe außerdem einige Personen als Passagiere mitgeführt. Unter den Negern hätten sich folgende befunden:

(Im Original folgt hier eine Liste von etwa fünfzig Namen, mit Beschreibungen und Altersangaben, gewissen Schriftstücken Don Arandas und Erinnerungen des Zeugen entnommen, von der hier nur Auszüge gegeben werden.)

Ein achtzehn oder neunzehn Jahre alter Neger namens José, Don Alexandros Diener; spricht gut Spanisch, da er ihm vier bis fünf Jahre diente... Ein Mulatte namens Francesco, Kajütensteward, von einnehmendem Äußeren und mit angenehmer Stimme; er hatte in den Kirchen von Valparaiso gesungen, ist in der Provinz Buenos Aires geboren und ungefähr fünfunddreißig Jahre alt... Ein stattlicher Neger namens Dago, der viele Jahre bei den Spaniern als Totengräber gedient hatte, sechsundvierzig Jahre alt... Vier greise Neger, in Afrika geboren, sechzig bis siebzig Jahre alt, doch gesund, von Beruf Kalfaterer, mit folgenden Namen: der erste hieß Muri und wurde getötet (wie auch sein Sohn Diamelo); der zweite Nacta; der dritte Yola, wurde ebenfalls getötet; der vierte Ghofan... Sechs erwachsene Neger, dreißig bis fünfundvierzig Jahre alt, sämtlich wild, unter den Aschanti geboren: Matinqui, Yau, Lecbe, Mapenda, Yambaio, Akim; vier von ihnen wurden getötet... Ein riesiger Neger namens Atufal, angeblich vormals Häuptling in Afrika, von seinem Eigentümer sehr geschätzt. ...und ein kleiner Senegalneger, der jedoch einige Jahre unter den Spaniern gelebt hat, ungefähr dreißig Jahre alt; er hieß mit seinem Negernamen Babo... Der Namen weiterer Neger kann sich der Zeuge nicht erinnern; aber da er erwartet, daß sich der Rest der Papiere Don Alexandros noch findet, will er sich sodann ordnungsgemäß über alle unterrichten und sie dem Gericht mitteilen... und neun-

unddreißig Frauen und Kinder in allen Lebens-
altern.

(Hiermit ist die Liste abgeschlossen, und die Aussage geht weiter.)

... Alle Neger schliefen, wie in dieser Schiffahrt
üblich, an Deck und trugen keine Fesseln, weil ihm
ihr Eigentümer, sein Freund Aranda, gesagt hatte,
sie seien alle umgänglich ... Am siebenten Tage
nach Verlassen des Hafens, um drei Uhr morgens,
als alle Spanier außer den beiden wachhabenden
Offizieren, dem Bootsmann Juan Robles und dem
Zimmermann Juan Bautista Gayete sowie dem
Steuermann und seinem Jungen, noch schliefen,
meuterten die Neger plötzlich, verletzten den Bootsmann und den Schiffszimmermann lebensgefährlich
und töteten nacheinander achtzehn der an Deck
schlafenden Matrosen, die einen mit Hebebäumen
und Beilen, die anderen, indem sie sie banden und
lebend über Bord warfen; von den Spaniern an
Deck ließen sie nur sieben am Leben und banden
sie, da sie, wie er meint, das Schiff lenken sollten;
außerdem blieben noch drei oder vier weitere, die
sich versteckt hielten, am Leben. Obgleich die aufständischen Neger die Luke besetzt hielten, gingen
sechs oder sieben Verwundete zum Verbandplatz,
ohne von den Negern daran gehindert zu werden.
Während des Aufruhrs versuchten der Maat und
eine andere Person, deren Namen ihm nicht einfällt,
durch die Luke heraufzukommen; aber sie wurden
sogleich verwundet und dadurch genötigt, in die
Kajüte zurückzukehren. Bei Tagesanbruch beschloß
der Zeuge, die Kajütentreppe hinaufzusteigen, wo
sich der Rädelsführer, der Neger Babo, und sein

Helfershelfer Atufal befanden. Er sprach zu ihnen, ermahnte sie, von weiteren Greueln abzusehen, und fragte sie, was sie wünschten und vorhätten; er erbot sich selbst, ihren Befehlen zu gehorchen. Desungeachtet warfen sie vor seinen Augen drei gebundene Männer lebend über Bord. Sie sagten dem Zeugen, er solle heraufkommen, sie würden ihn nicht töten. Als es geschehen, fragte ihn der Neger Babo, ob es in diesen Himmelsstrichen Negerländer gebe, wohin sie fahren könnten, was er verneinte. Später sagte ihm der Neger Babo, daß er sie nach Senegal oder den nahen St.-Nikolaus-Inseln führen solle. Er antwortete, daß dies wegen der weiten Entfernung, der Notwendigkeit, Kap Horn zu umsegeln, der schlechten Verfassung des Schiffes und des Mangels an Vorräten, Segeln und Trinkwasser unmöglich sei. Der Neger Babo entgegnete, er müsse sie irgendwie dorthin bringen; sie würden alles tun und sich allem fügen, was der Zeuge bezüglich des Essens und Trinkens vorschreibe. Nach einer langen Unterredung sah er sich durchaus gezwungen, ihnen zu willfahren, weil sie drohten, ihn und alle Weißen umzubringen, wenn sie nicht unter allen Umständen nach Senegal gebracht würden. Darauf sagte er ihnen, daß sie unterwegs nichts dringender nötig hätten als Trinkwasser und daß sie in die Nähe der Küste segeln müßten, um sich damit zu versehen, und dann die Reise fortsetzen könnten. Damit war der Neger Babo einverstanden. Der Zeuge steuerte das Schiff in Richtung der benachbarten Häfen, da er hoffte, einem spanischen oder ausländischen Schiff zu begegnen, das sie befreien würde. Binnen zehn oder elf Tagen sahen sie Land und setzten ihren Kurs längs der Küste unweit Nasca fort. Der Zeuge bemerkte, daß die Neger jetzt unruhig und aufsässig wurden, weil sie glaubten, daß er das Einnehmen des Wassers hinauszögere. Der Neger Babo verlangte unter Drohungen, daß dies unbedingt am nächsten Tage geschehen müßte. Er sagte ihm, daß die Küste zu steil zum Anlegen sei, daß man die auf den Karten verzeichneten Flüsse nicht finden könne, und führte weitere den Umständen entsprechende Gründe an. Er fuhr fort, daß es am besten sei, zur Insel St. Maria zu segeln, weil diese Insel einsam sei und man dort bequem Wasser haben könne, weshalb auch die Ausländer oft dorthin gingen. Der Zeuge wollte nicht nach dem näheren Pisco oder einem anderen Küstenhafen segeln, weil ihm der Neger Babo zu verstehen gab, daß er alle Weißen augenblicklich töten würde, wenn längs der Gestade, zu denen er sie führte, eine Stadt oder sonstige Ansiedlung in Sicht käme. Der Zeuge hatte die Insel St. Maria vorgeschlagen, weil er versuchen wollte, unterwegs oder in der Nähe der Insel selbst ein Schiff zu finden, das ihnen helfen würde, oder in einem Boot nach der nahen Küste von Arruco zu flüchten, um die nötigen Hilfsmittel zu erlangen. Dies wurde beschlossen und daraufhin Kurs auf die Insel genommen. Die Neger Babo und Atufal hielten täglich Beratungen ab und erörterten, was sie für ihren Plan, nach Senegal zu segeln, nötig hätten, und ob sie alle Spanier einschließlich des Zeugen niedermachen sollten. Acht Tage nach Verlassen der Küste von Nasca befand sich der Zeuge kurz nach Tagesanbruch auf Wache, als die Neger eine Besprechung abhielten und der Neger Babo zu ihm kam, um ihm seinen Entschluß mitzuteilen, seinen Herrn, Don Alexandro Aranda, zu töten; denn er und seine Gefährten seien ihrer Freiheit nicht sicher und könnten die Matrosen besser in Zucht halten, wenn diese ein Warnung bekämen, damit sie wüßten, was sie erwartete, wenn sie oder auch nur einer von ihnen Widerstand leisteten. Diese Warnung lasse sich am besten durch den Tod Don Alexandros geben. Was dies letztlich bedeutete, konnte der Zeuge um diese Zeit noch nicht verstehen, außer, daß Don Alexandros Tod beabsichtigt war. Weiter schlug der Neger Babo dem Zeugen vor, den Maat Raneds, der in der Kajüte schlief, heraufzuholen, ehe die Sache getan wurde; doch fürchtete der Zeuge, daß der Maat, der ein guter Seemann war, mit Don Alexandro und den anderen getötet werden sollte. Der Zeuge, der von Jugend auf Don Alexandros Freund gewesen war, bat und flehte; aber alles war vergebens, denn der Neger Babo antwortete ihm, daß die Sache nicht zu verhindern sei und daß alle Spanier, die seinen Willen in diesem oder einem anderen Fall durchkreuzen wollten, ihr Leben aufs Spiel setzten. Nach diesem Wortwechsel rief der Zeuge den Maat Raneds, den man zwang, zur Seite zu gehen. Gleich darauf sandte der Neger Babo den Aschanti Matinqui und den Aschanti Lecbe, den Mord zu verüben. Die zwei gingen mit Beilen zur Koje Don Alexandros hinunter. Verstümmelt und noch am Leben, wurde er an Deck gezerrt. In diesem Zustand wollten sie ihn über Bord werfen, wurden aber von dem Neger Babo zurückgehalten. Er befahl, den Mord vor seinen Augen an Deck zu vollenden; dies geschah. Darauf wurde auf seinen Befehl die Leiche vorn unter Deck getragen. Drei Tage lang bekam der Zeuge nichts von der Sache zu sehen . . . Don Alonzo Sidonia, ein alter, seit langem in Valparaiso ansässiger Mann, hatte einen Posten in Peru angenommen und sich dorthin begeben wollen. Zu dieser Zeit schlief er in der Koje, die der Don Alexandros gegenüberlag. Durch dessen Schreie erwacht und erschrocken, warf er sich beim Anblick der Neger mit den blutigen Beilen durch ein nahes Fenster ins Meer und ertrank, ohne daß es in der Macht des Zeugen gelegen hätte, ihm zu helfen . . . Kurz nach der Ermordung Don Alexandros schleppten sie seinen Vetter, einen Mann in mittleren Jahren, Don Francisco Masa aus Mendoza, an Deck, ferner den jungen Don Joaquin Marqués de Aramboalaza, kürzlich aus Spanien gekommen, mit seinem spanischen Diener Ponce, den drei jungen Schreibern Arandas, José Morairi, Lorenzo Bargas und Hermenegildo Gandix, alle aus Cadiz. Don Joaquin und Hermenegildo Gandix sparte der Neger Babo aus Gründen auf, die später erklärt werden; aber Don Francisco Masa, José Morairi und Lorenzo Bargas mit dem Diener Ponce, ferner den Bootsmann Juan Robles und die Maate Manuel Viscaya und Roderigo Hurta und vier Matrosen, die keinen Widerstand leisteten und lediglich um Gnade baten, ließ der Neger Babo lebend ins Wasser werfen. Der Bootsmann Juan Robles, der schwimmen konnte, hielt sich am längsten über Wasser; er zeigte sich bußfertig und bat mit seinen letzten Worten, vor Unserer Hilfreichen Mutter Messen für seine Seele lesen zu lassen . . . Während der nächsten drei Tage fragte der Zeuge, in Ungewißheit über das Schicksal der Überreste Don Alexandros, mehrfach den Neger Babo nach deren Verbleib, und ob sie, falls sie noch an Bord wären, für eine Bestattung an Land aufgehoben würden. Er bat ihn außerdem, dies zu veranlassen. Bis zum vierten Tage ließ ihn der Neger Babo ohne Antwort; als der Zeuge bei Sonnenaufgang an Deck kam, zeigte ihm der Neger Babo ein Skelett, das die ursprüngliche Galionsfigur des Schiffes, das Bild des Christoph Columbus, des Entdeckers der Neuen Welt, ersetzt hatte. Der Neger Babo fragte ihn, wessen Skelett das sei, und ob man es, nach seiner Weiße zu urteilen, nicht für das eines weißen Mannes halten solle. Als der Zeuge daraufhin sein Gesicht bedeckte, trat der Neger Babo noch näher an ihn heran und sagte etwa folgendes: »Haltet den Schwarzen von hier bis zum Senegal die Treue − sonst werdet ihr im Geist, wie jetzt im Fleisch, eurem Führer folgen«, und deutete dabei auf den Bug ... An demselben Morgen führte der Neger Babo die Spanier nacheinander zum Bug und fragte sie, wessen Skelett das sei, und ob man es, nach seiner Weiße zu urteilen, nicht für das eines weißen Mannes halten solle. Jeder Spanier bedeckte sein Antlitz. Dann wiederholte der Neger Babo jedem einzelnen die Worte, die er zuerst dem Zeugen gesagt hatte ... Dann mußten sie (die Spanier) sich achtern versammeln, und der Neger Babo hielt ihnen eine Ansprache des Inhalts, daß er jetzt alles getan habe. Der Zeuge (als Schiffer der Schwarzen) solle seinen Kurs fortsetzen; doch seien er und alle anderen gewarnt, daß sie − im Geist wie im Fleisch − den Weg Don Alexandros gehen würden, wenn sie (die Spanier) etwas gegen die Neger redeten oder ins Werk setzten. Diese Drohung wurde Tag für Tag wiederholt. Vor den zuletzt erwähnten Vorfällen hatten sie den Koch gebunden, um ihn über Bord zu werfen, ohne daß bekannt war, was er gesagt haben sollte; schließlich aber schenkte ihm der Neger Babo auf Verlangen des Zeugen das Leben. Einige Tage später bat der Zeuge, der kein Mittel unversucht lassen wollte, den noch verbleibenden Weißen das Leben zu erhalten, die Neger um Ruhe und Frieden und erklärte sich bereit, ein Schriftstück auszustellen, das vom Zeugen und von den schreibkundigen Matrosen sowie von dem Neger Babo für ihn und alle Schwarzen unterzeichnet wurde, worin sich der Zeuge verpflichtete, sie nach dem Senegal zu führen, worauf sie versprachen, keinen weiteren Weißen zu töten, und worin er ihnen förmlich das Schiff samt der Ladung übereignete — was sie für diesmal befriedigte und beruhigte... Am nächsten Tage jedoch ließ Babo, der den Matrosen auf alle Fälle die Flucht unmöglich machen wollte, sämtliche Boote zerstören, bis auf das Langboot, das seeuntüchtig war, und einen Kutter in guter Verfassung, der, wie er wußte, noch für den Transport der Wasserfässer gebraucht wurde und den er in den Laderaum des Schiffes bringen ließ.

(Hier folgen verschiedene Einzelheiten der langen und schwierigen Reise, ergänzt durch Vorkommnisse während einer verhängnisvollen Flaute, woraus hier nur eine Stelle mitgeteilt ist:)

Als am fünften Tage der Windstille alles an Bord sehr unter der Hitze und dem Wassermangel litt und fünf Personen in Wahnsinnsanfällen gestorben waren, waren die Neger gereizt und töteten wegen einer für verdächtig gehaltenen Gebärde, die tatsächlich ganz harmlos war, den Maat Raneds, als er dem Zeugen einen Quadranten übergab. Allerdings bedauerten sie es später, weil er außer dem Zeugen der einzige an Bord gewesen war, der sich auf die Seemannskunst verstanden hatte.

Unter Weglassung anderer Begebnisse, die sich tagtäglich ereigneten und die nur dazu dienen könnten, vergangene Mißhelligkeiten und Leiden heraufzubeschwören, kamen sie endlich nach einer dreiundsiebzigtägigen Reise, gerechnet von der Zeit des Absegelns von Nasca, in welcher sie nur über einen geringen Wasservorrat verfügten und von den oben erwähnten Flauten betroffen wurden, bei der Insel St. Maria an. Am 17. August um sechs Uhr abends ankerten sie dort unweit des amerikanischen Schiffes 'Bachelor's Delight', das in derselben Bucht lag und unter dem Befehl des großmütigen Kapitäns Amasa Delano stand. Aber schon um sechs Uhr morgens hatten sie den Hafen entdeckt, und die Neger beunruhigten sich, als sie in der Ferne das andere Schiff sahen, weil sie ein solches dort nicht erwartet hatten. Der Neger Babo beschwichtigte sie, indem er ihnen versicherte, daß sie nichts zu fürchten brauchten. Schleunigst ließ er die Bugfigur mit Leinwand bedecken, als befände sie sich in Reparatur. Ferner ließ er die Decks etwas in Ordnung bringen. Eine Zeitlang besprachen sich der Neger Babo und der Neger Atufal miteinander. Atufal wollte lieber absegeln, aber der Neger Babo war dagegen und erwog bei sich, was zu veranlassen sei. Schließlich kam er zu dem Zeugen und schlug ihm vor, alles das zu sagen und zu tun, was der Zeuge dem amerikanischen Kapitän gesagt und getan zu haben erklärt.

Der Neger Babo warnte ihn, nicht im geringsten von der vorgeschriebenen Linie abzuweichen und weder durch Worte noch durch Blicke auch nur die kleinste Andeutung über die vergangenen Vorfälle oder die gegenwärtige Lage zu geben, weil er ihn und seine Gefährten sonst augenblicklich niedermachen würde. Dabei zeigte er ihm einen Dolch, den er an sich verborgen trug, und sagte etwas der Art, daß sein Dolch so schnell sei wie sein Auge. Dann legte der Neger Babo allen seinen Gefährten den Plan vor, dem sie zustimmten. Zur besseren Verschleierung des wahren Sachverhalts ersann er viele Mittel, die teilweise zugleich der Täuschung und der Verteidigung dienten. Hierher gehörte sein Einfall mit seinen Mordbuben, den sechs vorbenannten Aschanti. Diese postierte er auf dem Achterdeck, wo sie Beile aus den Kisten der Ladung angeblich reinigen, sie aber tatsächlich als Waffen gebrauchen und im Bedarfsfalle verteilen sollten, wenn er ihnen ein bestimmtes Zeichen gäbe. Ein anderer Einfall war, Atufal, seine rechte Hand, in Ketten vorzustellen, die er freilich in einem Augenblick fallen lassen konnte. Er unterwies den Zeugen im einzelnen, welche Rolle er in allen diesen Ränken zu spielen und welche Geschichte er bei jeder Gelegenheit zu erzählen hätte. Er drohte ihm mit sofortigem Tode, falls er im geringsten davon abwiche. Da der Neger Babo vermutete, viele Neger würden sich aufsässig zeigen, bestimmte er die vier alten Kalfaterer, die Ordnung auf den Decks, soweit es in ihrer Macht stand, aufrechtzuerhalten. Wieder und wieder unterrichtete er die Spanier und seine Gefährten von seinen Absichten und Plänen sowie von der erfundenen Geschichte, die der Zeuge erzählen sollte. Er schärfte ihnen ein, daß niemand von der Geschichte abweichen dürfe. Diese Vorkehrungen wurden während der zwei oder drei Stunden zwischen dem Sichten des Schiffes und dem Erscheinen Kapitän Delanos an Bord getroffen. Das geschah ungefähr um halb acht Uhr morgens. Kapitän Delano kam in seinem Boot, und alle hießen ihn freudig willkommen. Dann spielte der Zeuge, soweit er sich dazu zwingen konnte, die Rolle des Haupteigentümers und freien Kapitäns seines Schiffes, erzählte, danach befragt, Kapitän Delano, daß er mit dreihundert Negern von Buenos Aires abgesegelt sei und nach Lima fahren wolle, daß auf der Höhe von Kap Horn und späterhin viele Neger am Fieber sowie alle Schiffsoffiziere und der größte Teil der Bemannung infolge ähnlicher Unbilden gestorben seien.

(In diesem Sinne geht die Aussage weiter. Umständlich wird die dem Zeugen von Babo vorgeschriebene erfundene Geschichte, wie sie der Zeuge an Kapitän Delano weitergab, wiederholt. Außerdem werden die freundlichen Angebote Kapitän Delanos samt anderen Dingen, die jedoch hier übergangen sind, erwähnt. Dann wird die Aussage fortgesetzt:)

Der großmütige Kapitän Delano blieb den ganzen Tag an Bord und verließ um sechs Uhr abends das vor Anker liegende Schiff. Der Zeuge erzählte ihm nach den vorerwähnten Richtlinien wieder von seinen vergangenen Leiden, ohne daß es in seiner Macht stand, ihn auch nur durch ein einziges Wort oder den leisesten Wink über den wahren Stand der Dinge aufzuklären. Denn der Neger Babo, der mit allen Anzeichen eines ergebenen Sklaven das Amt seines Leibdieners versah, ließ den Zeugen nicht einen Moment aus den Augen. Er wollte die Handlungen und Worte des Zeugen genau überwachen, da er gut Spanisch versteht. Außerdem hielten sich stets einige Neger in der Nähe auf, die unentwegt aufpaßten und ebenfalls Spanisch verstanden ... Als der Zeuge einmal im Gespräch mit Kapitän Delano auf Deck stand, zog der Neger Babo ihn (den Zeugen) auf ein geheimes Zeichen beiseite, wobei der Zeuge den Eindruck erwecken mußte, daß er selbst dazu Veranlassung gegeben habe. Dann schlug ihm der Neger Babo vor, Kapitän Amasa Delano nach allen Einzelheiten seines Schiffes einschließlich der Mannschaft und Bewaffnung auszufragen. Auf die Frage des Zeugen »warum« antwortete der Neger, er werde es schon verstehen. Bei dem Gedanken, was dem großmütigen Kapitän zustoßen könnte, weigerte sich der Zeuge zunächst, die gewünschten Fragen zu stellen; er führte verschiedene Gegengründe an, um den Neger Babo von diesem neuen Vorhaben abzubringen. Da zeigte ihm der Neger Babo die Spitze seines Dolches. Nachdem er die Auskünfte erhalten hatte, zog ihn der Neger Babo wieder beiseite und sagte ihm, daß er (der Zeuge) in dieser Nacht Kapitän zweier Schiffe wäre; denn da ein großer Teil der Besatzung des amerikanischen Schiffes zum Fischfang ausziehen wolle, könnten die sechs Aschanti ohne weitere Hilfe das Schiff mühelos nehmen. Dann sagte er noch andere Dinge in diesem Sinne. Die dringenden Bitten des Zeugen verhallten ungehört. Vor Amasa Delanos Ankunft an Bord hatte nichts darüber verlautet, daß das amerikanische Schiff gekapert werden sollte. Der Zeuge war machtlos, dieses Vorhaben zu verhindern... In einigen Fällen ist sein Gedächtnis getrübt, und er kann sich nicht genau an alle Einzelheiten erinnern... Als sie um sechs Uhr abends Anker geworfen hatten, verabschiedete sich der amerikanische Kapitän, um auf sein Schiff zurückzukehren. In einem plötzlichen Impuls, der dem Zeugen, wie er meint, von Gott und seinen Engeln eingegeben wurde, folgte er Kapitän Amasa Delano nach dem Abschiednehmen bis zum Schanzdeck, wo er unter dem Vorwande, die Höflichkeit verlange es, stehenblieb, bis Kapitän Amasa Delano seinen Sitz im Boot eingenommen hatte. Als dieses abstieß, sprang der Zeuge vom Schanzdeck ins Boot und fiel darin nieder – er weiß selbst nicht wie, Gott hat ihn beschützt, und ...

(Im Original folgt hier der Bericht über die späteren Vorfälle während der Flucht, über die Wiedereinnahme der 'San Dominick' und die Reise zur Küste. Der Bericht enthält viele Bezeugungen »ewiger Dankbarkeit« gegen den »großmütigen Kapitän Amaso Delano«. Die Aussage enthält weiterhin Wiederholungen sowie eine teilweise Wiederaufzählung der Neger und ihres persönlichen Anteils an den vergangenen Geschehnissen, womit bezweckt wird, dem Gericht die verlangten Unterlagen für die zu fällenden Urteile zu liefern. Diesem Abschnitt wurde folgendes entnommen:)

Der Zeuge glaubt, daß sämtliche Neger den Aufruhr billigten, wenn sie auch vorher nicht wußten,
daß er geplant sei ... Der Neger José, achtzehn
Jahre alt und in Don Alexandros persönlichen Diensten, hatte dem Neger Babo alles Wissenswerte über
die Lage in der Kajüte mitgeteilt. Dies ist bekannt,
weil er in vorgerückter Nachtstunde aus seiner
Koje, die unter der seines Herrn in der Kajüte lag,
auf Deck zu kommen pflegte, wo sich der Rädelsführer und seine Helfershelfer aufhielten, und weil
er mit dem Neger Babo geheime Unterredungen
hatte, bei denen er mehrmals von dem Maat gesehen wurde; in einer Nacht mußte ihn der Maat
zweimal vertreiben ... Derselbe Neger José war es,
der, ohne — wie Lecbe und Matinqui — von dem
Neger Babo Befehl erhalten zu haben, seinen halb-
tot auf Deck gezerrten Herrn Don Alexandro er-
stach ... Der Steward, der Mulatte Francesco, gehörte zur ersten Abteilung der Rebellen und war in
allen Stücken das Geschöpf und Werkzeug des Negers
Babo. Um sich beliebt zu machen, schlug er vor dem
Mittagessen in der Kajüte vor, dem großmütigen
Kapitän Amasa Delano ein vergiftetes Gericht vor-
zusetzen, was bekannt und beglaubigt ist, weil es
die Neger gesagt haben. Der Neger Babo, der sich
mit anderen Absichten trug, verbot es Francesco ...
Der Aschanti Lecbe war einer der gefährlichsten
Burschen der Bande. Er beteiligte sich an dem Tage,
da das Schiff wiedergenommen wurde, in jeder Hand
ein Beil, an seiner Verteidigung und verwundete
mit einer dieser Waffen den Ersten Maat Amasa
Delanos, als er an Bord kam, an der Brust. Alle wissen darum. Vor den Augen des Zeugen erschlug

212

Lecbe mit einem Beil Don Francisco Masa, den er auf Befehl des Negers Babo geholt hatte, damit er lebend über Bord geworfen werde. Ferner nahm er an der oben erwähnten Ermordung Don Alexandro Arandas und anderer Kajütenpassagiere teil. Wie Rasende kämpften die Aschanti bei dem Treffen mit den Booten; doch sind Lecbe und Yau am Leben geblieben. Yau war ebenso schlimm wie Lecbe. Yau war es, der auf Befehl des Negers Babo das Skelett Don Alexandros bereitwillig präparierte. Wie dies geschah, wurde dem Zeugen später mitgeteilt; jedoch würde er bis zu seinem letzten Atemzuge darüber schweigen. Yau und Lecbe nagelten im Dunkel der Nacht das Skelett an den Bug; auch das hatten ihm die Neger erzählt. Der Neger Babo setzte eigenhändig die Unterschrift darunter. Der Neger Babo war der Anstifter von allem und jedem. Er befahl jeden Mord und war das Herz und die Seele des Aufruhrs. Atufal war in allem sein Stellvertreter. Aber Atufal hat ebensowenig wie der Neger Babo mit eigener Hand gemordet ... Atufal wurde erschossen: er fiel im Kampf mit den Booten, ehe das Schiff geentert wurde ... Die älteren Negerinnen waren über den Aufstand unterrichtet und zeigten sich vom Tode ihres Herrn Don Alexandro befriedigt. Wenn sie nicht von den Negern zurückgehalten worden wären, hätten sie die Spanier, die auf Befehl des Negers Babo gemeuchelt wurden, zu Tode gefoltert. Die Negerinnen taten ihr Äußerstes, um zu erreichen, daß der Zeuge gefoltert würde. Bei verschiedenen Mordtaten sangen und tanzten sie, jedoch nicht auf fröhliche, sondern auf feierliche Art. Vor dem Treffen mit den Booten und während der

Kampfhandlung sangen sie den Negern schwermütige Gesänge vor, deren Schwermut aufreizender
war als alles andere, was auch beabsichtigt war.
All das ist beglaubigt, weil es die Neger gesagt
haben.

Von den sechsunddreißig Leuten der Mannschaft,
außer den Passagieren (die sämtlich tot sind), leben
nach Kenntnis des Zeugen nur noch sechs, ferner
vier Kajüten- und Schiffsjungen, die nicht zur eigent-
lichen Mannschaft zählten ... Die Neger brachen
einem der Kajütenjungen den Arm und versetzten
ihm Beilhiebe.

(Es folgen einige zusammenhanglose Bekundun-
gen, die sich auf verschiedene Zeitabschnitte be-
ziehen. Daraus ist folgendes ausgewählt:)

Während der Anwesenheit Kapitän Delanos an Bord
wurden von den Matrosen und von Hermenegildo
Gandix etliche Versuche unternommen, ihm Winke
über den wahren Sachverhalt zu geben; diese Versuche waren aber wirkungslos, weil bei deutlicheren
Zeichen sofortiger Tod zu befürchten war und weil
der Schein dem wahren Sachverhalt widersprach
und Kapitän Amasa Delano in seiner Großmut und
Güte nicht fähig war, eine solche Verworfenheit zu
durchschauen. Luys Galgo, ein etwa sechzigjähriger
Seemann, der früher in der Königlichen Marine gedient hatte, gehörte zu jenen, die Kapitän Amasa
Delano Zeichen zu geben suchten; aber seine Absicht wurde, obwohl sie unentdeckt blieb, geahnt.
Unter einem Vorwand brachte man ihn auf die
Seite und zuletzt in den Schiffsraum, wo er niedergemacht wurde. Dies haben später die Neger gesagt ... Einem der Schiffsjungen, der aus der

Gegenwart Kapitän Amasa Delanos Hoffnungen bezüglich der Befreiung schöpfte und nicht genug Vorsicht walten ließ, entfuhr ein zufälliges Wort über seine Erwartungen, das von einem Sklavenjungen, mit dem er gerade aß, gehört und verstanden wurde; dieser stieß mit einem Messer nach seinem Kopfe und brachte ihm eine schwere Verletzung bei, von der er jedoch bald geheilt sein wird. In ähnliche Gefahr geriet einer der Seeleute, der das Steuer bediente, indem er den Schwarzen einen Gesichtsausdruck zeigte, der auf ähnliche Ursachen wie im vorgenannten Falle zurückzuführen war. Dieser Matrose entkam jedoch durch sein späteres besonnenes Benehmen ... Diese Ausführungen sollen dem Gerichtshof zeigen, daß der Zeuge und seine Leute vom Anfang bis zum Ende des Aufstandes keine Möglichkeit besaßen, anders zu handeln, als sie gehandelt haben. Der dritte Schreiber, Hermenegildo Gandix, den man vorher gezwungen hatte, unter den Matrosen zu leben und ihre Kleidung zu tragen, und der damals in jedem Falle zu ihnen zu gehören schien, wurde durch eine Kugel getötet, die infolge eines Mißverständnisses vor dem Entern von den Booten abgegeben wurde. In seiner Angst war er in die Besantakelung geklettert und hatte den Männern in den Booten zugerufen, nicht an Bord zu kommen, weil er sonst fürchtete, von den Negern getötet zu werden. Die Amerikaner hatten dies jedoch so verstanden, daß er auf der Seite der Neger stehe, und gaben zwei Schüsse auf ihn ab, worauf er verwundet aus der Takelage fiel und im Meer ertrank ... Der junge Don Joaquin Marqués de Aramboalaza war wie Hermenegildo, der dritte

Schreiber, zum Dienst und zur Kleidung eines gemeinen Matrosen verurteilt worden. Als dieser bei einer Gelegenheit zurückgeschreckt war, befahl der Neger Babo dem Aschanti Lecbe, Teer zu erhitzen und ihm auf die Hände zu gießen ... Don Joaquin wurde infolge eines anderen Mißverständnisses von den Amerikanern getötet, was nicht zu vermeiden war, da ihn die Neger gezwungen hatten, bei der Ankunft der Boote mit einem Beil an der Reling zu stehen, das aufrecht und mit der Klinge nach vorn an seine Hand gebunden war. Da man ihn bewaffnet und in so fragwürdiger Haltung sah, hielt man ihn für einen abtrünnigen Matrosen und erschoß ihn ... Am Leibe Don Joaquins wurde ein Edelstein gefunden, den er nach Schriftstücken, die man später entdeckte, für den Schrein Unserer Hilfreichen Mutter in Lima bestimmt hatte — als schon vorher bereitgehaltenes Weihgeschenk für den glücklichen Ausgang seiner Reise von Spanien nach Peru, seinem letzten Bestimmungsort ... Der Edelstein befindet sich mit der übrigen Habe des verstorbenen Don Joaquin in der Obhut der Brüder des Priesterhospitals, die die Verfügung des hohen Gerichtshofes darüber erwarten ... Infolge des Gesundheitszustandes des Zeugen und der Schnelligkeit, mit der die Boote zum Angriff ausfuhren, konnte den Amerikanern nicht mitgeteilt werden, daß sich unter der vermeintlichen Mannschaft ein Passagier und ein Schreiber, von dem Neger Babo verkleidet, befanden ... Außer den im Gefecht gefallenen Negern wurden einige in der Nacht nach der Gefangennahme und Wiederverankerung des Schiffes getötet, als sie auf Deck an die Ringbolzen gefesselt waren.

Diese Morde begingen die Matrosen, ehe sie daran gehindert werden konnten. Sobald Kapitän Amasa Delano hierüber verständigt war, setzte er seine ganze Autorität ein und schlug eigenhändig insbesondere den Martinez Gola nieder, der mit einem Rasiermesser, das er in der alten Jacke eines gefesselten Negers gefunden hatte, einem Schwarzen die Kehle durchschneiden wollte. Desgleichen entwand der edle Kapitän Amasa Delano der Hand des Bartholomew Barlo einen Dolch, den er seit der Zeit der Niedermetzelung der Weißen verborgen gehalten hatte und mit dem er auf einen gefesselten Neger einstach, der ihn am gleichen Tage mit einem anderen Neger zu Boden geworfen und getreten hatte . . .

Der Zeuge kann hier nicht über alles aussagen, was sich in der langen Zeit ereignet hatte, in der das Schiff sich in der Gewalt des Negers Babo befand; doch ist das, was er bekundet, das Wesentliche, woran er sich im Augenblick erinnert, und die mit seinem Eid beschworene Wahrheit. Diese Erklärung bestätigte er, nachdem man sie ihm vorgelesen hatte.

Er sagte, daß er neunundzwanzig Jahre alt und an Leib und Seele gebrochen sei. Nach seiner Entlassung vom Gericht wolle er nicht in seine chilenische Heimat zurückkehren, sondern sich in das Kloster auf dem Berge Agonia außerhalb der Mauern zurückziehen. Er unterschrieb, bekreuzigte sich und kehrte in seiner Sänfte, wie er gekommen war, begleitet von dem Mönch Infelez, ins Priesterhospital zurück.

Doktor Rozas                    Benito Cereno

Wofern diese Aussage wie ein Schlüssel in das Schloß der vorausgegangenen Verwicklungen paßt, liegt jetzt die 'San Dominick' gleich einem Gewölbe, dessen Tür aufgestoßen wurde, offen.

Bisher hat es die Art der Erzählung, abgesehen von den unvermeidlichen Verwirrungen des Anfangs, mehr oder weniger erfordert, daß vieles, statt in der Reihenfolge des Geschehens, im Rückblick oder ganz ungeordnet gebracht werden mußte. Dies bezieht sich auch auf folgende Absätze, die den Bericht abschließen:

Während der langen, ereignislosen Reise nach Lima kam, wie schon gesagt wurde, eine Zeit, in der der Kranke teilweise seine Gesundheit und in gewissem Grade seinen Seelenfrieden wiedererlangte. Ehe der entscheidende Rückfall eintrat, führten die beiden Kapitäne viele freundschaftliche Gespräche miteinander, wobei ihre brüderliche Aufgeschlossenheit gegen ihre früher geübte Zurückhaltung seltsam abstach.

Immer wieder kamen sie darauf zurück, wie schwer es dem Spanier gefallen war, die ihm von Babo aufgezwungene Rolle durchzuführen.

»Ach, mein lieber Freund«, sagte Don Benito einmal, »gerade in den Augenblicken, da Sie mich für so mürrisch und undankbar hielten, ja mich fast, wie Sie jetzt zugeben, des geplanten Mordes verdächtigten – gerade in diesen Augenblicken war mein Herz erstarrt. Ich konnte Ihnen nicht ins Gesicht sehen, wenn ich daran denken mußte, was sowohl an Bord dieses als auch Ihres eigenen Schiffes von fremden Händen über meinen gütigen Wohltäter verhängt war. So wahr Gott lebt, Don Amasa – ich weiß nicht, ob mir der Wunsch nach eigener Sicherheit allein die Kraft gegeben hätte, in Ihr Boot zu springen. Aber konnte ich Sie arglos auf Ihr Schiff zurückkehren lassen, wo Sie, mein bester Freund, mit allen, die bei Ihnen waren, in der kommenden Nacht in ihren Hängematten überfallen worden wären, um in dieser Welt nicht wieder zu erwachen? Wenn ich mir vorstelle, wie Sie auf diesem Deck herumgingen, in dieser Kajüte saßen, wo jeder Zollbreit Boden unter Ihren Füßen ausgehöhlt war wie eine Bienenwabe! Hätte ich nur die kleinste Anspielung, den kleinsten Versuch gemacht, mich mit Ihnen zu verständigen, so wäre unser beider sofortiger Tod die unvermeidliche Folge gewesen.«

»Wahrlich«, rief Kapitän Delano erschauernd aus, »Sie haben mir mehr das Leben gerettet als ich Ihnen, Don Benito – es gegen mein Wissen und Wollen gerettet.«

»Nein, mein Freund«, erwiderte der Spanier, der seine Höflichkeit selbst in religiösen Dingen nicht vermissen ließ, »Gott hat Ihr Leben beschützt, Sie jedoch retteten das meine. Wenn ich an manche Ihrer Handlungen, an Ihr Lächeln und Plaudern, an Ihre kühnen Anspielungen und Gesten denke: um Geringeres haben sie Raneds, meinen Maat, erschlagen! Aber der Herr des Himmels hat Sie sicher durch alle Nachstellungen geleitet!«

»Ja, es ist alles der Vorsehung zu danken, ich weiß es wohl. Aber mein Gemüt war an jenem Morgen noch froher gestimmt als sonst, und der Anblick so vielen Elends, das mehr vorgespiegelt als wirklich war, fügte meiner guten Laune noch das Mitleid und die Nächstenliebe bei, und diese drei Gefühle vereinigten sich aufs glücklichste miteinander. Wäre es anders gewesen, so hätte meine Einmischung in die Angelegenheiten der Neger ohne Zweifel, wie Sie ganz richtig sagen, traurig genug ablaufen können. Übrigens machten es mir die Gefühle, von denen ich sprach, möglich, mein momentanes Mißtrauen zu überwinden, während Scharfsinn mich das Leben kosten konnte, ohne daß ich damit das anderer gerettet hätte. Nur zu allerletzt überwältigte mich das Mißtrauen, und Sie wissen ja, wie weit ich damit irrte.«

»Allerdings«, sagte Don Benito traurig. »Sie verbrachten den ganzen Tag mit mir, standen und saßen neben mir, Sie sprachen mit mir und sahen mich an, Sie aßen und tranken mit mir – und doch ergriffen Sie mich zuletzt wie einen Unhold – nicht nur einen unschuldigen, sondern den beklagenswertesten aller Menschen. Bis zu solchen Handlungen können uns arge Machenschaften und Vorspiegelungen verleiten. So weit kann sich der beste Mensch verirren, wenn er das Betragen eines anderen beurteilt, ohne mit den Hintergründen seiner Lage vertraut zu sein. Aber Sie wurden dazu gezwungen und rechtzeitig eines Besseren belehrt. Möge dies in beiden Beziehungen immer und bei allen Menschen so sein!«

»Sie verallgemeinern, Don Benito – und in recht bedauernswerter Weise. Aber was vergangen ist, ist vergangen; warum jetzt noch darüber sprechen? Vergessen Sie es! Sehen Sie, die blanke Sonne und das blaue Meer und der blaue Himmel – sie haben alles vergessen; sie haben ein anderes Kapitel aufgeschlagen.«

»Weil ihnen das Gedächtnis fehlt«, antwortete Don Benito niedergeschlagen, »weil sie nicht menschlich sind.«

»Aber diese sanften Passate, die Ihre Wange streicheln – kommen sie nicht mit Menschenhänden, Ihre Wunden zu lindern? Gefühlvolle und beständige Freunde sind die Passatwinde.«

»Mit ihrer Beständigkeit wehen sie mich höchstens ins Grab, Señor«, war die ahnungsvolle Antwort.

»Sie sind gerettet!« rief Kapitän Delano fassungslos und gequält aus. »Sie sind gerettet! Was für ein Schatten liegt noch über Ihnen?«

»Der Neger.«

Dann entstand Schweigen. Langsam und unbewußt zog der schwermütige Mann seinen Mantel um sich wie ein Leichentuch.

An diesem Tage nahmen sie ihr Gespräch nicht wieder auf.

Wenn jedoch zuweilen bei solchen Gesprächen die Schwermut den Spanier schließlich in Schweigen versinken ließ, gab es anderes, das er überhaupt nie berührte und worüber er seine ganze frühere Zurückhaltung ausbreitete. Wir wollen das Bitterste übergehen und zur Klarstellung nur einen oder zwei Punkte erwähnen. Die gepflegten und kostbaren Kleider, die er am Tage der erzählten Begebenheiten getragen hatte, waren ihm gegen seinen Willen angelegt worden. Und der silberbeschlagene Degen, scheinbar das Sinnbild seiner despotischen Herrschaft, war in Wirklichkeit kein Degen, sondern nur der Schemen eines solchen. Die künstlich gesteifte Scheide war leer.

Was den Schwarzen betrifft, dessen Hirn den Aufruhr und die Verschwörung angezettelt und geleitet hatte und dessen dürftiger Rahmen zu dem Bilde, das er enthielt, nicht paßte, so hatte er sich im Boot der überlegenen Stärke des Mannes, der ihn gefangennahm, gebeugt. Sobald er gesehen hatte, daß alles verloren war, sprach er kein Wort mehr und konnte auch nicht dazu gezwungen werden. Sein Anblick schien zu besagen: Da ich keine Taten verrichten kann, will ich auch keine Worte sprechen. Mit den anderen Negern im Schiffsraum in Eisen gelegt, wurde er nach Lima gebracht. Während der Reise suchte ihn Don Benito nicht auf. Er wollte ihn weder damals noch zu späterer Zeit sehen. Vor dem Tribunal lehnte er es rundweg ab. Als ihn die Richter bedrängten, fiel er in Ohnmacht. Die gesetzliche Identität Babos beruhte lediglich auf dem Zeugnis der Matrosen.

Einige Monate später fand der Schwarze, am Schwanz eines Maultieres zum Galgen geschleift, sein klangloses Ende. Sein Rumpf wurde zu Asche verbrannt; aber viele Tage lang hielt sein Kopf, diese Brutstätte abgefeimter Gedanken, auf der Plaza auf eine Stange gespießt, unbeschämt den Blicken der Weißen stand. Über die Plaza schaute er nach der St.-Bartholomäus-Kirche, in deren Gewölben damals wie heute die geretteten Gebeine Don Arandas ruhten, und über die Rimac-Brücke nach dem Kloster auf dem Berge Agonia außerhalb der Mauern, wo, drei Monate nach seiner Entlassung vom Gericht, Benito Cereno, auf einer Bahre getragen, wirklich seinem Führer folgte.

## DER BLITZABLEITERMANN

Welch lauter, ungewöhnlicher Donner! dacht' ich, auf meinem Herdstein in den Acroceraunischen Bergen stehend, während es mir zu Häupten krachte und in die Täler fuhr, jeder Schlag von gezackten Blitzen und schief herabstürzenden Regenfluten begleitet, die wie ein Hagel von Lanzenspitzen auf mein niedriges Schindeldach prasselten. Immerhin möchte ich glauben, daß die Berge ringsum das Wetter aufhalten und zur Entladung bringen, so daß es sich hier viel großartiger ausnimmt als im flachen Lande. Horch – da ist jemand an der Tür! Wer mag sich für seine Besuche diese Zeit des Unwetters wählen? Und warum bedient er sich nicht, nach Menschenweise, des Türklopfers, anstatt wie ein grimmiger Leichenbestatter mit der Faust an die hohle Türfüllung zu trommeln? Doch mag er eintreten! Aha, hier kommt er. »Guten Tag, Sir!« Er ist mir ganz fremd. »Bitte, nehmen Sie Platz.« Was für einen wunderlichen Wanderstab er da mit sich führt. »Ein prächtiges Gewitter, Sir.«

»Prächtig? Ich finde es grauenvoll.«

»Sie sind durchnäßt. Stellen Sie sich hier am Herd vor das Feuer.«

»Nicht um die Welt!«

Der Fremde stand noch immer in der Mitte der Hütte, wo er sich zuallererst hingepflanzt hatte. Sein absonderlicher Anblick lud zu genauerer Untersuchung ein. Eine magere, trübselige Gestalt mit schlichtem dunklem Haar, das ihr wirr in die Stirn fiel. Seine eingesunkenen Augenhöhlen waren mit bläulichen Ringen umgeben, die wohl auf harmlose Weise den Blitz vortäuschen sollten, dem freilich kein Donner folgte. Alles an dem Manne rieselte. Er stand auf dem kahlen Eichenfußboden in einer Pfütze, seinen sonderbaren Stecken senkrecht neben sich gestellt.

Es war eine glänzende, vier Fuß lange Kupferstange, die der Länge nach durch zwei mit Kupferbändern beringte Kugeln aus grünlichem Glas mit einem glatten Holzstab verbunden war. Die Metallstange lief am oberen Ende dreifußartig in drei spitze, schimmernd vergoldete Zinken aus. Der Mann hielt das Ding nur an seinem Holzteil.

»Sir«, sagte ich, mich höflich verneigend, »habe ich wohl die Ehre, den erlauchten Gott Jupiter Tonans als Gast bei mir zu sehen? Genauso bildeten ihn die alten Griechen ab, den Donnerkeil in der Faust. Sollten Sie er selbst oder sein Stellvertreter sein, so habe ich Ihnen für das herrliche Wetter zu danken, das Sie in unseren Bergen zusammengebraut haben. Wer das Erhabene liebt, weiß es zu schätzen, wenn er den Donnerer höchstselbst in seiner Hütte sieht. Das Gewitter gewinnt nur dadurch. Aber, bitte, setzen Sie sich doch. Dieser alte Lehnstuhl mit der geflochtenen Sitzfläche ist zwar, wie ich annehme, nur ein kümmerlicher Ersatz für Ihren immergrünen Thron auf dem Olymp – aber geruhen Sie trotzdem, sich darauf niederzulassen!«

Indes ich so scherzte, sah mich der Fremde halb verwundert, halb seltsam entsetzt an, regte jedoch kein Glied.

»Setzen Sie sich doch, Sir. Sie müssen unbedingt vollkommen trocken sein, ehe Sie von hier wieder weggehen.«

Ich stellte den Stuhl einladend auf den breiten Herd, wo an jenem Nachmittag ein kleines Feuer brannte, damit die Feuchtigkeit, nicht aber die Kälte vertrieben werde; denn es war erst Anfang September.

Ohne meine Aufforderung jedoch zu beachten, sah mich der Fremde, der noch immer inmitten des Raumes stand, bedeutungsvoll an und sprach: »Entschuldigen Sie, Sir«, sagte er, »aber statt Ihrer Einladung, mich dort auf den Herd zu setzen, nachzukommen, ersuche ich feierlich vielmehr Sie, meinen Platz einzunehmen und sich mit mir hier in die Mitte des Zimmers zu stellen. Himmlische Güte!« schrie er zusammenfahrend, »wieder einer dieser grauenvollen Donnerschläge! Ich fordere Sie auf, Sir, den Herd sofort zu verlassen!«

»Herr Jupiter Tonans«, sagte ich, indem ich mich behaglich auf dem Herd ausstreckte, »ich befinde mich hier sehr wohl.«

»Sind Sie wirklich so entmutigend einfältig, nicht zu wissen«, rief er, »daß die Feuerstelle während eines so schrecklichen Gewitters der gefährlichste Platz im Hause ist?«

»Nein, das wußt' ich nicht«, antwortete ich und trat unwillkürlich vom Herd herunter auf die nächste Diele.

Der Fremde zeigte sich jetzt über den Erfolg seiner Mahnung so widerwärtig befriedigt, daß ich, wieder ganz unwillkürlich, auf den Herd zurücktrat und mir die würdevollste und stolzeste Haltung gab, die ich aufbringen konnte. Aber ich sagte kein Wort.

»Um Gottes willen«, rief er mit einer Stimme, in der sich Angst und Strenge sonderbar mischten, »um Gottes willen, verlassen Sie den Herd! Wissen Sie denn nicht, daß die erhitzte Luft und der Ruß Leiter sind — von den mächtigen eisernen Feuerböcken ganz zu schweigen? Verlassen Sie diesen Platz — ich beschwöre Sie — ich befehle es Ihnen.«

»Herr Jupiter Tonans, ich bin es nicht gewohnt, mir in meinem eigenen Haus etwas befehlen zu lassen.«

»Nennen Sie mich nicht mit diesem heidnischen Namen. Sie lästern in einer Zeit des Schreckens.«

»Sir, hätten Sie vielleicht die Güte, mir den Zweck Ihres Besuches mitzuteilen? Wenn Sie hier Schutz vor dem Unwetter suchen, sind Sie willkommen, solange Sie sich höflich benehmen; haben Sie aber ein Anliegen, dann nur heraus damit! Wer sind Sie?«

»Ich handle mit Blitzableitern«, sagte der Fremde, seinen Ton mildernd. »Mein besonderes Geschäft — heiliger Himmel, was für ein Donnerschlag! — Hat der Blitz schon einmal bei Ihnen eingeschlagen — auf Ihrem Grundstück, meine ich? Nein? Es ist besser, Vorsorge zu treffen...« Mit diesen Worten ließ er seinen Metallstab bedeutsam auf dem Boden klappern. »Von Natur gibt es keine gegen den Blitz gesicherten Festungen; aber Sie brauchen nur ein Wort zu sagen, und ich kann mit wenigen Schwüngen dieses Zauberstabes aus Ihrer Hütte ein Gibraltar machen. Horch, welche himalajaartigen Erschütterungen!«

»Sie unterbrachen sich selbst; denn Sie wollten von Ihrem besonderen Geschäft sprechen.«

»Mein besonderes Geschäft besteht darin, daß ich über Land fahre, um Aufträge auf Blitzableiter hereinzuholen. Dies hier ist mein Musterexemplar.« Dabei tippte er an seinen Stab. »Ich verfüge über die besten Empfehlungen.« Er wühlte in seinen Taschen. »In Criggan habe ich im vergangenen Monat auf nur fünf Gebäuden dreiundzwanzig Blitzableiter aufgestellt.«

»Warten Sie. War es nicht in Criggan, wo in der letzten Woche, Sonnabend um Mitternacht, der Blitz in den Kirchturm, in die große Ulme und in die Kuppel des Versammlungshauses einschlug? Waren da Ihre Blitzableiter im Spiele?«

»Auf dem Baum und der Kuppel nicht, aber auf dem Kirchturm.«

»Was für eine Bedeutung hat demnach Ihr Blitzableiter?«

»Eine Bedeutung auf Tod und Leben. Leider war mein Arbeiter nachlässig. Als er den Blitzableiter auf die Spitze des Turmes setzte, ließ er es zu, daß ein Metallteil den Blechbelag berührte. Also war es nicht mein Fehler, sondern der seine. Horch!«

»Sei's drum. Der Schlag hat laut genug gekracht, so daß ich ihn ohne besonderen Hinweis hören konnte. Ist Ihnen etwas über den Vorfall in Montreal im letzten Jahr zu Ohren gekommen? Eine Dienstmagd wurde, ihren Rosenkranz in der Hand, neben ihrem Bett vom Blitz erschlagen: die Perlen des Rosenkranzes bestanden aus Metall. Dehnen sich Ihre Handelsgeschäfte auch auf Kanada aus?«

»Nein. Aber wie ich erfahren habe, sind dort nur

eiserne Blitzableiter in Gebrauch. Sie sollten sich die meinen zulegen, die aus Kupfer bestehen. Eisen schmilzt bekanntlich leicht. Außerdem werden die Stäbe dort so dünn angefertigt, daß ihre Fläche nicht ausreicht, den gesamten elektrischen Strom abzuleiten. Das Metall schmilzt, und das Haus wird zerstört. Meine Blitzableiter aus Kupfer wirken niemals so. Die Kanadier sind ein närrisches Volk. Manche versehen den Blitzabteiler am oberen Ende mit einem Knopf, wodurch eine tödliche Explosion entstehen kann. Statt dessen muß der Strom unmerklich in die Erde geleitet werden, wie es bei meiner Ausführung geschieht. Mein Blitzableiter ist das einzige rechtmäßige Fabrikat und kostet pro Fuß nur einen Dollar.«

»Diese Schmähung Ihres eigenen Gewerbes bei einem anderen könnte Mißtrauen gegen Sie selbst hervorrufen.«

»Horch! Der Donner rollt jetzt weniger. Er kommt uns und auch der Erde näher. Horch! Ein einziger, gesammelter Schlag. Alle Schwingungen durch die Nähe zusammengeballt! Schon wieder ein Blitz. Warten Sie!«

»Was tun Sie?« fragte ich, als ich sah, wie er plötzlich seinen Stab fahren ließ und sich, den rechten Zeige- und Mittelfinger am linken Handgelenk, nach dem Fenster vorneigte.

Aber ehe mir die Worte noch ganz entschlüpft waren, entfuhr ihm schon wieder ein Ausruf.

»Bum! Nur drei Pulsschläge – weniger als eine Drittelmeile entfernt, irgendwo in den Wäldern drüben. Dort kam ich an drei getroffenen Eichen vorbei, deren Risse noch ganz frisch waren und glänzten.

Die Eiche zieht den Blitz mehr an als jedes andere Holz, weil sie gelöstes Eisen im Saft führt. Ihr Fußboden hier scheint Eiche zu sein.«

»Eichenkernholz. Aus dem eigentümlichen Zeitpunkt Ihres Besuches bei mir muß ich schließen, daß Sie sich für Ihre Geschäftsreisen eigens stürmisches Wetter aussuchen. Wenn der Donner kracht, halten Sie die Stunde für besonders geeignet, den für Ihr Gewerbe günstigen Eindruck zu erzielen.«

»Horch! Entsetzlich!«

»Für einen Menschen, der andere gegen die Furcht wappnen will, scheinen Sie selbst ungeziemend furchtsam zu sein. Gewöhnliche Leute wählen für ihre Reisen schönes Wetter – Sie wählen Gewitter, und doch –«

»Daß ich in Gewittern reise, gebe ich zu. Allerdings gebrauche ich besondere Vorsichtsmaßnahmen, wie sie ein Blitzableitermann kennen muß! Horch! Rasch – sehen Sie mein Blitzableitermuster! Pro Fuß nur einen Dollar.«

»Es gefällt mir sehr, darf ich wohl behaupten. Aber worum handelt es sich bei Ihren besonderen Vorsichtsmaßnahmen? Doch lassen Sie mich zuerst die Läden da schließen: der schräge Regen dringt durch den Fensterrahmen ein. Ich will den Riegel vorschieben.«

»Sind Sie wahnsinnig? Wissen Sie nicht, daß der eiserne Riegel den Strom besonders schnell leitet? Lassen Sie es sein!«

»Dann will ich nur die Läden schließen und meinen Jungen rufen, um mir eine Holzstange bringen zu lassen. Bitte, ziehen Sie die Glockenschnur dort.«

»Sind Sie rasend? Die Glockenschnur kann Sie verderben. Berühren Sie während eines Gewitters nie einen Draht und läuten Sie keine Glocke irgendeiner Art.«

»Auch nicht die in Glockentürmen? Bitte, sagen Sie mir doch, wo und wie man in einer Zeit wie dieser sicher ist. Gibt es überhaupt einen Teil meines Hauses, den ich in der Hoffnung, am Leben zu bleiben, berühren darf?«

»Allerdings gibt es ihn, wenn auch nicht an der Stelle, wo Sie jetzt stehen. Treten Sie von der Wand weg. Manchmal gleitet der Strom an einer Wand herunter und pflegt dann diese, da der Mensch ein besserer Leiter ist als die Wand, zu verlassen, um auf jenen überzugehen. Bums! Diesmal muß es ganz in der Nähe gewesen sein. Sicherlich war es ein Kugelblitz.«

»Höchstwahrscheinlich. Sagen Sie mir sofort, welches nach Ihrer Meinung der sicherste Teil meines Hauses ist.«

»Dieses Zimmer und die Stelle, auf der ich stehe. Kommen Sie hierher.«

»Zuerst Ihre Gründe.«

»Horch. Nach dem Blitz der Schlag – die Fenster zittern – das Haus, das Haus! Kommen Sie her zu mir!«

»Ihre Gründe, wenn ich bitten darf.«

»Kommen Sie her zu mir!«

»Nochmals besten Dank. Ich denke, ich werd' es mit meinem alten Platz, dem Herd, versuchen. Und nun, Herr Blitzableitermann, seien Sie so gut und nennen Sie mir in den Pausen zwischen den Donnerschlägen die Gründe, weshalb Sie dieses Zimmer das sicherste des Hauses und Ihren eigenen Standort den sichersten Platz darin nennen.«

Jetzt ließ der Sturm für ein Weilchen nach, und der Blitzableitermann schien erleichtert zu sein. Er antwortete: »Ihr Haus ist ein einstöckiges Gebäude mit Boden und Keller; dieses Zimmer liegt zwischen beiden. Daher ist es verhältnismäßig sicher. Der Blitz fährt nämlich manchmal von den Wolken zur Erde und manchmal von der Erde zu den Wolken. Verstehen Sie? Und die Mitte des Zimmers wähle ich, weil der Blitz, wenn er überhaupt in das Haus einschlüge, den Schornstein oder die Wände benutzen würde. Daher befinden Sie sich um so besser, je weiter Sie von ihnen entfernt sind. Kommen Sie jetzt her zu mir!«

»Augenblicklich. Etwas, was Sie soeben sagten, flößt mir seltsamerweise, statt mich zu schrecken, Vertrauen ein.«

»Was habe ich denn gesagt?«

»Sie sagten, der Blitz fahre manchmal von der Erde zu den Wolken.«

»Allerdings; man nennt es den Rückschlag. Wenn die Erde mit Elektrizität überladen ist, entlädt sich der Überschuß als Blitz nach oben.«

»Der Rückschlag – das heißt: von der Erde zum Himmel. Immer besser. Aber kommen Sie doch an den Herd und trocknen Sie sich.«

»Ich bin hier besser aufgehoben und bleibe lieber naß.«

»Was?«

»Das beste, was Sie tun können, ist – horch, schon wieder! – sich während eines Gewitters vollkommen durchnässen zu lassen. Nasse Kleider sind bessere Leiter als der Körper; wenn demnach der Blitz einschlägt, kann er an den nassen Kleidern hinabfahren, ohne den Körper zu berühren. Der Sturm verstärkt sich wieder. Haben Sie eine Matte im Hause? Matten sind schlechte Leiter. Geben Sie mir eine, damit wir beide darauf stehen können. Der Himmel verfinstert sich – es wird Nacht am Mittag! Horch! Die Matte, die Matte!«

Ich gab ihm eine. Inzwischen schienen die umwölkten Berge zusammenzurücken und die Hütte erdrükken zu wollen.

»Und nun«, sagte ich, indem ich mich auf meinen Platz zurückstellte, »da uns unser Schweigen ja doch nichts hilft, lassen Sie mich Ihre Vorsichtsmaßnahmen hören, wenn Sie während eines Gewitters reisen.«

»Warten Sie, bis dieses hier vorbei ist.«

»Nein, sprechen Sie nur weiter von Ihren Vorsichtsmaßnahmen. Sie stehen an dem nach Ihrer eigenen Meinung sichersten Fleck. Fahren Sie fort!«

»Dann also kurz. Ich meide Kiefern, einsame Scheunen, Bergwiesen, fließendes Wasser, Rinder- und Schafherden, Menschenansammlungen. Wenn ich zu Fuß reise wie heute, gehe ich nicht schnell. Fahre ich in meinem Wagen, so berühre ich weder seine Rückwand noch seine Seitenwände. Reite ich, so steige ich ab und führe das Pferd am Zügel. Aber vor allen Dingen meide ich große Menschen.«

»Ich glaube zu träumen. Der Mensch meidet den Menschen – und noch dazu in Zeiten der Gefahr?«

»Große Menschen meide ich beim Gewitter. Sind Sie denn so unglaublich einfältig, nicht zu wissen, daß die Größe eines Menschen, der seine sechs Fuß mißt, ausreicht, eine elektrische Wolke auf ihn herabzuziehen? Wurden nicht einsame Kentucky-Bauern beim Pflügen in der unvollendeten Furche erschlagen? Ja, wenn der Sechsfußmann an fließendem Wasser steht, kommt es vor, daß ihn der Strom dem fließenden Wasser als Leiter vorzieht. Horch! Ganz gewiß ist soeben der schwarze Spitzturm da drüben zersplittert. Ja, der Mensch ist ein guter Leiter. Der Blitz geht durch ihn hindurch, während er einen Baum nur entrindet. Doch, Sir, mit dem Beantworten Ihrer Fragen haben Sie mich so lange aufgehalten, daß ich noch nicht zu meinem Geschäft gekommen bin. Wollen Sie einen meiner Blitzableiter bestellen? Betrachten Sie dieses Muster. Wie Sie sehen, besteht es aus bestem Kupfer. Kupfer ist der beste Leiter. Ihr Haus ist niedrig; aber da es im Hügelland steht, nützt ihm diese Niedrigkeit nicht das geringste. Ihr Bergbewohner seid ganz besonders gefährdet. In Gebirgsgegenden sollte der Blitzableitermann seine meisten Geschäfte tätigen. Sehen Sie sich dieses Muster an, Sir. Ein Blitzableiter wird für so ein kleines Haus genügen. Werfen Sie einen Blick auf diese Empfehlungsschreiben. Nur ein einziger Blitzableiter, Sir; Kostenpunkt nur zwanzig Dollar. Horch! Da krachen alle Hoosac- und Takoma-Berge zusammen, als wären's Kieselsteine. Dem Klange nach muß dieser Blitz etwas zerstört haben. Ein Blitzableiter von fünf Fuß Höhe auf dem Hause wird alles in einem Umkreis von zwanzig Fuß Befindliche beschützen. Nur zwanzig Dollar, Sir – pro Fuß einen Dollar. Horch! Schauderhaft! – Werden Sie bestellen? Werden Sie kaufen? Darf ich Ihren Namen notieren? Stellen Sie sich vor, Sie wären ein Haufen Asche wie die eines Pferdes, das man im Stall festgebunden hat – und das alles durch einen einzigen Blitz!«

»Du angeblich bevollmächtigter Sondergesandter des Jupiter Tonans«, lachte ich. »Du Gernegroß, der daherkommt, um sich und seinen Pfeifenstiel zwischen Erde und Himmel zu pflanzen – bildest du dir ein, daß du, weil du ein bißchen grünes Licht aus der Leidener Flasche zu schlagen verstehst, den ewigen Strahl ablenken könntest? Dein Stab rostet und zerfällt – und wo bist du? Wer hat dich ermächtigt, du Tetzel, mit Ablaß vom Ratschlag Gottes zu hausieren? Die Haare auf unseren Häuptern sind gezählt wie die Tage unseres Lebens. Im Unwetter und im Sonnenschein befinde ich mich wohl in der Hand meines Gottes. Hinaus, du falscher Krämer! Die Rolle des Sturmes ist ausgespielt, das Haus unversehrt geblieben. Und der Regenbogen am blauen Himmel verheißt mir, daß die Gottheit nicht plant, auf unserer Menschenerde Krieg zu entfesseln.«

»Gottloser Bube«, geiferte der Fremde, dessen Gesicht sich beim Aufglimmen des Regenbogens verdüstert hatte, »ich werde Ihre Lästerungen zur Anzeige bringen.«

»Hinaus! Schere dich weg, so schnell du kannst – du, der nur bei Regen erscheint wie der Wurm!« Der Groll schwärzte sein Gesicht noch mehr; die bläulichen Ringe um seine Augen verbreiteten sich wie der Hof des Mondes bei stürmischem Wetter. Er sprang auf mich zu und zielte mit seinem dreizakkigen Ding nach meinem Herzen.

Ich griff danach, ich entriß es ihm, ich warf es auf die Erde und trat darauf. Den dunklen Gewitterkönig aus meinem Hause stoßend, schleuderte ich ihm sein verbogenes kupfernes Zepter hinterher. Aber obgleich ich ihn auf diese Weise behandelt und meine Nachbarn vor ihm gewarnt habe, ist der Blitzableitermann noch immer im Lande, reist zur Unwetterzeit umher und schachert mit der Furcht der Menschen.

# DIE ENCANTADAS

oder

## VERWUNSCHENEN INSELN

*Erste Skizze*

### DIE INSELN ALS GANZES

Denkt euch fünfundzwanzig Schlackenhaufen, die hie und da auf einem Gelände außerhalb der Stadt abgeladen wurden; stellt euch einige davon zu Bergen vergrößert und das Gelände dazwischen vom Meer ausgefüllt vor: dann habt ihr einen zutreffenden Begriff vom Gesamtbild der Encantadas oder Verwunschenen Inseln. Man möchte eher an eine Ansammlung erloschener Vulkane als an eine Inselgruppe denken; so könnte die Welt im großen nach ihrer Vernichtung durch ein strafendes Feuer aussehen. Es läßt sich bezweifeln, daß es hienieden eine Gegend gibt, die wüst genug wäre, um mit dieser Inselgruppe verglichen werden zu können. Längst vergessene Friedhöfe, alte Städte, die langsam in Schutt zerfallen, sind gewiß Stätten der Schwermut, erregen aber bisweilen in uns wie alles, was einst mit menschlichem Leben zusammenhing, ein bekümmertes Mitgefühl. Was man auch vom Toten Meer halten möge – die Empfindungen, die es uns vermittelt, brauchen nicht ganz unfreundlich zu sein.

Sprechen wir von der Einsamkeit. Die großen Wälder des Nordens, die Weiten unbefahrener Gewässer oder die Eisfelder Grönlands stellen nach menschlichem Ermessen die tiefsten Einsamkeiten dar. Aber der Zauber des Flutwechsels und der Jahreszeiten mildert ihre Schrecken. Jene Wälder werden zwar nicht vom Menschen, aber vom Mai besucht; die fernsten Meere spiegeln vertraute Sternbilder wider wie der Eriesee, und in der klaren Luft eines heiteren Polartages zeigt sich das azurn schimmernde Eis so schön wie Malachit.

Aber was den besonderen Fluch (so kann man wohl sagen) der Encantadas ausmacht, was sie noch einsamer erscheinen läßt als das Land Edom und den Pol, besteht darin, daß bei ihnen nie etwas wechselt, weder die Jahreszeiten noch die Mühsale. Vom Äquator zerschnitten, kennen sie keinen Frühling, keinen Herbst, und da sie schon zu Asche verbrannt sind, kann ihnen der Verfall nichts mehr anhaben. Regenschauer mögen die Wüsten erfrischen; aber auf diesen Inseln fällt kein Regen. Wie gespaltene syrische Kürbisse, die man in der Sonne trocknen läßt, sind sie unter der immerwährenden Dürre glühender Himmel geborsten. »Habt Erbarmen mit mir«, scheint der Klagegeist der Encantadas zu seufzen, »und schickt den Lazarus her, daß er die Spitze seines Fingers ins Wasser tauche und mir damit die Zunge kühle; denn mich peinigen diese Flammen.«

Ein weiteres Merkmal dieser Inseln ist ihre ausgesprochene Unbewohnbarkeit. Als Charaktertier öder Verfallsgebiete gilt der Schakal, der in den Einsamkeiten des grasbewachsenen Babylon haust. Die Encantadas aber bieten nicht einmal den geächteten

Tieren eine Zuflucht. Vom Menschen und vom Wolf werden sie gleichermaßen gemieden. Dafür ist allerlei kriechendes Kleingetier zu finden: Schildkröten, Echsen, riesenhafte Spinnen, Schlangen und eine der sonderbarsten Verirrungen der Natur: der Leguan. Keine Stimme, weder ein Brüllen noch ein Heulen, ist zu vernehmen; der hauptsächliche Laut tierischen Lebens ist hier ein Zischen.

Wo überhaupt ein Pflanzenleben gefunden wird, so ist dies auf den meisten Inseln noch unerfreulicher als in der Einöde von Atácama. Verworrenes Gestrüpp eines drahtartigen Buschwerks, das weder Früchte noch einen Namen trägt, sproßt zwischen tiefen Rissen verkohlten Gesteins, die es trügerisch verdeckt; sonst sind nur mißgestaltete, versengte Kaktusbäume zu sehen.

Stellenweise besteht der Boden aus felsigem Gestein oder vielmehr Klinkern − Geröllmassen eines der Hochofenschlacke ähnlichen, schwärzlichen oder grünlichen Minerals. Dieses bildet unheimliche Klüfte und Höhlungen, in die das Meer ohn Unterlaß seinen tobenden Gischt ergießt. Wirbel häßlicher grauer Nebel hängen darüber, zwischen denen kreischende Schwärme unirdischer Vögel, den schauerlichen Lärm übertönend, flattern. Das Meer draußen mag so ruhig sein, wie es will: diese Brandung, diese Felsen kennen keine Ruhe; sie peitschen und werden gepeitscht, wenn auch der Ozean in tiefstem Frieden liegt. An schwülen, wolkigen Tagen, die für diesen Teil des Meeres-Äquators bezeichnend sind, bieten die schwarzen, glasigen Gesteinsmassen, deren viele einzeln zwischen weißen Strudeln und Brechern gefährlich vor der Küste aufragen, einen wahrhaft plutonischen Anblick dar. Nur in abgestorbenen Welten kann es solche Landschaften geben. Diejenigen Bezirke der Küste, welche keine Anzeichen vulkanischen Ursprungs tragen, bilden weite, ebene Strandflächen aus zahllosen toten Muscheln. Hier und da faulen Teile von Zuckerrohr, Bambus und Kokosnüssen, die von den zauberischen Palmeninseln süd- und westwärts in diese andere, dunklere Welt – wie vom Paradies in die Hölle – geschwemmt wurden. Mit diesen Überbleibseln ferner Schönheit vermischt, werdet ihr zuweilen Bruchstücke verkohlten Holzes und vermodernde Spanten von Wracks antreffen. Dergleichen zu finden, kann den nicht überraschen, der die widrigen Strömungen, die in fast all den breiten Kanälen der ganzen Gruppe toben, beobachtet hat. Die Gezeiten der Luft sind auf die nicht weniger launenhaften Gezeiten des Meeres abgestimmt. Nirgends weht der Wind so leicht und unstet; jedenfalls ist er nirgends so unberechenbar und zu überraschenden Flauten geneigt wie auf den Encantadas. Fast einen ganzen Monat brauchte ein Schiff, um von einer Insel zu einer anderen zu segeln, obgleich zwischen beiden nur neunzig Meilen lagen; denn der Gewalt der Strömung wegen sind die zum Schleppen benutzten Boote kaum imstande, das Schiff davor zu bewahren, auf die Klippen geschmettert zu werden; zur Beschleunigung seiner Fahrt können sie jedoch gar nichts tun. Bisweilen ist es einem von weither kommenden Schiff unmöglich, die Inselgruppe zu erreichen, es sei denn, man hätte, bevor diese in Sicht kommt, die voraussichtliche Abtrift weitgehend berücksichtigt. Doch zu anderen Zeiten herrscht eine rätselhafte, küstenwärts gerichtete Strömung, die ein vorbeifahrendes Schiff unwiderstehlich zwischen die Inseln saugt, wenn es auch gar nicht dorthin wollte.

Allerdings kreuzten in einer gewissen Zeit und zum größten Teil noch heute große Flotten von Walfängern dort, die an einem Platz, welchen die Seeleute den Verwunschenen Grund zu nennen pflegten, der Jagd auf Wale nachgingen. Dieser Platz, der an geeigneter Stelle noch zu beschreiben sein wird, liegt freilich auf der Höhe der großen Außeninsel Albemarle, weit vom Gewirr der kleineren Inseln entfernt, und dort ist genug Wasserfläche vorhanden. Auf diese Gegend treffen daher die obigen Bemerkungen nicht ganz zu, obwohl die Strömung mitunter auch dort eine merkwürdige Gewalt und eine nicht minder merkwürdige Launenhaftigkeit zeigt.

In gewissen Jahreszeiten herrschen jedoch die ganz unberechenbaren Strömungen in weitem Umkreis um die ganze Gruppe vor und treten so stark und unregelmäßig auf, daß sie den Kurs eines Fahrzeuges trotz Steuerung ändern, wenn es auch mit einer Geschwindigkeit von vier bis fünf Meilen in der Stunde segelt. Der dadurch veranlaßte Unterschied in den Berechnungen der Seefahrer begünstigte im Verein mit den leichten und wechselhaften Winden lange die Ansicht, daß es auf der Höhe der Encantadas zwei verschiedene Inselgruppen gebe, die etwa hundert Meilen voneinander entfernt lägen. So dachten ihre frühesten Besucher, die Bukanier; und noch im Jahre 1750 standen die Karten dieses Teils des Stillen Ozeans mit dem eigenartigen Irrtum im Einklang. Die scheinbare Unbeständigkeit und Unwirklichkeit der Lage der Inseln waren vermutlich ein Grund für die Spanier, sie die Encantadas oder Verwunschenen Inseln zu nennen.

Da ihr Vorhandensein nunmehr außer Frage steht, wird der moderne Reisende, nicht unbeeindruckt von ihrem Wesen, leicht geneigt sein anzunehmen, daß der den Inseln verliehene Name wenigstens zum Teil auf die zauberhafte Einsamkeit, die sie so bezeichnend umgibt, zurückzuführen sei. Nichts kann den Anblick einst belebter Dinge, deren Blüte kläglich in Asche zerfiel, besser vergegenwärtigen. So gleichen die Inseln den Äpfeln von Sodom nach der Berührung.

Wie veränderlich ihre Lage aber auch erscheinen mag, so sind sie zumindest in den Augen dessen, der an ihrem Gestade steht, unwandelbar sie selbst: zur wahren Verkörperung gräßlichen Todes gestaltet.

Aber noch in einem anderen Sinne scheint das Beiwort »verwunschen« nicht übel gewählt zu sein. Was das charakteristische Reptil, das diese Wildnis bewohnt und dessen Vorhandensein der Gruppe ihren zweiten spanischen Namen, Galápagos-Inseln, eingetragen hat – was also die hier gefundene Schildkröte betrifft, so frönen die meisten Seefahrer einem so seltsamen wie furchtbaren Aberglauben. Sie bilden sich nämlich ernstlich ein, daß alle bösartigen Seeoffiziere, besonders Kommodoren und Kapitäne, nach ihrem Tode (und in einigen Fällen schon früher) in Schildkröten verwandelt werden und – als unumschränkte Gebieter des Asphalts – diese glühenden Einöden bewohnen.

Zweifellos wurde ihnen dieser merkwürdig trübselige Gedanke ursprünglich von der schwermütigen Landschaft selbst, wenn nicht geradezu von den Schildkröten eingegeben. Außer den sonderbaren äußeren Merkmalen dieser Geschöpfe scheint ihr Wesen nämlich etwas wie Selbstverdammung auszudrücken. Die stete Mühsal, die unendliche Hoffnungslosigkeit sind in keiner anderen Tierform so vollkommen ausgeprägt und werden noch von ihrer wunderbaren Langlebigkeit bekräftigt.

Auch auf die Gefahr hin, daß man mir törichten Glauben an Zauberei vorwerfen könnte, muß ich zugeben, daß ich mitunter, auch heute noch, die belebte Stadt verlasse und — im Juli oder August — in die Adirondack-Berge hinauswandere, wo ich, dem Einfluß der Städte entzogen, das geheimnisvolle Walten der Natur auf mich einwirken lasse. Wenn ich mich dann am moosigen Eingang einer dichtbewaldeten Schlucht, von gestürzten Fichtenstämmen umgeben, niederlasse, fallen mir wie im Traum jene anderen, weit zurückliegenden Streifzüge im versengten Innern der verzauberten Inseln ein, und ich erinnere mich der schwärzlichen Schilde, die plötzlich aufblinkten, und der langen, schlaffhäutigen Hälse, die sich aus blätterlosen Dickichten hervorstreckten. Und dann sehe ich die verwitterten, glasigen Felsen wieder, von tiefen Rinnen durchzogen, die von Generationen langsam schleichender Schildkröten auf der Suche nach einer kümmerlichen Wasserlache herrühren, und ich kann mich kaum des Gefühls erwehren, wirklich auf verhextem Grund geschlummert zu haben.

Meine Erinnerung oder die Zauberwirkung meiner Einbildungskraft ist so lebhaft, daß ich nicht genau weiß, ob ich nicht manchmal im Hinblick auf die Galápagos-Inseln das Opfer einer optischen Täuschung bin. Denn bei geselligen Zusammenkünften und zumal bei Gelagen, die bei Kerzenschein in altmodischen Landhäusern abgehalten werden, wo sich in den Ecken eines winkligen, geräumigen Zimmers Schatten sammeln, die an das verwunschene Unterholz einsamer Wälder erinnern, lenke ich oft plötzlich die Aufmerksamkeit meiner Tischgenossen auf meinen starren Blick und meinen veränderten Gesichtsausdruck, weil ich zu sehen glaube, wie aus diesen eingebildeten Einöden das Gespenst einer riesigen Schildkröte hervortaucht und über den Fußboden kriecht, die in feurigen Lettern das »Memento mori« auf ihrem Rücken trägt.

*Zweite Skizze*

### DIE BEIDEN SEITEN EINER SCHILDKRÖTE

Kann nach dieser Schilderung jemand auf den Encantadas heiter sein? O ja; wenn er sich nach heiteren Dingen umsieht, wird es ihm gelingen. Und wahrlich, wenn die Inseln auch Sack und Asche sein mögen, ganz hoffnungslos düster sind sie trotzdem nicht. Zwar kann kein Beobachter ihr Anrecht auf eine äußerst feierliche und abergläubische Bedeutsamkeit leugnen, wie mich auch mein festester Wille nicht davor bewahren kann, die gespenstische Schildkröte zu erblicken, wenn sie aus ihren Schattenwinkeln hervorkriecht; aber die Schildkröte besitzt, so dunkel und traurig sie auf dem Rücken gefärbt ist, eine lichte Kehrseite: zuweilen ist ihr Brustpanzer schwach gelblich oder golden getönt. Außerdem ist allgemein bekannt, daß sich die Schildkröten, wenn ihr sie auf den Rücken legt und damit ihre lichte

Seite enthüllt, nicht selbst umdrehen können, um ihre andere Seite zu zeigen. Doch nachdem und weil ihr dies getan habt, möchtet ihr nicht darauf schwören, daß die Schildkröte gar keine dunkle Seite habe. Freut euch ihrer lichten Seite, laßt sie umgekehrt liegen, solange es euch möglich ist; seid aber auch ehrlich und leugnet nicht ihre schwarze Seite ab. Ebensowenig könnte jemand, der die Schildkröte nicht aus ihrer natürlichen Lage herumzudrehen vermag, um ihre dunklere Seite zu verbergen und ihren freundlicheren Anblick wie den eines großen Kürbisses in der Oktobersonne aufzuzeigen, deswegen behaupten, daß das Geschöpf nichts als ein einziger schwarzer Tintenklecks sei. Die Schildkröte ist beides, sie ist schwarz und licht. Doch gehen wir zu Einzelheiten über.

Einige Monate, ehe ich zum ersten Male auf der Gruppe an Land ging, kreuzte mein Schiff in ihrer nächsten Nähe. Eines Nachmittags befanden wir uns auf der Höhe der Südspitze von Albemarle und nicht sehr weit von der Küste entfernt. Teils aus übermütiger Laune, teils von dem Wunsche beseelt, eine so merkwürdige Gegend zu erforschen, schickte man eine Bootsmannschaft an Land mit dem Auftrage, sich möglichst alles anzusehen und so viele Schildkröten, wie das Boot zu tragen imstande sei, mitzubringen.

Es war schon nach Sonnenuntergang, als die Abenteurer zurückkamen. Ich blickte über die hohe Schiffswand hinunter wie in einen Brunnen und sah das von Dünsten umwobene Boot, das mit ungewohnter Last tief ins Meer eintauchte. Taue wurden über Bord hinabgeworfen, und nun zogen wir unter großer Anstrengung drei vorsintflutlich aussehende Schildkröten an Deck. Sie schienen kaum aus irdischem Samen entstanden zu sein. Fünf lange Monate hatten wir uns weit auf dem Wasser herumgetrieben, und diese Zeitspanne reichte für träumerische Gemüter völlig hin, alle Gegenstände die vom Lande stammten, in märchenhaftem Licht zu sehen. Wenn damals drei spanische Zollbeamte an Bord gekommen wären, hätte ich sie wahrscheinlich neugierig angestarrt, betastet und gestreichelt, wie Wilde ihre zivilisierten Gäste zu behandeln pflegen. Aber anstelle dreier Zollbeamten seht nun diese wahrhaft wunderbaren Schildkröten — nicht die Sumpfschildkröten unserer Knabenjahre, sondern schwarz wie Witwengewänder, schwer wie Panzerschränke und mit mächtigen Schalen, geprägt und gewölbt wie Schilde; mit Buckeln und Zacken versehen wie Schilde, die einer Schlacht getrotzt haben, und überdies hier und da zottig behaart mit grünem Moos und schleimig vom Schaum des Meeres. Diese mystischen Kreaturen, so plötzlich bei Nacht aus unsäglichen Einsamkeiten auf unser belebtes Deck versetzt, erregten mich in schier unerklärlicher Weise. Sie schienen kürzlich unter den Grundfesten der Welt hervorgekrochen, ja dieselben Schildkröten zu sein, auf denen sich nach dem Hinduglauben das gesamte Weltall erhebt. Mit einer Laterne untersuchte ich sie genauer. Welch heiligverehrungswürdiger Anblick! Pelziges Grün bedeckte die rauhen Abschürfungen und heilte die Risse ihrer zersprungenen Schalen. Ich sah nicht mehr drei Schildkröten; sie wuchsen, verwandelten sich. Mir war, als sähe ich drei römische Kolosseen in erhabenem Verfall.

Ihr ältesten Einwohner dieser oder einer anderen Insel, sprach ich, verleiht mir, bitte, das Bürgerrecht in euren dreifach ummauerten Städten!

Das von diesen Geschöpfen eingegebene große Gefühl war das des Alters – zeitloser, unbegrenzter Dauer. Und daß wirklich keine andere Kreatur so lange leben und atmen kann wie die Schildkröte der Encantadas, will ich bereitwillig glauben. Ich rede hier nicht von ihrer bekannten Fähigkeit, am Leben zu bleiben, auch wenn sie ein ganzes Jahr keine Nahrung findet: seht nur ihre undurchdringliche Rüstung aus lebenden Panzerplatten! Welches andere Lebewesen besitzt eine solche Festung, um den Stürmen der Zeit zu trotzen?

Als ich, die Laterne in der Hand, zwischen dem Moos schabte und die alten Narben der Verletzungen sah, die sie bei manchem plötzlichen Sturz in den Mergelgebirgen der Insel erhalten hatten – seltsam klaffende, geschwollene und halb verwischte Narben, aber so verkrümmt, wie sie sich manchmal in der Rinde sehr alter Bäume zeigen –, schien ich jenen Erforschern des Erdaltertums zu gleichen, welche auf ausgegrabenen Schieferplatten Vogelspuren und sonstige Zeichen studieren, die der Fuß fabelhafter Geschöpfe, deren Andenken längst erloschen ist, hinterlassen hat.

Als ich in dieser Nacht in meiner Hängematte lag, hörte ich mir zu Häupten die drei gewaltigen Fremdlinge auf dem mit vielerlei Gerät gefüllten Deck langsam und träge umherkriechen. Ihr Stumpfsinn oder ihre Halsstarrigkeit war so groß, daß sie nie einem Hindernis auswichen. Eins der Geschöpfe stellte seine Bewegungen um die Zeit vor der Hundewache völlig ein. Bei Sonnenaufgang fand ich es wie einen Sturmbock gegen den unbeweglichen Fuß des Fockmastes gestemmt, wo es noch immer – mit Klauen und Zähnen – versuchte, sich den unmöglichen Durchgang zu erzwingen. Daß diese Schildkröten die Opfer einer strafenden, boshaften oder vielleicht gar teuflischen Verwünschung sind, tritt in nichts deutlicher in Erscheinung als in diesem seltsamen Trotz einer hoffnungslosen Anstrengung, von dem sie so oft besessen sind. Ich sah sie, wie sie sich auf ihren Gängen heldenhaft gegen Felsen stemmten und dort lange verharrten, stoßend, wühlend und keilend, als wollten sie die Felsen verrükken, um so ihren unbeirrbaren Weg fortsetzen zu können. Es ist ihr größter Fluch, daß sie sich in einer von Hindernissen erfüllten Welt abplagen müssen, stets geradeaus zu gehen.

Die anderen Schildkröten, deren Weg nicht auf solche Weise versperrt war, stießen nur mit kleinen Hindernissen, Blöcken, Eimern und Taurollen, zusammen und glitten mitunter, wenn sie darüber hinwegkrochen, mit schrecklichem Gerassel aufs Deck. Während ich so dem Schurren und Poltern über mir lauschte, versetzte ich mich im Geist in die Gegend, aus der sie kamen, eine Insel voll metallischer Schluchten und Klüfte, bodenlos versunken im Schoß zertrümmerter Berge, die meilenweit mit unentwirrbarem Dickicht bedeckt waren. Dann malte ich mir die drei immer der Nase nach gehenden Ungetüme aus, wie sie sich, schwarz wie Grobschmiede, durch die Schatten der Jahrhunderte wanden. Sie krochen so langsam und schwerfällig, daß nicht nur unter ihren Füßen Pilze und allerlei Moderdinge hervor-

wuchsen, sondern auch rußiges Moos auf ihren
Rücken sproßte. Ich verlor mich mit ihnen in vulkanischen Labyrinthen, schob endloses Gestrüpp fau-
lenden Buschwerks zur Seite und fand mich schließlich mit gekreuzten Beinen auf der vordersten Schildkröte sitzen, während rechts und links von mir ebenso
zwei Brahmanen ritten, so daß ein Dreifuß von Köp-
fen entstand, auf dem die Kuppel des Alls ruhte.
Solchergestalt war der wilde Alptraum, den mein
erster Eindruck von der Galápagos-Schildkröte er-
zeugte. Aber am nächsten Abend — es klingt wunderlich genug — saß ich bei meinen Schiffskameraden
und verspeiste vergnügt Schildkrötenschnitzel und
Schildkrötenschmorbraten. Nach der Mahlzeit zog
ich mein Messer und half ihnen, die drei mächtigen
Hohlschalen in märchenhafte Suppenterrinen um-
zuwandeln, worauf ich die drei flachen gelblichen
Brustschilde polierte, bis sie zu drei prächtigen Ser-
vierbrettern wurden.

*Dritte Skizze*

DER RODONDO-FELSEN

Einen hohen steinernen Turm zu besteigen, ist nicht
nur ohnehin ein sehr schönes Erlebnis, sondern auch
das beste Mittel, einen umfassenden Rundblick auf
die Umgebung zu gewinnen. Noch besser, wenn der
Turm ganz allein steht wie jener geheimnisvolle
Turm von Newport, oder wenn er als einziger Überrest eines verfallenen Schlosses stehengeblieben ist.
Wenn wir uns nun wieder zu den Verwunschenen
Inseln wenden, so sind wir hier glücklicherweise mit
einem solchen herrlichen Aussichtspunkt, nämlich

248

einem bemerkenswerten Felsen, versehen, der nach
seiner eigentümlichen Gestalt von den Spaniern seit
alters Rodondo-Felsen oder Runder Felsen genannt
wird. Ungefähr zweihundertfünfzig Fuß hoch, ragt
er, zehn Meilen von der Küste entfernt, steil aus dem
Meere. Der ganzen südlichen und östlichen gebirgi-
gen Gruppe gegenüber vertritt der Rodondo-Felsen,
im großen gesehen, durchaus die Stelle des berühmten Campanile oder für sich stehenden Glockenturms
von San Marco, der auf die wirre Ansammlung ur-
alter Gebäude umher herabschaut.

Bevor wir jedoch hinaufsteigen, um einen Gesamt-
blick auf die Encantadas zu werfen, beansprucht
dieser Meeresturm schon an sich unsere Aufmerksamkeit. Er ist in einer Entfernung von dreißig
Meilen sichtbar; völlig jenes Zaubers teilhaft, der
die gesamte Gruppe beherrscht, wird er, wenn man
ihn zum ersten Male von weitem erblickt, unwei-
gerlich für ein Segel gehalten. An goldenen, dunsti-
gen Nachmittagen gleicht er in einer Entfernung
von vier Seemeilen einem spanischen Admiralsschiff
mit all seinen schimmernden Segeln. Ahoi! ahoi!
ahoi! schallt es von allen drei Masten. Bricht aber
die Nacht herein, so verwandelt sich die verwunschene
Fregatte allmählich in einen Felskegel.

Mein erster Besuch dieses Ortes fand im Morgengrauen statt. Mit der Absicht, auf Fischfang zu gehen,
hatten wir drei Boote zu Wasser gelassen, waren etwa
zwei Meilen vom Schiff hinweggerudert und befanden uns just vor Dämmerung im Mondschatten des
Rodondo-Felsens. Im doppelten Zwielicht der Stunde war sein Anblick gesteigert und dennoch abge-
schwächt. Fern im Westen gloste der große Voll-

mond wie ein halb erloschener Leuchtturm und warf
einen sanften Schein aufs Meer wie die verglim-
menden Scheite eines Kaminfeuers um Mitternacht.
Gleichzeitig schickte die noch unsichtbare Sonne
längs des ganzen östlichen Himmels die bleichen Zeichen ihrer Ankunft voraus. Der Wind wehte leicht,
träge regten sich die Wellen, und die Sterne funkel-
ten in mattem Glanze. Die ganze Natur schien, von
ihrer langen Nachtwache erschöpft, mit verhaltenem
Atem auf die Sonne zu warten. Dies war die richtige
Stunde, den Rodondo-Felsen in seiner ganzen Eigen-
art zu erleben. Das Zwielicht reichte gerade hin,
jedes seiner besonderen Merkmale zu offenbaren,
ohne daß der dämmerhafte Zauber, der ihn umhüllte,
zerrissen wurde.
Auf einem verwitterten treppenartigen Sockel, den
die Wellen wie die Stufen eines Wasserpalastes überspülten, wuchs der Turm in übereinandergelager-
ten Schichten bis zu seinem kahlen Scheitel empor.
Diese gleichförmigen Schichten, aus denen sich das
ganze Gebilde zusammensetzt, geben ihm sein eigen-
tümliches Gepräge. An ihren Nähten sind flache,
simsartig herumgehende Vorsprünge gebildet, die
sich in abgestuften Reihen vom Fuß bis zum Gipfel hinaufziehen. Und wie die Dachrinnen einer alten Scheune oder Abtei mit Schwalben, so waren all
diese felsigen Simse mit unzähligen Seevögeln be-
völkert. Dachrinnen über Dachrinnen, Nester über
Nester. Hie und da zogen sich lange Streifen von
Vogelkot herab, die den Turm vom Meer bis in die
Lüfte mit geisterhaftem Weiß bedeckten und dadurch erklärten, daß man ihn aus der Ferne für ein
Segel halten konnte. Alles wäre unheimlich still ge-

wesen, wenn die Vögel nicht einen geradezu höllischen Lärm vollführt hätten. Sie umflatterten nicht nur die Simse, sondern flogen auch in dichten Scharen darüber, indem sie einen geflügelten und ständig wechselnden Thronhimmel über dem Felsen ausbreiteten. Der Turm stellt den Stützpunkt der Wasservögel in einem Umkreis von hundert Meilen dar. Nach Norden, Osten und Westen erstreckt sich weiter nichts als der unendliche Ozean. Der Fregattvogel, der von den Küsten Nordamerikas, Polynesiens oder Perus geflogen kommt, stößt am Rodondo zum ersten Mal auf Land. Aber obwohl der Felsen richtiges Land ist, hat sich noch nie ein Landvogel auf ihm niedergelassen. Stellt euch vor, daß es dort Rotkehlchen oder Kanarienvögel gäbe! Wie wäre solch armer Sänger unter die Philister gefallen, wenn ihn diese Heuschreckenschwärme starker Banditenvögel mit ihren langen, grausamen, dolchartigen Schnäbeln umgäben!

Ich weiß nicht, wo man die Naturgeschichte der seltsamen Seevogelwelt besser studieren könnte als am Rodondo. Er ist das Vogelhaus des Ozeans. Hier landen Vögel, die noch nie einen Mast oder einen Baum berührt haben, Einsiedlervögel, die stets allein fliegen, Wolkenvögel, die mit den unerforschten Bezirken der Lüfte vertraut sind.

Werfen wir zunächst einen Blick nach ganz unten auf die tiefste und zugleich breiteste aller dieser Stufen, die nur geringfügig über den Wasserspiegel hinausragt. Was für fremdartige Geschöpfe sehen wir dort? Aufrecht wie Menschen, aber kaum so ebenmäßig gebaut, umstehen sie den ganzen Felsen wie gemeißelte Karyatiden, die die nächsthöhere Abteilung des Gesimses tragen. Ihre Körper sind seltsam verunstaltet, ihre Schnäbel kurz. Ihren Füßen scheinen die Beine zu fehlen, während die Gliedmaßen an ihren Seiten nicht Flossen, nicht Flügel, nicht Arme sind. Wirklich ist der Pinguin nicht Fleisch, nicht Fisch, nicht Geflügel; als Speise gehört er weder in die Faschings- noch in die Fastenzeit, und man kann ihn ohne weiteres als die zweideutigste und unliebenswürdigste aller bisher vom Menschen entdeckten Kreaturen ansehen. Obgleich er sich in allen drei Elementen tummelt, weil er ein kümmerliches Anrecht auf sie alle besitzt, ist der Pinguin doch in keinem heimisch. Auf der Erde muß er watscheln, im Wasser wricken und in der Luft mit den Flügeln klappen. Als schäme sich die Natur ihres Versagers, hält sie dieses linkische Kind an den Enden der Welt, in der Magellanstraße und im Erdgeschoß des Rodondo-Felsens, verborgen.

Doch seht, was für traurige Regimenter dort auf dem nächsthöheren Sims stehen! Welch wunderliches Gevögel, in Reih und Glied aufgestellt. Sind es Brüder eines grauen Ordens vom Meere? Pelikane sind es. Ihre langen Schnäbel und schweren ledernen Kehlsäcke geben ihnen ein höchst jammervolles Gepräge. Ein Denkergeschlecht, stehen sie stundenlang regungslos beisammen. Ihr dunkles, aschfarbenes Gefieder verleiht ihnen ein Aussehen, als ob sie mit Asche überstäubt wären. Sinngemäß siedelt dieser bußfertige Vogel an den Gestaden der schlackigen Encantadas, wo der geplagte Hiob selber gesessen und sich die Schwären mit Topfscherben geschabt haben könnte.

Weiter oben gewahren wir den Gony oder Grauen

Albatros, der nur irrtümlich so heißt; denn dieser unansehnliche, unpoetische Vogel hat nichts mit seinem berühmten Vetter, dem schneeweißen Genius der verdammten Kaps Horn und der Guten Hoffnung, gemein.

Während wir weiter von Stufe zu Stufe hinaufsteigen, treffen wir die Bewohner des Turms, reihenweise nach ihrer Größe geordnet, an: Tölpel, schwarze, gesprenkelte Scherenschnäbel, Meerhäher, Lummen, Walfischvögel und Möwen aller Arten – Throne, Fürstentümer und Mächte, die in parlamentarischer Anordnung übereinander herrschen. Aber gleich einer stets wiederkehrenden Fliege in einem Tapetenmuster überall unter sie versprengt, läßt der Sturmvogel oder Mutter Kareys Küchlein unablässig seine Klage ertönen. Dieser geheimnisvolle Kolibri des Meeres könnte, wenn er nur glänzend gefärbt wäre, wegen seiner flüchtigen Behendigkeit fast der Schmetterling des Meeres genannt werden; doch klingt sein Gezirp unterm Heck dem Fahrensmann genauso unheilverkündend wie dem Bauern das Klopfen der Totenuhr im Kaminpfosten, und daß er vor allem die Encantadas bewohnt, trägt für den Seemann nicht wenig zu seiner unheimlichen Magie bei.

Mit dem Herannahen des Tages steigert sich das mißtönige Lärmen. Mit ohrenbetäubendem Geschrei begrüßen die wilden Vögel den Morgen. Jeden Augenblick stoßen ganze Schwärme vom Turm ab und vereinigen sich mit dem luftigen, über ihm flatternden Chor, während ihre Plätze unten von neu heranschießenden Myriaden von Vögeln besetzt werden. Aber mitten durch all das aufgeregte Getöse höre ich un-

gebrochene, silberklare, waldhornartige Töne, die
wie einzelne schiefe Tropfen in einem kaskadenarti-
gen Regenschauer herabsinken. Ich blicke ganz weit
hinauf und entdecke ein schneeweißes, engelhaftes
Geschöpf mit einer einzigen langen, lanzenförmigen
Schwanzfeder. Es ist der herrliche, glückbringende
Hahn des Ozeans, jener schöne Vogel, der nach seinem aufmunternden melodischen Pfiff zutreffend
der Bootsmannsmaat genannt wird.

Der flügelumrauschte, von lebendigen Wolken um-
gebene Rodondo-Felsen besaß ein volles Gegenspiel
in den geschuppten Scharen, welche die Fluten an
seinem Fuß bevölkerten. Unter der Wasserfläche
scheint der Felsen eine einzige Wabe von Grotten
zu bilden, die Schwärmen feenhafter Fische als la-
byrinthische Schlupfwinkel dienen. Alle waren phan-
tastisch, viele über die Maßen schön, und sie hätten
den kostbarsten Glaskugeln, in denen Goldfische zu
Schauzwecken gehalten werden, zur Zierde gereicht.
Insbesondere war die völlige Neuartigkeit vieler Geschöpfe aus dieser Menge überraschend. Ihre Farben
waren bis heute nicht gemalt, ihre Formen nicht in
Kupfer gestochen worden.

Um die Zahl, die Freßgier und die unbeschreibliche
Furchtlosigkeit und Zahmheit dieser Fische zu kenn-
zeichnen, will ich nur sagen, daß wir zuweilen
durch klare Wasserschächte, durch die an der Oberfläche in Kreisen sich tummelnden Fische gebildet,
gewisse größere und weniger kecke Burschen bemerkten, welche gemächlich in der Tiefe schwammen.
Unsere Angler versuchten behutsam, ihre Schnüre
bis zu diesen hinabsinken zu lassen. Aber das war
vergebliche Mühe; die obere Zone ließ sich einfach

nicht durchdringen. Sobald der Haken die Flut berührt hatte, wetteiferten hundert Heißsporne um die Ehre des Gefangenwerdens. Arme Rodondo-Fische! In eurer opferbereiten Hingabe gleicht ihr den Leuten, die der menschlichen Natur bedenkenlos trauen, solange sie nicht gelernt haben, sie zu verstehen.

Aber die Dämmerung ist jetzt fast dem Tag gewichen. Schar um Schar ziehen die Seevögel von dannen, um die Tiefe nach Nahrung zu durchforschen. Abgesehen von den Fischen an seinem Fuß, ist der Turm einsam zurückgeblieben. In den goldenen Strahlen schimmert der Vogelkot an seinen Wänden wie die Tünche eines hohen Leuchtturms oder die luftigen Segel eines Kreuzers. In demselben Augenblick, da wir in ihm nur eine einsame, tote Klippe erkennen, schwören zweifellos andere Reisende darauf, daß er ein heiteres, volkreiches Schiff sei.

Doch jetzt Seile her zum Hinaufklettern. Aber seid vorsichtig; denn es ist nicht so leicht.

*Vierte Skizze*

### EIN RUNDBLICK VOM FELSEN

Wenn ihr den Rodondo-Felsen besteigen wollt, laßt euch diesen Rat geben: Segelt dreimal als Großmarsgast auf der höchsten Fregatte, die es gibt, um die Welt. Geht dann ein bis zwei Jahre bei den Bergsteigern in die Lehre, welche die Reisenden auf den Pik von Teneriffa führen, und entsprechend noch mehr Jahre bei einem Seiltänzer, einem indischen Gaukler und einer Gemse. Habt ihr dies vollbracht, so mögt ihr kommen und euch durch die Aussicht von unserm Turm für eure Mühen belohnen lassen.

Wie wir selbst hinaufgelangt sind, wissen nur wir allein. Wenn wir es anderen verrieten – wären sie klüger davon? Genug, wir stehen hier auf dem Gipfel. Hat ein Luftschiffer, hat der Mann im Mond eine weitere Aussicht beim Hinabschauen? Ungefähr so könnte man sich das All, von den himmlischen Zinnen Miltons gesehen, vorstellen. Ein grenzenloses, von Wasser überflutetes Kentucky, in dem Daniel Boone zufrieden gelebt hätte.

Lassen wir einen Augenblick den verbrannten Bezirk der Verwunschenen Inseln beiseite. Schauen wir an ihnen vorbei nach Süden. Zwar seht ihr dort nichts; aber ihr müßt mir erlauben, euch die Richtung, wenn nicht die genaue Lage einiger interessanter Stellen im weiten Meer zu zeigen, das sich, den Fuß des Turmes küssend, vor unserm Blick bis zum Südpol hinwälzt.

Wir befinden uns hier zehn Meilen vom Äquator entfernt. Dort drüben, etwa 600 Meilen ostwärts, liegt das Festland; dieser Felsen erhebt sich ziemlich genau auf dem Breitengrad von Quito.

Hier könnt ihr noch etwas anderes bemerken. Wir befinden uns auf einer von drei unbewohnten Inselgruppen, die in fast gleichem Abstand vom Festlande, weit voneinander getrennt, die gesamte Küste von Südamerika bewachen. In eigentümlicher Weise bewahren sie auch den südamerikanischen Charakter der Gegend. Von den unzähligen polynesischen Inselketten ist nicht eine einzige so beschaffen wie die Encantadas oder Galápagos-Inseln, die Inseln St. Felix und St. Ambrosius und die Inseln Juan Fernandez und Mas-a-fuera. Von den Encantadas brauchen wir jetzt nicht zu sprechen. St. Felix und

St. Ambrosius liegen etwas oberhalb des südlichen Wendekreises; hohe unwirtliche und unbewohnbare Inseln, bestehen sie aus zwei durch ein flaches Riff verbundenen Hügeln, die zwei riesenhaften, mit einer Kette verbundenen Kanonenkugeln gleichen. Juan Fernandez und Mas-a-fuera liegen auf dem drei- unddreißigsten Breitengrad und sind steil, wild und zerklüftet. Juan Fernandez ist schon berühmt genug und bedarf keiner weiteren Beschreibung. Mas-a- fuera ist ein spanischer Name, der besagt, daß die so benannte Insel »weiter draußen«, das heißt, wei- ter vom Festland entfernt, liegt als die Nachbarinsel Juan. Die Insel Mas-a-fuera bietet in einer Entfer- nung von acht bis zehn Meilen einen großartigen Anblick. Nähert man sich ihr bei bewölktem Him- mel aus bestimmter Richtung, so verleihen ihre be- deutende, überhängende Höhe, ihr zerklüfteter Um- riß und eine eigenartige Abdachung ihres breiten Kammes ihr das Aussehen eines gewaltigen Eisber- ges, der in furchtbarem Gleichgewicht dahintreibt. Ihre Wände sind von dunklen, grottenartigen Ein- buchtungen ausgehöhlt wie eine alte Kathedrale von ihren dämmerigen Seitenkapellen. Nähert ihr euch diesen Klüften nach einer langen Reise vom Meere her und seht ihr einen zerlumpten Vogelfreien, auf einen Stab gestützt, von den steilen Felsen herab auf euch zukommen, so beschleicht euch, falls ihr Liebhaber des Pittoresken seid, ein recht sonder- bares Gefühl.

Auf Fischfangtouren von Bord aus habe ich ver- schiedentlich Gelegenheit gehabt, jede dieser Grup- pen zu besuchen. Einem Fremden, der in einem Boot dicht an ihre grimmigen Klippen heranrudert, vermitteln sie den Eindruck, daß er sich für ihren ersten Entdecker halten muß – so unvergleichlich sind die Stille und Einsamkeit, die meistens dort herrschen. Nebenbei ist hier die Art und Weise, wie diese Inseln tatsächlich von Europäern zum ersten Male betreten wurden, erwähnenswert; denn was darüber verlautet, könnte ebensogut auf die Entdeckung der Encantadas passen.

Vor dem Jahre 1563 waren die Reisen spanischer Schiffe von Peru nach Chile überaus beschwerlich. Längs der Küste herrschen gewöhnlich Südwinde vor; daher pflegte man sich stets dicht am Lande zu halten, weil sich die abergläubischen Spanier einbildeten, daß sie, sobald es ihnen außer Sicht käme, vom ewigen Passat in die unendlichen Gewässer, von wo es keine Wiederkehr gäbe, hinausgetrieben würden. Von zerklüfteten Kaps und Landzungen, Untiefen und Riffen eingeschlossen, gegen beständigen Gegenwind lavierend und manchmal für Tage und Wochen in vollkommene Flauten versinkend, hatten die Schiffe der spanischen Provinzen auf Fahrten, die, wie es heutzutage scheint, unglaublich verzögert wurden, oft die ärgsten Unbilden zu bestehen. In einer Sammlung von Schiffskatastrophen findet sich ein Bericht über eines dieser Schiffe, welches zu einer Reise, deren Dauer man auf zehn Tage schätzte, aufbrach, vier Monate auf See verbrachte und nie seinen Bestimmungshafen erreichte, weil es schließlich Schiffbruch erlitt. Es mutet seltsam an, daß dieses Fahrzeug nie in einen Sturm geriet, sondern nur der geplagte Spielball tückischer Windstillen und Strömungen war. Dreimal mußte es, weil ihm der Proviant ausging, zu einem der benachbarten

Häfen zurücksegeln; nach jedem Versuch, von dort weiterzukommen, mußte es wieder umkehren. Häufig war es von Nebeln eingehüllt, so daß man nicht feststellen konnte, wo man sich befand. Als alle Mann an Bord schon in freudiger Erwartung den Bestimmungshafen zu sichten glaubten, siehe, da teilten sich die Nebel und ließen die Berge erkennen, von denen man zuallererst abgereist war. In den gleichen trügerischen Dünsten war das Schiff schließlich auf ein Riff gelaufen, und es folgte eine lange Kette von Mißgeschicken, die gar zu traurig sind, um hier im einzelnen wiedergegeben zu werden.

Der berühmte Lotse Juan Fernandez, unsterblich durch die nach ihm benannte Insel, war es, der dieser bedauernswerten Küstenschiffahrt ein Ende bereitete, indem er – wie vor ihm Vasco da Gama in Europa – den kühnen Versuch wagte, sich in weitem Abstand vom Lande zu halten. Hier fand er die günstigen Winde, die es ihm erlaubten, nach Süden zu gelangen; indem er westwärts fuhr, bis er den Einfluß der Passate hinter sich gelassen hatte, vermochte er die Küste mühelos wieder zu erreichen. Obwohl dies ein weiter Umweg war, ging die Überfahrt auf diese Weise schneller vonstatten als auf dem geraden Wege. Nun wurden um das Jahr 1670 auf diesen neuen Bahnen die Verwunschenen Inseln und die anderen Wachtpostengruppen, wie man sie mit Recht nennen könnte, entdeckt. Obgleich mir kein Bericht darüber vorliegt, ob man einige von ihnen bewohnt fand, kann man aus guten Gründen schließen, daß sie seit undenklichen Zeiten unbesiedelt sind. Doch kehren wir nun zu unserm Rodondo zurück.

Südwestlich von unserm Turm dehnt sich, Hunderte

von Meilen entfernt, ganz Polynesien aus; aber genau westlich, auf der Linie seines Breitengrades, erhebt sich kein Land, bis euer Kiel den Strand der
Kingsmills berührt – was immerhin eine hübsche
kleine Reise von fünftausend Meilen bedeutet.

Nachdem wir durch so abgelegene Hinweise, die jedoch einzig dem Rodondo angemessen sind, unsern
relativen Ort auf dem Meere bestimmt haben, wol-
wir Gegenstände betrachten, die näher liegen,
nämlich die wilden und zu Kohle verbrannten Verwunschenen Inseln. Die nächste kraterförmige Landspitze dort ist ein Teil von Albemarle, der größten
Insel der Gruppe, die mindestens sechzig Meilen lang
und fünfzehn breit ist. Habt ihr je den wirklichen
Äquator gesehen, je die Linie betreten? Nun, dieselbe
kraterförmige Landzunge dort, die ganz aus gelber
Lava besteht, wird genau vom Äquator zerschnitten,
wie man eine Kürbispastete mit einem Messer in
zwei Hälften teilt. Wenn ihr nur über das Gesenke
an der einen Seite der Landspitze hinwegsehen könntet, würdet ihr einen Blick auf die Insel Narborough,
die höchste der Gruppe, erhaschen. Dort gibt es überhaupt kein Erdreich; die Insel ist vom Fuß bis zum
Gipfel aus Klinkern gefügt und strotzt von schwarzen Höhlen wie von Schmieden; ihr metallischer
Strand klingt unter den Füßen wie Eisenplatten,
und ihre Zentralvulkane sind wie ein ungeheurer
Schornstein angeordnet.

Narborough und Albemarle sind Nachbarn auf ganz
eigentümliche Art. Eine vertraute Figur möge dieses seltsame Nachbarschaftsverhältnis erläutern:

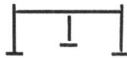

Wenn ihr einen Kanal durch das Verbindungsstück des obigen Buchstabens grabt, dann ist der mittlere Querast Narborough und alles übrige Albemarle. Das vulkanische Narborough liegt zwischen den schwarzen Kinnbacken von Albemarle wie die rote Zunge eines Wolfes in seinem offenen Rachen.

Wenn ihr etwas über die Bevölkerung von Albemarle wissen möchtet, so kann ich euch nach den zuverlässigen Schätzungen, die ich am Ort angestellt habe, in runden Zahlen mit dieser Statistik dienen:

| | |
|---|---:|
| Menschen | keine |
| Ameisenfresser | unbekannt |
| Menschenhasser | unbekannt |
| Eidechsen | 500 000 |
| Schlangen | 500 000 |
| Spinnen | 10 000 000 |
| Salamander | unbekannt |
| Teufel | unbekannt |
| ergibt eine glatte Summe von | 11 000 000. |

In dieser Zahl sind jedoch die unübersehbaren Heere von Teufeln, Ameisenfressern, Menschenhassern und Salamandern nicht enthalten.

Albemarle öffnet seinen Rachen gegen Sonnenuntergang. Seine mächtigen Kinnbacken bilden eine große Bucht, die von Narborough, seiner Zunge, in zwei Hälften geteilt wird, die Luvbucht und Leebucht heißen; die vulkanischen Vorgebirge, die ihre Küsten abschließen, werden Südspitze und Nordspitze genannt. Ich erwähne dies, weil die Buchten für den Pottwalfang, der dort betrieben wird, berühmt sind. Die Walfische kommen zu gewissen Zeiten hierher, um zu kalben. Als die ersten Schiffe in der Gegend kreuzten, versuchten sie, wie ich gehört habe, den Eingang der Leebucht abzuriegeln; dann fuhren ihre Boote durch die Luvbucht herum und durchliefen den Narborough-Kanal, so daß man die Leviathane ganz hübsch in der Falle hatte.

Einen Tag nach unserer Fischerei am Fuße des Runden Turmes wehte eine steife Brise. Als wir um die nördliche Landspitze herumflitzten, erblickten wir eine Flotte von ganzen dreißig Segelschiffen, die wie ein Geschwader in Linie gegen den Wind kreuzten. Welch stolzer, selten erlebter Anblick — welch harmonischer Einklang der geschwinden Kiele! Ihre dreißig Kielschweine summten wie Harfensaiten, und das schienen sie zu sein, als sie ihre parallelen Spuren auf dem Meer zurückließen. Allein bald zeigte es sich, daß der Jäger für das Wild zu viele waren. Die Flotte löste sich auf und kam uns auf getrennten Bahnen außer Sicht; nur mein eigenes Schiff und zwei schmucke englische Segler blieben zurück. Auch diese hatten kein Jagdglück und verschwanden, und so war die Leebucht mit allem Zubehör und ohne einen Rivalen uns ganz allein überlassen.

Beim Kreuzen verfährt man hier so: Man hält sich immer im Eingang der Bai, indem man mit einem Zug hinein- und mit dem anderen herauslaviert. Aber manchmal — wenn auch nicht immer, wie es in anderen Teilen der Gruppe der Fall ist — bricht eine reißende Strömung aus ihrer Mündung hervor. Dann heißt es, alle Segel setzen und ganz vorsichtig lavieren. Wie oft habe ich, wenn sich unser Bug geduldig zwischen die Inseln schob, bei Sonnenaufgang vorn am Fockmast gestanden und auf diese Küsten geschaut, die nicht aus Erdschollen, sondern aus Klinkern bestehen, und über die nicht sprühende Bergwasser, sondern Ströme gepeinigter Lava fließen.

Wenn das Schiff von der offenen See aus einfährt, sieht man Narborough von der Seite wie eine einzige dunkle Gesteinsmasse, die sich ungefähr fünf- bis sechstausend Fuß über dem Meeresspiegel erhebt; ihre Spitze ist von einer dichten Wolkenkappe umhüllt, deren untere Grenze sich deutlich gegen die Felsen absetzt wie die Schneegrenze in den Anden. In der Finsternis droben braut sich schauriges Unheil zusammen. Dort sind feurige Dämonen am Werke, die die Nächte mitunter auf Meilen im Umkreis mit geisterhaften Strahlungen erhellen, ohne sich freilich sonstwie anzukündigen. Zu anderen Zeiten offenbaren sie sich durch furchtbare Beben und das ganze Schauspiel einer vulkanischen Entladung. Je schwärzer die Wolke am Tage ist, einen um so helleren Lichtschein könnt ihr in der Nacht erwarten. Wenn Walfänger in der Nähe dieses brennenden Berges kreuzten, erglänzte die ganze Weite in einer ballsaalartigen Beleuchtung. Auch könntet ihr die gläserne Insel Narborough eine Glasfabrik mit all ihren hohen Essen nennen.

Wo wir noch immer stehen, hier auf dem Rodondo nämlich, können wir nicht alle anderen Inseln erblicken; doch läßt sich von hier aus gut ihre Lage bestimmen. Dort drüben, in ostnordöstlicher Richtung, gewahre ich eine ferne, umdunstete Hügelkette. Es ist die Insel Abington, eine der nördlichsten der Gruppe − so einsam, kahl und abgelegen, daß sie, von unserer nördlichen Küste gesehen, wie ein Niemandsland anmutet. Ich bezweifle, daß mehr als zwei menschliche Wesen je diese Stätte betreten haben. Was die Insel Abington angeht, wären Adam und die Billionen seiner Nachkommen unerschaffen geblieben.

Südlich von Abington, durch den langen Rücken von Albemarle gänzlich dem Blick entzogen, liegt die Jakobsinsel, die ihren Namen von den frühen Bukaniern nach dem unglücklichen Stuart, Herzog von York, erhielt. Übrigens kann man hier beobachten, daß außer den Inseln, die erst in verhältnismäßig neuer Zeit erforscht wurden und die meist nach berühmten Admiralen benannt sind, die Encantadas erstmalig von den Spaniern getauft wurden. Doch wurden diese spanischen Namen auf den englischen Karten zugunsten der später von den Bukaniern gegebenen Namen gelöscht, die die Inseln ihrerseits um die Mitte des siebzehnten Jahrhunderts nach englischen Adligen und Königen benannten. Von diesen königstreuen Freibeutern und dem, was ihren Namen mit den Encantadas verbindet, werden wir später noch hören. Eine Kleinigkeit sei jedoch gleich hier erwähnt; denn zwischen der Jakobsinsel und Albemarle liegt ein phantastisches Eiland, das seltsamerweise als »Cowleys Verwunschene Insel« bekannt ist. Da aber die ganze Gruppe für verwunschen gehalten wird, muß der Grund für die Verwunschenheit und Verwünschung, den diese Bezeichnung enthält, angegeben werden. Der Name wurde der Insel von jenem berühmten Bukanier selbst nach seinem ersten Besuch verliehen. In seinem veröffentlichten Reisebericht sagt er darüber: »Meine Phantasie hat mich verleitet, sie 'Cowleys Verwunschene Insel' zu nennen; denn wenn wir sie von verschiedenen Punkten der Windrose sahen, erschien sie uns jedesmal in veränderter Gestalt. Einmal glich sie einer zerstörten Festung, dann wieder einer großen Stadt . . .« usw. Kein Wunder, wenn man bedenkt, daß bei den Encantadas sämtliche Spielarten optischer Täuschungen und Luftspiegelungen angetroffen werden.

Daß Cowley seinen Namen mit diesem veränderlichen und narrenden Eiland verband, legt die Vermutung nahe, daß er in ihm sein eigenes Abbild zu erkennen glaubte. Wenn er, was immerhin nicht ausgeschlossen ist, mit dem sanften und sich selbst verleumdenden Dichter Cowley, der zur gleichen Zeit lebte, verwandt gewesen ist, könnte unsere Annahme wohl gerechtfertigt erscheinen; denn Voraussetzungen, wie sie der Benennung dieser Insel zugrunde liegen, sind blutsbedingt und können sowohl bei Piraten wie bei Poeten auftreten.

Noch weiter südlich als die Jakobsinsel liegen die Inseln Jervis, Duncan, Crossmans, Brattle, Woods, Chatham und verschiedene kleinere Inseln – fast durchweg ein Archipel der Dürre, der weder Bewohner noch eine Geschichte kennt und auch in allen künftigen Zeiten auf beide nicht hoffen kann. Nicht weit entfernt befinden sich jedoch ein paar berühmtere Inseln: Barrington, Charles-Insel, Norfolk und Hoods-Insel. Die folgenden Kapitel werden einige Gründe für ihre Berühmtheit aufzeigen.

*Fünfte Skizze*

DIE FREGATTE UND DAS SCHIFF 'SAUSEWIND'

Bevor wir den Rodondo verlassen, dürfen wir nicht vergessen zu erwähnen, daß hier im Jahre 1813 die US-Fregatte 'Essex', Kapitän David Porter, um

Haaresbreite gescheitert wäre. Als sie eines Morgens in einer Flaute lag und von einer kräftigen Strömung geschwind auf den Felsen zugetrieben wurde, entdeckte man ein fremdes Segelschiff, daß im Einklang mit dem bewußten Zauberwesen der Gegend unter einem heftigen Winde zu schaukeln schien, indes die Fregatte regungslos wie gebannt dalag. Aber als sich nun ein leichter Luftzug erhob, jagte die Fregatte sofort dem Feind nach, der für einen englischen Walfänger gehalten wurde. Die Geschwindigkeit der Strömung war jedoch so groß, daß man ihn bald gänzlich aus den Augen verlor. Um Mittag wurde die 'Essex' trotz ihrer Schleppanker so dicht an die schaumgepeitschten Klippen des Rodondo herangetrieben, daß die ganze Mannschaft sie vorübergehend verloren gab. Doch half ihr schließlich eine kräftige Brise, vom Lande abzukommen; dies geschah mit so genauer Not, daß es fast wie ein Wunder erschien.

Auf diese Weise ihrerseits vor dem Untergang gerettet, machte sie sich die Rettung zunutze, um womöglich dem anderen Schiff den Untergang zu bereiten. Man nahm die Jagd in der Richtung auf, in der das fremde Schiff verschwunden war, und sichtete es am folgenden Morgen. Sobald es sich entdeckt sah, hißte es die amerikanischen Farben und hielt sich der 'Essex' fern. Jetzt trat wiederum eine Windstille ein. Noch in der Annahme, das fremde Schiff sei ein englisches, schickte Porter einen Kutter ab, der den Feind zwar nicht entern, aber seine Boote, die ihn ins Schlepp nehmen wollten, vertreiben sollte. Dem Kutter gelang das auch. Daraufhin wurden weitere Boote abgesandt, die das Schiff nehmen sollten; doch zeigte dieses jetzt statt der amerikanischen die englischen Farben. Als die Boote der Fregatte von ihrer erhofften Prise nicht weit entfernt waren, sprang plötzlich erneut eine Brise auf. Das fremde Schiff hielt mit vollen Segeln westlichen Kurs und war der 'Essex', die die ganze Zeit völlig regungslos lag, vor Einbruch der Nacht unterm Horizont entschwunden.

Dieses geheimnisvolle Fahrzeug, das am Morgen die amerikanischen, am Abend die englischen Farben gezeigt und bei einer Flaute die Segel voller Wind gehabt hatte, ward nie wieder gesehen. Wie zumindest die Matrosen schworen, konnte es nur ein Zauberschiff gewesen sein.

Die Kreuzfahrt der 'Essex' im Stillen Ozean während des Krieges von 1812 stellt vielleicht das merkwürdigste und packendste Kapitel in der Geschichte der amerikanischen Marine dar. In den entlegensten Gegenden eroberte sie Segelschiffe, besuchte die fernsten Meere und Inseln, kreuzte lange in der verhexten Nachbarschaft der Encantadas umher und gab zuletzt tapfer ihren Geist auf, als sie im Hafen von Valparaiso gegen zwei englische Fregatten kämpfte. Dieses Schiff wird hier aus demselben Grunde wie die Bukanier erwähnt; denn wie diese kreuzte es lange zwischen den Inseln, jagte Schildkröten an ihren Küsten und erforschte sie allgemein. Aus diesen und anderen Gründen ist die 'Essex' mit den Encantadas eigentümlich verbunden.

An dieser Stelle sei noch gesagt, daß es nur drei wesentliche Augenzeugen gibt, die im Hinblick auf die Verwunschenen Inseln genannt zu werden verdienen: Cowley der Bukanier (1684), Colnett, der Erforscher der Walfangplätze (1793), und Porter, der Kapitän der Kriegsmarine (1813). Im übrigen finden sich nur spärliche und unbrauchbare Angaben einiger weniger Reisender und Abschreiber.

### DIE INSEL BARRINGTON UND DIE BUKANIER

Vor fast zwei Jahrhunderten war die Insel Barrington das Asyl jener berühmten Gruppe der westindischen Bukanier, die nach ihrer Vertreibung aus den kubanischen Gewässern die Landenge von Darién durchquerte, die pazifische Seite der spanischen Kolonien brandschatzte und so pünktlich und regelmäßig wie die moderne Post den königlichen Goldschiffen auflauerte, die zwischen Manila und Acapulco verkehrten. Nach den Strapazen des Seeräuberkrieges kamen sie hierher, um ihre Gebete zu sprechen, ihre Gelage abzuhalten, ihren Schiffszwieback und ihre Dublonen in den Fässern zu zählen und ihre asiatische Seide mit langen Toledanerklingen statt mit Zollstöcken zu messen.

Als sicheren Zufluchtsort und unauffindbares Versteck konnte es dazumal keinen geeigneteren Platz geben. Inmitten eines weiten, schweigenden und nur wenig befahrenen Meeres, von Inseln umgeben, deren unwirtlicher Anblick wohl jeden zufälligen Fahrensmann vertreiben mochte, dennoch nur wenige Tagereisen von den üppigen Ländern, die sie auszuplündern pflegten, entfernt, fanden die Bukanier hier die ungestörte Ruhe, die sie ihrerseits jedem zivilisierten Hafen in jenen Himmelsstrichen frech versagten. Hierher kamen die alten Schnapphähne nach Wetterunbilden, nach einer gelegentlichen Tracht Prügel, die ihnen ihre rachsüchtigen Feinde verabreicht hatten, oder auf eiliger Flucht mit goldener Beute und rekelten sich behaglich außerhalb des Bereiches aller Belästigungen. Indessen war der Platz nicht nur ein sicherer Hafen und Hort des Friedens, sondern verdiente auch anderweitigen Nutzens wegen bewundert zu werden.

Die Insel Barrington ist in vieler Hinsicht zum Kielholen, Ausbessern und Verproviantieren der Schiffe sowie zu anderen seemännischen Zwecken hervorragend geeignet. Hier gibt es nicht nur gutes Trinkwasser und gute Ankerplätze, die durch die hohe Küste von Albemarle vor allen Winden geschützt sind, sondern sie ist auch die verhältnismäßig fruchtbarste Insel der Gruppe. Schildkröten als Speise, Bäume zur Feuerung und langes Gras für Rastplätze sind hier im Überfluß vorhanden; auch gibt es angenehme Spazierwege und verschiedene sehenswürdige Landschaften. Obgleich die Insel Barrington ihrer Lage nach zur verwunschenen Gruppe gehört, ist sie den meisten Nachbarinseln so ungleich, daß sie mit ihnen kaum verwandt zu sein scheint.

»Einst landete ich an ihrer Westseite«, erzählt ein empfindsamer Reisender der alten Zeit, »die auf die schwarze Wand von Albemarle blickt. Ich lustwandelte in Hainen, deren Bäume zwar nicht besonders hoch waren und gewißlich weder Kokosnüsse noch Orangen, noch Pfirsiche trugen, unter denen man jedoch nach der langen Seefahrt recht hübsch spazierengehen konnte, wenn sie auch keine Früchte lieferten. Und hier, auf stillen Plätzen am Rande von Lichtungen und auf beschatteten Höhen, die auf die sanfteste Landschaft hinabsahen – was denkt ihr, sahen meine Augen? Sitze, die Brahmanen oder Vorsitzenden von Friedensgesellschaften angestanden hätten: schöne, nunmehr verfallene Ruhelager aus grasbewachsenen Steinen, die alle Anzeichen dafür trugen, daß sie künstlich hergestellt, sehr alt und zweifellos von den Bukaniern angelegt waren. Eins von ihnen war sogar ein langes Sofa mit Rücken- und Armlehnen gewesen, auf das sich vielleicht der Dichter Gray gern geworfen hätte, um seinen Crébillon zu lesen.

Obgleich die Bukanier zeitweilig hier ganze Monate gelegen und die Stätte als Vorratsplatz für Ersatzspieren, -segel und -fässer gebraucht haben, ist es doch höchst unwahrscheinlich, daß sie jemals Behausungen auf der Insel errichteten. Sie hielten sich hier nur auf, wenn sie ihre Schiffe bei sich hatten, und sicherlich haben sie an Bord geschlafen. Ich erwähne dies, weil ich davon überzeugt bin, daß man die Errichtung solcher romantischen Ruhelager keinem anderen Antrieb zuschreiben kann als reiner Friedsamkeit und inniger Gemeinschaft mit der Natur. Daß die Bukanier die ärgsten Greuel begingen, ist nur zu wahr – daß einige unter ihnen richtige Halsabschneider waren, wird niemand bestreiten wollen; wir wissen aber auch, daß es in ihren Reihen einen Dampier, einen Wafer, einen Cowley und noch andere gab, denen man nichts als ihre unseligen Geschicke vorwerfen kann und die, durch Verfolgung, Mißhelligkeiten oder heimliches und unvergoltenes Unrecht aus der christlichen Gemeinschaft ausgestoßen, die wehmütige Einsamkeit oder die frevelhaften Abenteuer der See aufsuchten.

Jedenfalls liefern diese Überreste von Sitzgelegenheiten, solange sie auf Barrington vorhanden sind, die merkwürdigsten Denkmale für die Tatsache, daß nicht alle Bukanier erbarmungslose Unholde waren.

Indessen entdeckte ich während meiner Streifzüge auf der Insel bald auch Anzeichen anderer Dinge, die sich mit den bekannten wüsten Eigenschaften, die den Freibeutern zweifellos mit Recht allgemein zugesprochen werden, in völliger Übereinstimmung befanden. Wenn ich nur alte Segel und verrostete Faßreifen gefunden hätte, so würde ich höchstens an den Schiffszimmermann und Schiffsböttcher gedacht haben. Dagegen fand ich alte Entermesser und Dolche, förmlich zu Rostfäden zusammengeschrumpft, die ohne Zweifel vormals in spanischen Rippen gesteckt hatten. Diese zeigten den Räuber und den Mörder; aber auch der Zecher hatte seine Spur hinterlassen. Mit Muscheln vermengt, waren auf der Höhe des Strandes hie und da Scherben zerbrochener Krüge verstreut. Sie glichen den Krügen genau, die an der spanischen Küste noch heute für den Wein und die Piscoschnäpse dieser Länder benutzt werden.

Den rostigen Überrest eines Dolches in der einen, die Scherbe eines Weinkruges in der anderen Hand, ließ ich mich auf das verfallene, begrünte Sofa, von dem ich erzählt habe, nieder und sann lange und eingehend über die Bukanier nach. War es zu denken, daß sie heute raubten und mordeten, morgen ruhten und zechten und sich übermorgen in grüblerische Philosophen, in bukolische Dichter und Erbauer von Ruhebänken verwandelten? Es ist, nach allem, nicht völlig unwahrscheinlich. Bedenkt doch nur die Unbeständigkeit des Menschen! Aber wie wunderlich es auch scheinen mag, so muß ich auch weiterhin Nachsicht walten lassen; denn ich denke mir, daß es unter jenen Abenteurern einige edle und gesellige Seelen gab, die zu echter Besinnlichkeit und Tugend befähigt waren.«

## DIE CHARLES-INSEL UND DER HUNDEKÖNIG

Südwestlich von Barrington liegt die Charles-Insel. Und mit ihr hängt eine Geschichte zusammen, die ich vor langer Zeit von einem Bordgenossen, der viele seltsame Lebensläufe kannte, erfahren habe.

Während des ruhmreichen Abfalls der spanischen Provinzen vom Mutterlande focht auf Seiten Perus ein gewisser kreolischer Abenteurer aus Kuba, der wegen seiner Tapferkeit und seines Kriegsglücks schließlich in der vaterländischen Armee zu hohem Rang aufstieg. Der Krieg war zu Ende, Peru fand sich frei und unabhängig wie mancher wackere Ehrenmann, hatte aber ebensowenig Munition in der Lade liegen. Mit anderen Worten, Peru besaß kein Geld mehr, um seine Truppen entlohnen zu können. Der Kreole − seinen Namen hab' ich vergessen − erklärte sich freiwillig bereit, sich mit Land abfinden zu lassen. Darauf erlaubte man ihm, seine Wahl unter den Verwunschenen Inseln treffen zu dürfen, die damals wie heute nominell zum Hoheitsbereich von Peru gehörten. Der Kriegsmann schifft sich stracks ein, besichtigt die Gruppe, kehrt nach Callao zurück und erklärt, daß er eine Urkunde über die Charles-Insel haben wolle. Allerdings müsse darin eine Klausel enthalten sein, daß die Charles-Insel hinfort nicht nur sein Eigentum, sondern für alle Zeiten von Peru unabhängig sei, wie dieses Land von Spanien. Kurz, der Abenteurer verlangt für seine Person, zum obersten Landesherrn der Insel, das heißt zu einem der Fürsten der irdischen Mächte, gemacht zu werden*.

Nun gibt er einen Erlaß heraus, in dem er in sein bis jetzt noch unbevölkertes Königreich Untertanen einlädt. Es melden sich etwa achtzig Seelen beider Geschlechter und schiffen sich, nachdem ihr Führer sie mit dem Nötigen, mit allerlei Gerät sowie ein paar Ziegen und Kühen versorgt hat, in das gelobte Land ein. Kurz vor dem Absegeln erscheint der Kreole selbst als letzter an Bord, seltsamerweise von einer disziplinierten Kavallerie-Kompanie großer, grimmiger Hunde begleitet. Diese verhielten sich während der Überfahrt gegen die Auswanderer ablehnend, blieben, aristokratisch um ihren Herrn geschart, auf dem Achterdeck und warfen verächtliche Blicke nach vorn auf den Pöbel da unten. Ganz ähnlich mögen die Besatzungssoldaten von den Mauern einer eroberten Stadt auf die würdelosen Bürgerhaufen, deren Bewachung ihnen obliegt, hinabsehen.

Nun gleicht die Charles-Insel der Insel Barrington insofern, als sie weit wohnlicher ist als andere Teile

---

* Die amerikanischen Spanier haben es sich schon lange zur Gewohnheit gemacht, verdienstvolle Untertanen mit Inseln zu beschenken. Der Lotse Juan Fernandez verschaffte sich eine Urkunde über die nach ihm benannte Insel und residierte dort einige Jahre, bis Selkirk kam. Allerdings läßt sich annehmen, daß er über seinem Fürstentum zuletzt tiefsinnig wurde; denn bald kehrte er aufs Festland zurück und soll ein sehr geschwätziger Barbier in der Stadt Lima geworden sein.

der Gruppe; doch ist sie doppelt so groß wie Barrington, das heißt, sie mißt vierzig bis fünfzig Meilen im Umfang.

Sobald die Gesellschaft unter Führung ihres Herrn und Gebieters glücklich gelandet war, machte sie sich sofort daran, ihre Hauptstadt zu errichten. Der Bau der Mauern aus Klinkern und des Straßenpflasters aus Lava, die man zierlich mit Schlacke bestreute, machte gute Fortschritte. Auf den am wenigsten unfruchtbaren Hügeln lassen sie ihr Vieh weiden, während die Ziegen, die ihrem Wesen nach Abenteurer sind, die fernsten Einöden der Insel nach einem dürftigen Lebensunterhalt aus hohen Kräutern durchforschen. Inzwischen sorgen die im Überfluß vorhandenen Fische und Schildkröten für die sonstigen Bedürfnisse.

Die Unregelmäßigkeiten, die die Besiedelung ursprünglicher Gebiete anfangs immer hervorzubringen pflegt, wurden in unserem Falle durch den besonders widerspenstigen Charakter eines großen Teiles der Pilger vermehrt. Schließlich sah sich Seine Majestät gezwungen, das Kriegsrecht zu verkünden; eigenhändig jagte und erschoß er mehrere seiner aufständischen Untertanen, die mit höchst fragwürdigen Absichten im Innern der Insel lagerten, wo sie sich bei Nacht wegstahlen, um barfuß und auf Zehenspitzen den Bezirk des Lava-Palastes zu umschleichen. Es muß indessen erwähnt werden, daß vor Einführung dieser strengen Maßnahmen die verantwortlichen Männer sorgfältig ausgesucht und zu einer infanteristischen Leibwache, die der kavalleristischen Hundeleibwache untergeordnet war, zusammengestellt wurden. Die politische Lage dieser unglücklichen Nation kann man sich ungefähr vorstellen, wenn man weiß, daß alle, die nicht zur Leibwache gehörten, regelrechte Verschwörer und tückische Verräter waren. Schließlich wurde die Todesstrafe stillschweigend abgeschafft – in der rechtzeitigen Erkenntnis dessen, daß bei Verhängung eines so strengen Jagdrechts über solche Untertanen der königliche Nimrod binnen kurzem wenig oder überhaupt kein Wild mehr zu schießen gehabt hätte. Der menschliche Teil der Leibgarde wurde jetzt aufgelöst und beauftragt, den Boden zu bearbeiten und Kartoffeln anzubauen, so daß die reguläre Armee nur noch aus dem Hunderegiment bestand. Diese Hunde waren, wie mir gesagt wurde, von besonders wildem Wesen, obgleich ihr Herr sie sich durch strengen Drill gefügig gemacht hatte. Bis an die Zähne bewaffnet, paradiert nunmehr der Kreole, von seinen hündischen Janitscharen umgeben, deren schreckliches Gebell sich als ebenso nützlich erweist wie Bajonette, um revolutionäre Erhebungen niederzuhalten.

Aber die durch das Kriegsrecht kläglich verminderte Bevölkerungszahl der Insel, die auch durch Heirat nicht wesentlich vermehrt wurde, erfüllte sein Herz mit bitterer Enttäuschung. Auf irgendeine Weise mußte für Zuwachs gesorgt werden. Nun wurde damals die Charles-Insel, weil sie etwas Wasser und einen verhältnismäßig angenehmen Anblick bietet, gelegentlich von ausländischen Walfängern aufgesucht. Diese hatte Seine Majestät immer mit einem Hafenzoll belegt, was zu seinen Einkünften beitrug. Allein seine Absichten gingen jetzt noch weiter. Durch hinterlistige Ränke verlockt er hin und wieder ein paar Matrosen, ihre Schiffe zu verlassen und sich unter sein Banner einzureihen. Sobald diese vermißt werden, ersuchen ihre Kapitäne um Erlaubnis, ihnen nachspüren zu dürfen. Darauf verbirgt Seine Majestät sie zunächst sehr sorgfältig und gestattet sodann die unbehinderte Suche. Natürlich werden die Ausreißer nie gefunden, und die Schiffe segeln ohne sie ab.

So wurden durch die doppelbödige Politik des schlauen Monarchen fremde Nationen an der Zahl ihrer Untertanen geschädigt und die seiner eigenen wesentlich vermehrt. Diese abtrünnigen Ausländer schätzte er ganz besonders. Doch wehe den tiefschürfenden Plänen ehrgeiziger Fürsten, wehe der Eitelkeit des Ruhms! Wie die volksfremden Prätorianer, die unklug in den römischen Staat eingeführt und noch weniger klug zu Lieblingen der Kaiser erhoben wurden, schließlich den Thron verhöhnten und stürzten, so zettelten diese gesetzlosen Seeleute mit dem ganzen Rest der Leibgarde und der übrigen Bevölkerung eine schreckliche Meuterei an und bedrohten ihren Gebieter. Mit allen seinen Hunden marschierte er gegen sie, und am Strand entbrannte eine blutige Schlacht. Sie wütete drei Stunden; die Hunde kämpften verbissen, und die Seeleute dachten nur an den Sieg. Drei Menschen und dreizehn Hunde blieben tot auf der Walstatt, auf beiden Seiten gab es viele Verwundete, und der König mußte mit den Überbleibseln seines Hunderegiments fliehen. Der Gegner verfolgte ihn, die Hunde samt ihrem Herrn steinigend, bis in die Wildnis des Inneren. Die Verfolgung abbrechend, kehrten die Sieger in das Dorf am Strande zurück, schlugen die Branntweinfässer auf und verkündeten die Republik. Die toten Männer wurden mit kriegerischen Ehren begraben, die toten Hunde schimpflich ins Meer geworfen. Schließlich kam der flüchtige Kreole unter dem Druck des Hungers von den Hügeln herunter und bot einen Friedensvertrag an. Aber die Rebellen ließen sich auf keine Verhandlungen ein, sondern bestanden auf seiner bedingungslosen Verbannung. Also brachte das nächste Schiff, das an der Insel anlegte, den Exkönig nach Peru.

Die Geschichte des Königs der Charles-Insel bildet ein neues Beispiel für die Schwierigkeiten, die die Kolonisierung brachliegender Inseln durch gewissenlose Pilger mit sich bringt. Zweifellos erkundigte sich der verbannte Monarch, der in Peru, das ihm ein sicheres Ayl in seinem Unglück gewährt hatte, ein besinnliches Landleben führte, bei jedem von den Encantadas kommenden Schiff, ob es nicht eine Nachricht vom Zusammenbruch der Republik, von der Bestrafung der Aufrührer und seiner eigenen Rückberufung auf den Thron bringe. Wahrscheinlich rechnete er darauf, daß die Republik nur ein unglückliches Experiment sei und bald auffliegen würde. Aber nein, die Insurgenten hatten sich zu einer Demokratie zusammengeschlossen, die weder griechisch noch römisch, noch amerikanisch war. Nein, es war überhaupt keine Demokratie, sondern eine dauerhafte Aufruhrokratie, die sich dadurch auszeichnete, daß sie keine Gesetze, sondern nur Gesetzlosigkeit kannte. Deserteure erhielten verlockende Angebote; die Reihen der Republik vermehrten sich durch den Zuzug der Strolche von jedem Schiff, das an ihrem Gestade anlegte. Die Charles-Insel

wurde zum Asyl der Unterdrückten aller Flotten erklärt. Jede entlaufne Teerjacke wurde als Märtyrer
der Freiheit gefeiert und sogleich als Lumpenbürger
in diese Universalnation aufgenommen. Vergebens
suchten die Kapitäne versteckt gehaltener Seeleute,
diese zurückzugewinnen. Ihre neuen Mitbürger
waren um jeden Preis zu ihrer Verteidigung bereit.
Sie hatten zwar wenig Feuerwaffen; aber mit ihren
Fäusten war nicht zu spaßen. So ergab es sich
schließlich, daß kein Schiff, das mit dem Wesen des
Landes vertraut war, dort anzulegen wagte, wenn es
eine Auffrischung auch noch so nötig hatte. Es
wurde – ein Elsaß des Meeres – mit einem Bannfluch
belegt – als unangefochtener Hinterhalt aller Arten
Desperados, die im Namen der Freiheit just das
taten, was ihnen gefiel. Ihre Zahl schwankte ständig.
Matrosen, die von ihren Schiffen nach anderen Inseln oder mit Booten auf See irgendwo in der Nachbarschaft ausgerissen waren, steuerten nach der
Charles-Insel wie nach einem sicheren Hafen, indes
hin und wieder solche, die des Lebens auf der Insel
überdrüssig waren, zu den Nachbarinseln hinüber-
fuhren und sich dort bei fremden Kapitänen als
Schiffbrüchige ausgaben. So kamen sie oft auf Schiffe,
die nach der spanischen Küste segelten, wo sich ihnen
bei ihrer Landung eine mitleidige Börse öffnete.
Während meines ersten Besuches der Gruppe glitt
unser Schiff in einer warmen Nacht gemächlich dahin, als ein Mann auf dem Vorderdeck rief: »Licht
ahoi!« Wir sahen hin und entdeckten ein Strand-
feuer, das dwarsab an einer dunklen Küste brannte.
Unser Dritter Maat war mit dieser Ecke der Welt
nicht vertraut. Er ging zum Kapitän und fragte:

»Soll ich ein Boot hinablassen, Sir? Dort mögen Schiffbrüchige sein.« Der Kapitän lachte recht grimmig, schüttelte die Faust gegen das Feuer und sagte, indem er einen Fluch ausstieß: »Nein, nein, ihr feinen Halunken, ihr werdet in dieser verd… Nacht keins meiner Boote an Land locken. Recht so, ihr Spitzbuben, dort drüben ein Licht aufzustecken wie an einer gefährlichen Küste! Kein kluger Mann wird in Versuchung kommen, hinüberzurudern und nachzusehen, was da gespielt wird; das Licht heißt ihn das Steuerrad drehen und vom Lande weghalten – denn das ist die Charles-Insel. Brassen Sie, Herr Maat, und lassen Sie das Licht achtern brennen.«

*Achte Skizze*

DIE INSEL NORFOLK UND DIE CHOLO-WITWE

Weit im Nordosten der Charles-Insel liegt, von den anderen abgeschieden, die Insel Norfolk. Obschon sie den meisten Reisenden gar nichts sagt, ist diese einsame Insel für mein Gefühl zu einer durch die seltsamsten menschlichen Schicksale geheiligten Stätte geworden.
Ich besuchte die Encantadas damals zum ersten Male. Zwei Tage hatten wir am Strand Schildkröten gejagt. Es fehlte uns an der Zeit, mehr zu fangen, und so banden wir am Nachmittag des dritten Tages unsere Segel los. Wir wollten gerade in See stechen. Der hochgewundene Anker hing und schaukelte noch in den Wellen; das wackere Schiff drehte sich, um die Insel zu verlassen, als der Matrose, der mit mir am Spill drehte, plötzlich innehielt und mich auf einen Gegenstand hinwies, der sich an Land bewegte

– nicht unmittelbar am Strande, sondern etwas zurück, von einer Höhe flatternd.

Mit Rücksicht auf den weiteren Verlauf dieser kleinen Geschichte sei hier erzählt, wie es kam, daß ein Gegenstand, der, zum Teil wegen seiner geringen Größe, von niemand anders an Bord bemerkt wurde, dennoch das Auge meines Gefährten an der Ankerwinde auf sich lenken konnte. Die übrige Mannschaft, darunter ich selber, stand an den Spaken, indes mein Kamerad, der ungewöhnlich erheitert war, bei jeder Drehung auf die schwere Winde sprang und ihr einen zusätzlichen kräftigen Schwung gab, wobei sein fröhlich blitzendes Auge auf das zurückweichende Land gerichtet war. Seinem hohen Standpunkt war es zuzuschreiben, daß er den sonst kaum bemerkbaren Gegenstand sehen konnte. Diese Höhenlage seines Auges war eine Folge der Höhenlage seiner Stimmung, und diese wiederum – die Wahrheit muß ans Licht – eines Trunks peruanischen Branntweins, den ihm am Morgen unser Steward, ein Mulatte, als Lohn für eine Gefälligkeit heimlich zugeschanzt hatte. Nun richtet der Branntwein gewiß viel Unheil an in der Welt; wenn wir jedoch sehen, daß er diesmal das wenn auch indirekte Mittel war, ein menschliches Wesen von einem gar schrecklichen Schicksal zu befreien, müssen wir unbedingt zugeben, daß der Branntwein mitunter auch Gutes tut.

In der angezeigten Richtung über die Flut blickend, sah ich an einem Felsen der Küste, etwa eine halbe Meile vom Meere entfernt, etwas Weißes hängen.

»Es ist ein Vogel – ein Vogel mit weißen Flügeln... Vielleicht ein... Nein, es ist – es ist ein Taschentuch!«

»Ja, ein Taschentuch«, echote mein Kamerad und benachrichtigte mit lautem Ruf den Kapitän. Wie eine große Kanone gerichtet und in Schußstellung gebracht wird, so wurde jetzt das lange Kajütenfernrohr auf dem hohen Achterdeck durch die Besantakelung geschoben, und auf dem Felsen ließ sich deutlich eine menschliche Gestalt erkennen, die uns mit einem Gegenstand, der wie ein Taschentuch aussah, eifrig zuwinkte.

Unser Kapitän war ein flinker, sympathischer Junge. Er ließ das Glas sinken, rannte munter nach vorn und befahl, den Anker wieder hinunterzulassen und ein Boot zu bemannen.

Eine halbe Stunde später kehrte das geschwinde Boot zurück. Es war mit sechs Personen abgefahren und kam mit sieben wieder; die siebente war eine Frau.

Ohne aus kalter Berechnung die Kunstwirkung steigern zu wollen, wünschte ich mir doch, daß ich mit Pastell malen könnte; denn der Anblick dieser Frau hatte etwas ungemein Rührendes. Durch die weichen, melancholischen Striche des Buntstiftes ließe sich nämlich das wehmütige Bild der dunkel umschatteten Cholo-Witwe am besten wiedergeben.

Ihre Geschichte war bald erzählt. Obgleich sie ihre eigene fremde Sprache gebrauchte, wurde sie mühelos verstanden; denn unser Kapitän war lange auf Handelsschiffen an der chilenischen Küste gesegelt und daher im Spanischen wohlbewandert. Hunilla, eine Halbblutindianerin vom Cholo-Stamme aus Payta in Peru, hatte sich drei Jahre vorher mit ihrem jungen, ihr soeben angetrauten Manne von reinem kastilianischem Blute und ihrem einzigen indianischen Bruder Truxill auf einem französischen Walfänger eingeschifft, der unter dem Befehl eines leichtherzigen Mannes stand. Dieses Schiff war nach den Fanggewässern jenseits der Encantadas unterwegs und mußte daher dicht an den Inseln vorbeisegeln. Die kleine Gesellschaft wollte Schildkrötenöl eintragen, eine Flüssigkeit, die wegen ihrer Reinheit und ihres Wohlgeschmacks überall, wo man sie kennt, hoch geschätzt wird und in diesem ganzen Teil der pazifischen Küste wohlbekannt ist. Mit einer Kiste voll Kleider, Werkzeugen, Kochgeräten und einem einfachen Apparat zur Gewinnung des Öls, einigen Faß Schiffszwieback und anderen Dingen, insbesondere zwei Lieblingshunden – diese treuen Tiere sind bei allen Cholos beliebt – landeten Hunilla und ihre Gefährten sicher an dem von ihnen gewählten Platze. Der Franzose verpflichtete sich gemäß dem vor der Reise abgeschlossenen Vertrage, sie nach vier Monaten, in denen er in den westlichen Gewässern kreuzen wollte, wieder abzuholen; denn den drei Abenteurern schien diese Zeit für ihre Zwecke ausreichend zu sein.

Bei der Landung auf der einsamen Insel bezahlten sie den französischen Kapitän für ihre Hinfahrt mit Silber; denn nur unter dieser Bedingung hatte er sich einverstanden erklärt, sie mitzunehmen. Er war bereit, ihnen jede Sicherheit zu geben, daß er sein Versprechen pünktlich einlöse. Felipe hatte sich nach Kräften bemüht, die Zahlung bis zur Rückkehr des Schiffes aufzuschieben, doch vergeblich. Allerdings dachten sie, daß sie ein anderes wertvolles Pfand für die Gutwilligkeit des Kapitäns in Händen hätten. Man vereinbarte nämlich, daß der Preis für die Heimfahrt nicht in Silber, sondern in Schildkröten erstattet werden sollte: hundert frisch erbeutete Schildkröten in die Hand des Kapitäns. Mit einer solchen Zahl glaubten die Cholos bis zur wahrscheinlichen Rückkehr des Franzosen bestimmt rechnen zu können, nachdem sie ihre eigene Arbeit getan hätten. Zweifellos sahen sie in dieser Erwartung die hundert Schildkröten, die sich jetzt noch irgendwo im Innern der Insel herumtrieben, als ebensoviele Geiseln an. Kurz, das Schiff segelte ab. Die drei am Strande Stehenden stimmten in den lauten Jubel der singenden Mannschaft ein. Und bevor der Abend hereinbrach, war das Schiff hinter der Kimm im weiten Meer versunken; seine Masten, drei zarte Striche, entschwanden rasch den Augen Hunillas.

Der Fremde hatte ein leichtfertiges Versprechen gegeben und mit seinen Eiden verankert; aber sowohl Eide wie Anker können versagen. Auf dieser veränderlichen Erde ist ja nichts so beständig wie leichthin gegebene, ungehaltene Versprechen. Widrige Winde aus unbeständigen Himmeln, widrige Launen noch unbeständigerer Gemüter, Schiffbruch oder plötzlicher Tod in einsamen Wellen – woran es auch liegen mochte, der fröhliche Fremde ward nie wieder gesehen.

Welch grausames Los sie aber auch erwarten mochte, vorzeitige Befürchtungen waren nicht Sache des geschäftigen Cholos, der jetzt ausschließlich auf die mühselige Arbeit, die sie hierher geführt hatte, bedacht war. Doch ach, ein Schicksal, das so leichtfüßig nahte wie der Dieb in der Nacht, befreite zwei Mitglieder der kleinen Gesellschaft, ehe noch sieben Wochen verstrichen waren, von all ihren Sorgen zu Wasser und zu Lande. Nun hatten sie es nicht mehr nötig, in heißem Bangen oder in noch heißerer Hoffnung über den Horizont der Gegenwart hinauszustarren; denn ihre eigenen Seelen segelten bereits still in die fernste Zukunft. In angestrengter Fron unter der sengenden Sonne hatten Felipe und Truxill viele Dutzend Schildkröten zu ihrer Hütte gebracht und das Öl daraus gewonnen, als sie sich, von ihrem Erfolg begeistert, für ihre harten Mühen belohnen wollten und gar zu hastig ein Catamaran oder indianisches Floß, wie es in den spanischen Meeren viel benutzt wird, erbauten. Heiter stießen sie ab, um unmittelbar außerhalb eines langen und vielzackig gekerbten Riffs, das in einer Entfernung von etwa einer halben Meile längs der Küste verlief, Fischfang zu treiben. Infolge einer widrigen Strömung oder eines sonstigen Mißgeschicks, vielleicht auch nur einer begreiflichen Nachlässigkeit, die ihrer fröhlichen Stimmung zuzuschreiben war – wenn man es auch nicht hören konnte, schienen sie, nach ihren Gebärden zu urteilen, ein Lied anzustimmen –, wurden sie in tiefem Wasser an das eherne Bollwerk geschleudert, und das schlechtgebaute Catamaran schlug um und brach in Stücke. Von breit heranrollenden Wogen zwischen den zertrümmerten Planken des Floßes und den scharfen Zähnen der Klippe hin und her gerissen, gingen die beiden Abenteurer vor den Augen Hunillas unter.

Vor den Augen Hunillas gingen sie unter. Der wirkliche Jammer des Geschehnisses glitt vor ihren Blikken vorüber wie eine gespielte Tragödie auf der Bühne. Sie saß auf einer kunstlosen Bank zwischen verdorrtem Gestrüpp auf einem etwas landeinwärts gelegenen, hohen Felsen. Das Gestrüpp war so gewachsen, daß sie, um aufs offene Meer hinausschauen zu können, durch die Zweige spähen mußte wie durch das Gitter eines hohen Balkons. Aber an dem Tage, von dem wir sprechen, hatte Hunilla, um das Abenteuer der zwei geliebten Wesen besser verfolgen zu können, die Zweige auf einer Seite zurückgebogen und so festgehalten. Sie bildeten einen ovalen Rahmen, den die grenzenlose blaue Flut ausfüllte wie ein Gemälde. Und dort ließ vor ihren Augen der unsichtbare Maler das von den Wogen herumgestoßene und zertrümmerte Floß entstehen, die ehemals waagerechten Planken schräg aufgerichtet wie geneigte Masten und die vier ringenden, nicht zu unterscheidenden Arme dazwischen. Dann verschwand alles in den sanft wogenden, milchigen Wassern, die langsam das zersplitterte Wrack dahintrugen, und von Anfang bis Ende ging das alles in völliger Lautlosigkeit vonstatten. Der Tod war ein stummes Bild, ein Traum des Auges, ein flüchtiger Schatten wie eine Luftspiegelung.

Das Ganze vollzog sich so unvermittelt, war von einer so sanften, malerischen Wirkung und so weit von ihrem verwitterten Sitz und ihrer üblichen Auffassung der Dinge entfernt, daß Hunilla starrte und starrte und weder einen Finger noch eine Klage erhob. Aber es machte nichts aus, daß sie stumm dasaß und erstarrt auf das stumme Schauspiel hinblickte, da sie anderseits nicht das geringste dazu hätte tun können. Eine halbe Meile Wasser lag dazwischen – wie sollten da ihre verzauberten Arme den beiden Geschlagenen helfen? Die Entfernung war zu groß, die Zeit nur ein rinnendes Sandkorn. Wer wird so närrisch sein, den Donner aufhalten zu wollen, nachdem er den Blitz gesehen? Felipes Leiche wurde an den Strand gespült, die Truxills aber kam nie. Nur sein lustiger, aus goldenem Stroh geflochtener Hut – das gleiche Sonnenblumending, das er, vom Strand abstoßend, ihr zugeschwenkt hatte – grüßte sie, ritterlich bis zum letzten Augenblick, noch jetzt. Aber Felipes Leichnam trieb, einen Arm gewinkelt ausgestreckt, ans Gestade. Im grimmigen Tode gekrampft, schien der liebende Gatte, noch im letzten Schlaf getreu, sein Weib sanft umschließen zu wollen. Willst du, o Himmel, der die Treuen erschuf, treulos sein, wenn Menschen so die Treue halten? Aber wer nie die Treue beschwor, kann sie auch nicht brechen.

Es braucht nicht gesagt zu werden, welches namenlose Weh jetzt die einsame Witwe umfing. Beim Erzählen ihrer eigenen Geschichte ging sie darüber fast völlig hinweg und berichtete nur schlicht das Erlebte. Mögt ihr immerhin ihre Mienen deuten – aus ihren Worten hättet ihr jedoch kaum entnehmen können, daß Hunilla selbst die Heldin ihrer Geschichte war. Allein dadurch hemmte sie nicht unsere Tränen. Aller Herzen bluteten, weil sie ihr Herz so tapfer zu tragen wußte.

Sie zeigte uns nur die Außenseite ihrer Seele und die wunderlichen Runen, die darauf eingegraben waren; ihr Inneres aber verbarg sie in scheuem Stolze. Doch gab es da eine Ausnahme. Ihre kleine olivbraune Hand vor dem Kapitän ausstreckend, sagte sie in weichem und ganz langsamem Spanisch: »Ich begrub ihn, Señor.« Dann hielt sie inne, beugte sich nieder, als kämpfe sie gegen eine sich ringelnde Schlange, fuhr plötzlich empor und wiederholte in leidenschaftlichem Schmerze: »Ich begrub ihn — meine Seele, mein Leben!«

Ohne Zweifel hatte die trauernde Frau mit halb unbewußten, automatischen Bewegungen ihrer Hände ihrem Felipe die letzten Ehren erwiesen und ein rohes Kreuz aus verdorrten Zweigen — denn grüne Reiser gab es ja nicht — zu Häupten des einsamen Grabes aufgepflanzt, wo jetzt der Arme, den die ruhelosen Wasser umhergeworfen hatten, für immer klaglos in ruhigem Hafen schlummerte.

Aber ein dumpfes Gefühl, daß noch ein anderer Leichnam begraben, ein anderes Kreuz, das ein anderes Grab weihen sollte, errichtet werden mußte — ein dumpfes, quälendes Bangen um den noch nicht gefundenen Bruder bedrängte die arme Hunilla. Die Hände noch feucht von der Grabeserde, ging sie zurück zum Strand und wanderte dort, ihr gebanntes Aug' auf die unendlichen Wogen gerichtet, ziellos umher. Aber sie sangen ihr nur ein Trauerlied vor, das ihr den närrischen Gedanken eingab, daß Mörder leiden könnten. Als die Zeit verstrich und sie diese Dinge mit weniger getrübtem Blick betrachtete, gebot ihr ihr strenger katholischer Glaube, dem viel an geweihten Urnen liegt, die frommen Nachforschungen, die sie wie entrückt begonnen hatte, jetzt in vollem Ernst aufzunehmen. Tag um Tag, Woche um Woche betrat sie den schlackigen Strand, bis ihr eifriger Blick schließlich aus einem doppelten Anlaß geschärft wurde. Mit gleicher Sehnsucht spähte sie jetzt nach dem Toten wie nach dem Lebenden aus, nämlich nach dem Bruder und dem Kapitän, die beide auf Nimmerwiedersehen verschwunden waren. In all diesen Aufregungen hatte Hunilla kaum auf die Zeit geachtet, und nur wenige Dinge der Außenwelt konnten ihr als Kalender oder Zifferblatt dienen. Wie dem armen Crusoe auf demselben Meere, zeigte ihr kein Glockengeläut den Ablauf der Woche oder des Monats an; jeder Tag ging unangekündigt vorbei. Kein Hahn leitete die schwülen Morgendämmerungen, keine brüllende Herde die fieberigen Nächte ein. Kein gewohnter und stets wiederkehrender menschlicher oder durch holde Bande mit dem Menschen vermenschlichter Laut unterbrach den glühenden Zauber − bis auf das Gebell der Hunde. Sonst durchdrang ihn nichts als das alles durchdringende, eintönige Rauschen des Meeres. Doch war dies die Stimme, die die Witwe am wenigsten gern hören mochte.

Kein Wunder, wenn in ihrer Seele, indem ihre Gedanken jetzt zu dem nicht wiederkehrenden Schiff schweiften und wieder zurückgestoßen wurden, Hoffnung gegen Hoffnung rang und sie sich zuletzt verzweifelt sagte: »Noch nicht, noch nicht − mein kindisches Herz läuft zu geschwind.« So zwang sie sich für ein paar weitere Wochen Geduld ab. Aber für die, die mit den Kräften der Erde verbunden sind, sind Geduld und Ungeduld ein und dasselbe.

Hunilla versuchte jetzt in ihrem Geist bis auf die Stunde genau zu bestimmen, vor wie langer Zeit das Schiff abgesegelt war und welche Frist noch bis zu seiner Rückkehr verblieb. Doch war ihr dies, wie sie bald einsah, unmöglich. Sie konnte nicht einmal sagen, welchen Tag oder Monat man heute schrieb. Die Zeit war wie ein Labyrinth in dem sich Hunilla gänzlich verloren hatte.

Und nun folgt −

Entgegen meinen eigenen Absichten wird mir hier eine Pause aufgezwungen. Es mag sein, daß der, der in gewisse Wahrheiten eingeweiht ist, zur Geheimhaltung gezwungen ist. Zum mindesten ist es vielleicht nicht immer gut, über sie zu sprechen. Wenn manche Bücher für schädlich gehalten werden und ihr Verkauf untersagt wird, sollte man dann nicht die Träume Schwachsinniger vor noch gefährlicheren Tatsachen bewahren? Wer sich von Büchern verletzen läßt, wird vor Tatsachen nicht sicher sein. Daher sollte man Tatsachen, nicht Bücher verbieten. Aber der Mensch sät ja immer im Winde, der weht, wohin es ihm gefällt – ob zum Bösen oder zum Guten, weiß man nicht. Oft entsteht Böses aus Gutem, Gutes aus Bösem.

Als Hunilla –

Es ist unheimlich zu sehen, wie ein seidiges Tier lange mit einer goldenen Eidechse spielt, bevor es sie verschlingt. Noch viel schrecklicher ist es zu sehen, wie das katzenhafte Schicksal manchmal mit einer Menschenseele spielt und ihr infolge eines namenlosen Zaubers die vernünftige Verzweiflung durch eine unvernünftige Hoffnung ersetzt. Unbewußt ahme ich selbst dieses katzenhafte Wesen nach, indem ich mit dem Herzen des Lesers spiele; denn wenn er nichts dabei fühlt, liest er ohne Nutzen.

»An diesem heutigen Tage segelt das Schiff ab«, sagte Hunilla schließlich zu sich selbst. »Dadurch habe ich einen bestimmten Zeitpunkt, an den ich mich halten kann. Die Ungewißheit bringt mich sonst um den Verstand. In gedankenloser Torheit habe ich immer nur gehofft und gehofft; jetzt im gefestigten Bewußtsein will ich nur noch warten. Erst jetzt lebe ich wirklich und kranke nicht mehr an solcher Verwirrung. Heilige Jungfrau, hilf mir! Du wirst das Schiff zurücklenken. Ach, all ihr langen, peinvollen Wochen – freiwillig geb' ich euch hin für diese Gewißheit, wenn ich euch auch aus meinem Herzen reiße.«

Wie sich Seeleute, vom Sturm auf ein wüstes Gestade geworfen, ein Boot aus den Resten ihres zerstörten Schiffes zusammenflicken, um es auf die gleichen Wogen loszulassen, so seht ihr hier, wie Hunilla, diese einsame, schiffbrüchige Seele, aus Verrat Vertrauen zu schöpfen sucht. O Mensch, du starkes Wesen – ich verehre dich, jedoch nicht im bekränzten Sieger, sondern in diesem besiegten Weibe!

Hunilla klammerte sich an ein Rohr, an ein wirkliches Rohr nämlich, das aus östlichen Ländern stammte. Ein Stück hohles Rohr, von unbekannten Inseln angeschwemmt, war von ihr am Strande gefunden worden. Seine ehemals rauhen Enden sind jetzt wie mit Sandpapier geglättet; sein Goldglanz ist erloschen. Lange am Land und im Meer zwischen Steinen gemahlen, ward die glanzlose Masse glattgeschliffen und hatte nun eine neue Politur, die Politur seiner Martern, aus sich selbst erhalten. Runde Linien, die in Abständen über die ganze Oberfläche des Rohrs liefen, teilten es in sechs Abschnitte von ungleicher Länge ein. Auf dem ersten wurden die Tage, jeder zehnte mit einer längeren und tieferen Kerbe, angemerkt. Der zweite verzeichnete die Zahl der Seevogeleier, die für den Lebensunterhalt in den Felsennestern gesammelt waren. Der dritte zeigte die Zahl der am Strand gefangenen Fische, der vierte die der im Innern gefundenen kleinen Schildkröten an. Auf dem fünften waren die Sonnentage, auf dem sechsten die Wolkentage, deren Zahl viel größer war, vermerkt. Wie lang war die Nacht eifrigen Zählens, dieser Algebra des Elends — lang genug, ihre überwache Seele bis zum Schlaf zu ermüden; und doch fand sie keinen Schlaf.

Die Abteilung der Tage war besonders abgegriffen, die langen Kerben, die jeweils den zehnten Tag anzeigten, halb verwischt wie Blindenalphabete. Zehntausendmal hatte die Witwe in banger Sehnsucht mit dem Finger über den Bambus gestrichen, auf einer Flöte gespielt, die keinen Ton gab. Es war, als hätte sie Vögel gezählt, die in den Lüften geflogen kamen, um die in den Wäldern kriechenden Schildkröten anzutreiben.

Nach dem hundertundachtzigsten Tage erschien kein weiteres Zeichen; dieses letzte war am schwächsten, indes das erste am tiefsten eingegraben war.

»Und doch gab es noch mehr Tage«, sagte unser Kapitän, »viel, viel mehr. Warum bist du nicht weitergegangen, Hunilla, und hast auch diese gezählt?«

»Fragen Sie nicht, Señor.«

»Und inzwischen ist kein Schiff an der Insel vorübergefahren?«

»Nein, Señor, aber —«

»Du sprichst nicht weiter, Hunilla. Aber —?«

»Fragen Sie nicht, Señor.«

»Du hast Schiffe in der Ferne vorbeifahren sehen. Du hast ihnen gewinkt, aber sie fuhren vorbei. War es so, Hunilla?«

»Es sei, wie Sie sagen, Señor.«

Stark in ihrem Leide, wollte und durfte Hunilla der

Schwäche ihrer Zunge nicht trauen. Als nämlich unser Kapitän fragte, ob keine Walfangboote –
Doch nein, ich will dies Letzte ungesagt lassen, damit es die Spötter nicht herausklauben und als unumstößlichen Beweis für ihre Behauptungen gebrauchen können. So möge denn die Hälfte hier unausgesprochen bleiben. Die beiden unsagbaren Ereignisse, die Hunilla auf dieser Insel zustießen, sollen zwischen Gott und ihr bleiben. In der Natur wie vorm Gesetz kann es eine Verleumdung sein, wenn man alle Wahrheiten ausspricht.

Wie es jedoch geschehen konnte, daß uns die einzige menschliche Bewohnerin der Insel, obwohl unser Schiff drei Tage an ihrer Küste vor Anker lag, erst entdeckt hatte, als wir gerade abfahren wollten, um hinfort nie wieder einen Fuß auf diese öde und abgelegene Stätte zu setzen, bedarf einer Erklärung, bevor das Weitere erzählt wird.

Die Stelle, wo der französische Kapitän die kleine Gesellschaft an Land gesetzt hatte, befand sich auf dem abgelegenen und entgegengesetzten Teil der Insel. Dort war später auch ihre Hütte erbaut worden. In ihrer Einsamkeit verließ die Witwe auch weiterhin nicht den Platz, den die geliebten Wesen mit ihr bewohnt hatten und wo der teuerste der beiden jetzt seinen letzten Schlaf schlief, aus dem ihn, der zu seinen Lebzeiten der treueste der Gatten gewesen war, alle ihre Klagen nicht erwecken konnten.

Nun ragt hohes, zerklüftetes Land zwischen den entgegengesetzten Enden der Insel empor. Ein Schiff, das an einer Seite ankert, kann von der anderen nicht gesehen werden. Auch ist die Insel gar nicht klein; denn eine ansehnliche Gesellschaft könnte tagelang durch die Wildnis der einen Seite streifen und würde doch von einem Fremden, der sich weit drüben auf der anderen aufhält, nie gesehen, und ihre fröhlichen Rufe würden nicht von ihm gehört werden. Daher wäre Hunilla, die das Kommen und Gehen von Schiffen natürlich nur mit ihrem eigenen Teil der Insel in Verbindung brachte, bis zuletzt in völliger Unkenntnis der Anwesenheit unseres Fahrzeugs geblieben, wenn nicht eine geheimnisvolle Ahnung sie beschlichen hätte, die, wie unsere Leute versicherten, dem Zauber der Insel zuzuschreiben war. Übrigens widersprach auch die Antwort der Witwe nicht dieser Meinung.

»Wie bist du denn darauf gekommen, die Insel heute früh zu durchwandern, Hunilla?« fragte unser Kapitän.

»Etwas umflatterte mich, Señor, und streifte mir Wange und Herz.«

»Was meinst du damit, Hunilla?«

»Es kam etwas durch die Luft geflogen, Señor.«

Sie hatte nur geringe Aussichten. Denn als Hunilla bei ihrer Wanderung durch die Insel die Höhe in der Mitte erreicht hatte, mußte sie unsere Masten zum ersten Male bemerkt und damit erkannt haben, daß die Segel losgebunden wurden. Vielleicht hatte sie auch den Widerhall des Matrosenchors an der Ankerwinde gehört. Das fremde Schiff schickte sich an abzusegeln – und sie war noch so weit von ihm entfernt. In aller Eile steigt sie nun von der Höhe auf dieser Seite hinab; aber bald verliert sie das Schiff durch den kriechenden Dschungel am Fuße des Berges aus den Augen. Sie kämpft sich durch die verdorrten Zweige, die ihr bei jedem Schritt den Pfad zu versperren suchen, bis sie den einzeln stehenden Felsen erreicht, der noch ein Stück von der See entfernt ist. Sie erklettert ihn, um sich zu vergewissern. Das Schiff ist noch immer in voller Sicht. Aber von der Überanstrengung erschöpft, fällt Hunilla fast in Ohnmacht; sie ängstigt sich, von ihrem schwindelnden Sitz abzusteigen. Sie sieht sich genötigt zu bleiben, wo sie ist, und reißt sich als letztes Mittel ihren Turban vom Kopfe, entfaltet ihn und schwenkt ihn über die Dickichte hinweg nach uns hin.

Während sie ihre Geschichte erzählte, bildeten die Matrosen einen schweigenden Kreis um Hunilla und den Kapitän. Als schließlich der Befehl erging, das schnellste Boot zu bemannen und nach der anderen Seite der Insel zu rudern, um Hunillas Kiste und das Schildkrötenöl abzuholen, zeigte sich ein solcher Eifer im frohen und zugleich bekümmerten Gehorchen, wie er selten zuvor gesehen worden war. Es wurde nicht viel Wesens gemacht. Schon ruhte der Anker wieder auf dem Grunde, und gemächlich schwoite das Schiff.

Hunilla aber bestand darauf, das Boot als unentbehrlicher Lotse zu ihrer verborgenen Hütte zu begleiten. Nachdem sie der Steward mit dem Besten, was sich in seinem Vorrat befand, gelabt hatte, fuhr sie mit uns ab. Und nie wurden der Frau des berühmtesten Admirals im Staatsboot ihres Gatten größere stumme Ehrenbezeigungen erwiesen als der armen Hunilla von dieser Bootsmannschaft.

Manch gläsernes Kap, manche schroffe Klippe wurden umfahren, bis wir nach Verlauf von zwei Stunden durch jenes gefährliche Riff schossen; von der verborgenen Bucht aus blickten wir eine grüne, viel-

gieblige Lavawand hinauf und entdeckten die einsame Inselwohnung.

Die Hütte hing an einer steilen Klippe und war beiderseits von dichtem Gestrüpp geschützt und nach
vorn durch Vorsprünge des rauhen Felspfades, der
von der See aus den Abhang hinanklomm, halb vor
den Blicken verborgen. Aus Röhricht gefertigt, besaß sie ein Dach aus langen, verschimmelten Grä-
sern. Man hätte an einen Heuschober denken können,
den die Schnitter verlassen hatten. Das Dach war nur
an einer Seite geneigt; dort reichten die Dachtraufen
bis zwei Fuß über den Boden hinunter. Und hier
befand sich eine einfache Vorrichtung, den Tau oder
zwiefach gefilterten Regen, den die Nachthimmel
manchmal aus Gnade oder Spott auf die unseligen
Encantadas tropfen lassen, zu sammeln. Unter den
Traufen war in ihrer ganzen Länge ein beflecktes
und arg verwittertes Tuch ausgebreitet und an kurzen
Pflöcken, die in dem seichten Sand staken, befestigt.
Ein kleiner Klinker beschwerte das Tuch in der Mitte
und ließ die ganze Flüssigkeit in einen darunter auf-
gestellten Flaschenkürbis sickern. Dieses Gefäß lieferte also jeden Wassertropfen, der je von den Cholos
auf der Insel getrunken worden war. Hunilla erzählte uns, daß der Kürbis manchmal, wenn auch
nicht häufig, über Nacht bis zur Hälfte gefüllt wurde.
Er enthielt etwa sechs Quart. »Aber«, sagte sie,
»wir waren an Durst gewöhnt. Im sandigen Payta,
meiner Heimat, ist noch nie ein Schauer vom Himmel gefallen; alles Wasser wird auf Maultieren aus
den Tälern des Binnenlandes herangebracht.«

Im Gebüsch angebunden, lagen ungefähr zwanzig
ächzende Schildkröten, die den Mundvorrat der einsa-

men Hunilla ausmachten. Hunderte getäfelter schwarzer Schilde waren wie umgeworfene und zertrümmerte Grabsteine aus dunklem Schiefer rundumher verstreut. Dies waren die Rückenschalen der großen Schildkröten, aus denen Felipe und Truxill ihr kostbares Öl gewonnen hatten. Mehrere große Flaschenkürbisse und zwei ansehnliche Fässer waren damit angefüllt. In einem Topfe daneben lagen die gepreßten Krusten, die zum Verdunsten bereitgestellt waren. »Diese wollten sie am anderen Tage fertigmachen«, sagte Hunilla und wandte sich ab.

Ich vergaß, das eigenartigste Schauspiel zu erwähnen, obgleich es das erste war, das uns bei der Landung begrüßte.

Etwa zehn kleine, weichhaarige und krausgelockte Hunde von einer schönen, für Peru charakteristischen Rasse stimmten, als wir den Strand erreichten, ein freudiges Willkommenskonzert an, das von Hunilla beantwortet wurde. Einige Hunde waren während ihres Wittums auf der Insel geboren – die Nachkommen der beiden von Payta mitgebrachten Hunde. Wegen der zerklüfteten Steilhänge und Felsspalten, der verworrenen Dickichte, verborgenen Schründe und gefährlichen Schwierigkeiten aller Art erlaubte Hunilla, durch den Verlust eines Lieblingshundes gewarnt, den zarten Geschöpfen nie, ihr zu folgen, wenn sie ihre Klettereien nach Vogelnestern oder sonstigen Wanderungen unternahm. Daher hatten sie sich infolge der langen Gewöhnung auch nicht erboten, sie zu begleiten, als sie an diesem Morgen über Land ging; auch war da ihr eigenes Herz zu voll, als daß sie sich darum gesorgt hätte, sie zurückzulassen. Und doch hatte sie immer so sehr an ihnen gehangen, daß sie außer der geringen Feuchtigkeit, die die Hunde bei Tagesanbruch aus den kleinen Mulden zwischen dem Felsgeschiebe aufleckten, den Tau aus ihrem Flaschenkürbis mit ihnen geteilt hatte. So kam es, daß sie sich nie einen beachtlichen Vorrat für die langen, bitteren Dürren, die in gewissen verhängnisvollen Monaten die Inseln heimsuchen, anlegte.

Nachdem sie erklärt hatte, welche wenigen Gegenstände sie gern auf das Schiff mitnehmen wollte – ihre Kiste, das Öl und (nicht zu vergessen) die lebenden Schildkröten, die sie unserem Kapitän aus Dankbarkeit schenken wollte –, machten wir uns sogleich ans Werk und trugen alles über die lange, steile und schattendunkle Felsentreppe hinunter zum Boot. Während meine Kameraden in dieser Weise beschäftigt waren, sah ich mich nach Hunilla um; allein sie war verschwunden.

Die Neugier und vielleicht noch ein anderes Gefühl veranlaßten mich, meine Schildkröten fallen zu lassen und mich noch einmal umzuschauen. Ich mußte an Hunillas Mann denken, den sie mit ihren eigenen Händen begraben hatte. Ein schmaler Pfad führte in dichtes Buschwerk. Ihm durch viele Windungen folgend, gelangte ich auf eine kleine, runde Blöße, die tief darin eingeschlossen war.

In der Mitte erhob sich der Hügel, ein kahler Haufen feinsten Sandes, unbegrünt, wie der am Boden eines ausgelaufenen Stundenglases verbliebene Rest. Zu seinen Häupten stand das Kreuz aus verwitterten Stöcken; die trockene Rinde löste sich schilfernd ab. Das Querholz war mit einem Seil angebunden und hing schief und verloren in der stillen Luft.

Hunilla lag halb auf dem Grabe; ihr dunkler Kopf war geneigt und von ihrem langen, gelösten Indianerhaar verdeckt. In ihren dem Fuße des Kreuzes entgegengestreckten Händen hielt sie ein kleines Kruzifix aus Bronze, das vom Gebrauch abgenutzt war wie ein alter, gravierter Türklopfer, der lange vergeblich bewegt worden ist. Sie sah mich nicht; ich verhielt mich ruhig, schlich zur Seite und verließ den Platz.

Kurz bevor alles für unsere Abfahrt bereit war, erschien sie wieder in unserer Mitte. Ich blickte ihr in die Augen, konnte aber keine Träne darin bemerken. Etwas seltsam Feierliches lag in ihrer Miene, das dennoch als Ausdruck des Schmerzes zu deuten war. Spanisches und indianisches Leid geben sich nicht nach außen zu erkennen. Es ist ein Stolz, den die Folter vergeblich zu beugen sucht — der Stolz des Naturkindes, das die von der Natur verhängte Folter schweigend erduldet.

Wie Pagen umringten sie die kleinen, seidenfelligen Hunde, als sie langsam zum Strand hinunterschritt. Sie drückte die zärtlichsten Geschöpfe an sich. »Tita mia! Tomotita mia!« Sie liebkosend, fragte sie, wieviel Hunde wir an Bord nehmen könnten.

Der Maat, der den Befehl über das Boot hatte, war kein hartherziger Mann; aber sein Lebensweg war so verlaufen, daß er in den meisten und selbst den geringsten Dingen auf reine Zweckmäßigkeit zu achten pflegte.

»Wir können nicht alle mitnehmen, Hunilla«, sagte er, »unsere Vorräte sind knapp, und auf den Wind können wir uns nicht verlassen. Vielleicht brauchen wir viele Tage bis nach Tombez. Darum nimm die, die du da bei dir hast, Hunilla, mehr aber nicht.«

Sie saß im Boot. Die Ruderer hatten ihre Plätze eingenommen bis auf einen, der bereit stand, das Boot abzustoßen und dann hineinzuspringen. Mit dem Scharfsinn ihrer Rasse schienen die Hunde jetzt zu bemerken, daß sie allein auf dem öden Strand zurückgelassen werden sollten. Das Dollbord des Bootes sowie sein landeinwärts gerichteter Bug lagen ziemlich hoch. So konnten die Hunde wegen des Wassers, das sie triebmäßig zu meiden schienen, nicht in das kleine Fahrzeug springen. Aber ihre Pfoten kratzten eifrig am Bug wie an der Tür eines Farmhauses, die ihnen während eines Wintersturmes die Zuflucht verschließt. Ein verzweifelter Kampf der Angst. Sie heulten und winselten nicht, und dennoch war es eine Sprache.

»Stoßt ab! Vorwärts!« rief der Maat. Ein Schleifen und Schwanken − dann glitt das Boot vom Strande, drehte sich um seine Achse und flog dahin. Aufheulend rannten die Hunde am Ufer entlang. Bald blieben sie stehen, um dem flüchtigen Boot nachzublikken, bald gebärdeten sie sich, als wollten sie ihm folgen, hielten sich aber aus irgendeinem Grunde zurück. Dann liefen sie wieder heulend am Strande entlang. Wären es Menschen gewesen, so hätten sie den Geist der Verzweiflung kaum lebhafter ausdrücken können. Die Ruder arbeiteten zusammen wie die Schwungfedern zweier Vogelflügel. Kein Wort wurde gesprochen. Ich sah nach dem Strande zurück und dann nach Hunilla; aber ihr Gesicht war ernst und gefaßt. Die Hunde, die in ihrem Schoß kauerten, leckten vergeblich ihre reglosen Hände.

Nicht ein einziges Mal sah sie sich um, sondern saß ohne Bewegung da, bis wir ein Vorgebirge umschifften und nichts mehr sehen und hören konnten. Sie glich einem Menschen, der die bitterste Erdenqual erlitten hat und sich fortan damit zufrieden gibt, daß alle schwächeren Stränge seines Herzens gerissen sind. Hunilla schien den Schmerz so nötig zu haben, daß sie den Schmerz anderer Wesen, der doch durch Liebe und Mitgefühl zu ihrem eigenen geworden war, klaglos ertragen konnte. Ein sehnsuchtsvolles Herz in einem Busen aus Stahl – ein Herz, welches, irdischen Sehnens voll, im Frost, der vom Himmel sinkt, erstarrt ist.

Alles weitere läßt sich schnell erzählen. Nach langer Reise, die von Flauten und unsteten Winden heimgesucht wurde, ankerten wir in dem kleinen Hafen Tombez in Peru, wo das Schiff überholt werden mußte. Payta war nicht sehr fern. Unser Kapitän verkaufte das Schildkrötenöl an einen Kaufmann in Tombez und händigte den Erlös mit dem Silber, das eine Sammlung unter uns Matrosen erbracht hatte, unserer stummen Fahrtgenossin ein, die nicht einmal erfuhr, was die Seeleute für sie getan hatten.

Zuletzt wurde die einsame Hunilla gesehen, wie sie auf einem grauen Eselchen in die Stadt Payta einritt. Auf des Esels Schultern sah sie vor sich im Spiel der Gelenke das Wappenkreuz des Tieres.

*Neunte Skizze*

## DIE HOODS-INSEL UND DER EREMIT OBERLUS

Südöstlich von der Crossman-Insel liegt die Hoods-Insel oder MacCains Wolkeninsel. Auf ihrer Südseite befindet sich eine gläserne Bucht mit einem breiten Strand aus dunkler, zerstoßener Lava, genannt der Schwarze Strand oder Oberlus' Anlegestelle. Mit gleichem Recht hätte man sie auch Charons Anlegestelle nennen können.

Der Name des Strandes stammt von einem bärbeißigen weißen Geschöpf her, das hier viele Jahre lebte, einem Europäer nämlich, der so teuflische Eigenschaften in diese Einöde trug, wie sie kaum bei den umwohnenden Kannibalen gefunden werden.

Ungefähr vor einem halben Jahrhundert desertierte Oberlus auf die vorgenannte Insel, die damals wie heute eine Wüstenei war. Er erbaute sich aus Lava und Klinkern eine Höhle, die etwa eine Meile von der Anlegestelle, die später nach ihm getauft wurde, entfernt war und in einem Tale oder einer verbreiterten Schlucht lag, die zwischen den Felsen verstreut ungefähr zwei Acker Bodenfläche enthielt, welche für eine dürftige Bewirtschaftung geeignet waren. Jeder andere Platz der Insel wäre für diesen Zweck allzu dürr gewesen. Hier gelang es ihm, eine Sorte entarteter Kartoffeln und Kürbisse zu ziehen, die er gelegentlich bei vorbeifahrenden Walfängern, die Mangel litten, gegen Branntwein und Dollars eintauschte.

Alle Berichte stimmen darin überein, daß er wie das Opfer einer tückischen Zauberin wirkte; er schien aus dem Becher Circes getrunken zu haben. Einem Tiere ähnlich, trug er Lumpen, die nicht hinreichten, seine Nacktheit zu verhüllen. Seine fleckige Haut war mit Blasen bedeckt, eine Folge des steten Sonnenbrandes. Seine Nase war abgeplattet, sein Gesicht verzerrt, grob und erdfarben. Haar und Bart, ungeschoren und von flammendem Rot, wuchsen ihm üppig. Auf Fremde machte er oft den Eindruck einer vulkanischen Ausgeburt, die bei demselben Ausbruch, dem die Insel ihr Entstehen verdankte, ans Licht geschleudert worden war. In seiner einsamen Lavahöhle im Gebirge schlafend zusammengerollt, glich er nach ihrer Aussage einem Haufen verdorrter Blätter, die ein wilder Nachtwind von herbstlichen Bäumen gerissen und, plötzlich innehaltend, in einem verborgenen Winkel hat liegenlassen, worauf er unbarmherzig weiterfegt, um anderswo sein launisches Spiel zu wiederholen. Es wird ferner berichtet, daß selbiger Oberlus den befremdlichsten Anblick bot, wenn er an einem schwülen, bedeckten Morgen, unter seinem abscheulichen, alten schwarzen Matrosenhut versteckt, im Lavageröll Kartoffeln hackte. Er war selbst so verdreht und verschroben, daß scheinbar sogar der Stiel seiner Hacke, in seinem Griff allmählich verschrumpft, zu einem häßlichen krummen Stock geworden war, der eher der Kriegssichel eines Wilden glich. Bei der ersten Begegnung mit einem Fremden pflegte er jedesmal seine Kehrseite darzubieten, vielleicht, weil dies seine bessere Seite war, indem sie am wenigsten von ihm enthüllte. Geschah die Begegnung, wie es zuweilen vorkam, in seinem Garten – die Ankömmlinge begaben sich, um den Grünkrämer, der dort Handel treiben sollte, aufzusuchen, vom Meer geradewegs in die Schlucht –, so hackte Oberlus noch eine Weile fort, ohne sich um den Gruß, wie heiter und freundlich er auch sein mochte, zu kümmern. Wenn sich der Fremde neugierig drehte, um ihn ins Gesicht sehen zu können, pflegte sich der Einsiedler, die Hacke in der Hand, ebenso eifrig abzuwenden; dann bückte er sich, um brummig in seinem Kartoffelhaufen herumzustochern. Soviel von seinem Verhalten beim Kartoffelhacken. Wenn er jedoch säte, waren sein Anblick und seine Gebärden dermaßen tückisch und grundlos finster und geheimnisvoll, daß er eher Gift in einen Brunnen als Kartoffeln in die Erde zu streuen schien. Zu seinen kleineren und harmlosen Absonderlichkeiten gehörte jedoch seine stete Einbildung, daß seine Besucher ebensosehr von dem Wunsche geleitet wurden, Kartoffeln zu bekommen wie herauszufinden, welcher Art die Gesellschaft sei, die man auf dieser unfruchtbaren Insel antreffen würde – den mächtiden Eremiten Oberlus in seinem königlichen Einmannstaat zu erblicken. Man möchte kaum glauben, daß ein solches Geschöpf so eitel, ein Menschenfeind so eingebildet sein könne. Doch er hatte diesen Gedanken wirklich und gefiel sich kraft seiner manchen Kapitänen gegenüber in den ergötzlichsten Posen. Im Grunde ist dies jedoch nichts anderes als die bekannte Überspanntheit gewisser Sträflinge, die noch mit der Verworfenheit prahlen, für die sie berüchtigt sind. Zu anderen Zeiten pflegte ihn eine andere unberechenbare Laune zu befallen; dann wich er ankommenden Fremden um die Klinkerwände seiner Hütte herum aus. Manchmal schlüpfte er verstohlen wie ein Bär durch das versengte Gestrüpp zu den Bergen hinauf und weigerte sich entschieden, ein menschliches Antlitz zu sehen.

Außer seinen gelegentlichen Gästen vom Meere waren die kriechenden Schildkröten lange Zeit seine einzigen Gefährten. Und er schien auf eine noch tiefere Stufe hinabgesunken zu sein, da er eine Weile keine Wünsche hatte, die über die ihren hinausgingen, es sei denn, daß er sich nach dem Stumpfsinn sehnte, den die Trunkenheit erzeugt. So erniedrigt er aber schon zu sein schien, lauerte dennoch in ihm ein weiterer Drang nach unten, der nur auf eine Gelegenheit zu seiner Verwirklichung zu warten schien. Tatsächlich war das einzige, worin er den Schildkröten überlegen war, eine größere Fähigkeit zum Abstieg und der darauf gerichtete bewußte Wille. Außerdem wird das, was jetzt offenbart werden soll, vielleicht zeigen, daß selbstischer Ehrgeiz oder die Liebe zur Macht um ihrer selbst willen, weit entfernt, eine Schwäche besonders vornehmer Geister zu sein, von Wesen geteilt wird, die überhaupt keinen Geist besitzen. Keine Kreatur ist so selbstsüchtig tyrannisch wie gewisse Rohlinge, was man gelegentlich bemerken kann, wenn man die Pächter von Viehweiden beobachtet.

»Dieses Eiland ist mein, von meiner Mutter Sycorax«,[1] sagte Oberlus zu sich selbst, indem er auf die trostlose Einöde ringsum blickte. Auf irgendeine Weise − sei es durch Tausch oder Diebstahl; denn in jenen Zeiten ankerten noch manchmal Schiffe an seiner Anlegestelle − erlangte er eine alte Donnerbüchse mit etlichen Ladungen Pulver und Kugeln. Nun er eine Waffe besaß, fühlte er sich zu Unternehmungen angeregt wie ein junger Tiger, der zum ersten Male spürt, wie ihm die Klauen wachsen. Die lange Gewohnheit der Alleinherrschaft über jeden Gegenstand ringsum, seine fast ununterbrochene Einsamkeit, sein mangelnder Umgang mit Menschen außer im Geiste stolzer Menschenfeindschaft oder kaufmän-

[1] Shakespeare 'Der Sturm' 1. Akt 2. Szene.

nischer Gewitztheit – aber auch diese Begegnungen waren ziemlich selten –, all dies mußte in ihm mit der Zeit die Idee von seiner eigenen Wichtigkeit nähren, mit der sich noch eine rein triebhafte Verachtung der ganzen übrigen Welt verband.

Der unglückliche Kreole, der auf der Charles-Insel sein kurzfristiges Königtum genoß, war in gewissem Sinne vielleicht nicht einmal durch unwürdige Motive beeinflußt; denn solche hatten schon andere Abenteurer veranlaßt, Kolonisten in ferne Himmelsstriche zu führen und dort eine politische Vorherrschaft auszuüben. Seine summarische Erschießung vieler seiner peruanischen Untertanen ist verzeihlich, wenn man die verwegenen Charaktere, mit denen er es zu tun hatte, in Betracht zieht, und unter diesen Umständen scheint die Hundeschlacht, die er seinen Rebellenhorden lieferte, durchaus gerechtfertigt zu sein. Für den König Oberlus und das, was jetzt folgt, können jedoch überhaupt keine Milderungsgründe beigebracht werden; denn er handelte aus purer Lust an Tyrannei und Grausamkeit, weil er die Eigenschaften besaß, die er von seiner Mutter Sycorax ererbt hatte. Mit seiner schrecklichen Donnerbüchse bewaffnet und in dem stolzen Bewußtsein, Herr und Meister dieser gräßlichen Insel zu sein, brannte er auf eine Möglichkeit, das erste Menschenwesen, das ihm schutzlos in die Hände fallen würde, seine Gewalt spüren zu lassen.

Wirklich sollte er nicht lange zu warten haben. Eines Tages erspähte er am Strande ein Boot, neben dem ein einzelner Mann, ein Neger, stand. In einiger Entfernung lag ein Schiff, und Oberlus begriff sofort, was sich dort zutrug. Das Fahrzeug hatte angelegt, um sich mit Brennholz zu versorgen, und zu diesem Zweck hatte sich eine Bootsmannschaft in den Busch begeben. Von einer geeigneten Stelle aus beobachtete er das Boot, bis plötzlich ein versprengter Trupp, der mit Scheiten beladen war, erschien. Sie warfen ihre Last auf den Strand und gingen wieder ins Dickicht zurück, während der Neger das Boot zu beladen begann.

Jetzt hat es Oberlus sehr eilig. Er naht dem Neger, der, verdutzt, die Einöde von einem lebenden Wesen, noch dazu einem so scheußlichen, bewohnt zu sehen, unvermittelt von einem Schrecken gepackt wird, der auch nicht nachläßt, als ihm Oberlus mit bärenhafter Freundlichkeit anbietet, ihm bei seiner Arbeit zur Hand zu gehen. Der Neger steht mit mehreren Scheiten auf der Schulter da und will sich noch weitere aufladen. Nun beeilt sich Oberlus, mittels eines kurzen Strickes, den er an der Brust verborgen getragen, dem Neger diese anderen Scheite auf die Schulter zu heben. Dabei bleibt er beharrlich hinter dem Manne, der, mißtrauisch geworden, vergeblich ausbiegt, um Oberlus von vorn zu begegnen. Auch Oberlus weicht aus, bis er schließlich, dieses aussichtslosen Versuchs, Verrat zu üben, müde oder auch in Angst, von den übrigen Holzsammlern überrascht zu werden, zu einem nahen Gebüsch eilt, seine Donnerbüchse hervorzieht und dem Neger mit wilder Stimme befiehlt, seine Arbeit einzustellen und ihm zu folgen. Dieser weigert sich. Da zeigt ihm Oberlus seine Büchse und drückt auf ihn ab. Glücklicherweise geht die Donnerbüchse nicht los; aber auf eine zweite kecke Aufforderung hin, seine Scheite fallen zu lassen, ergibt er sich völlig eingeschüchtert und gehorcht.

Durch eine enge, nur ihm bekannte Schlucht führt ihn Oberlus schnell aus dem Bereich des Meeres fort. Auf dem Weg in die Berge erklärt er dem Neger frohlockend, daß er hinfort als Sklave für ihn zu arbeiten hätte und seine Behandlung völlig von seinem künftigen Verhalten abhinge. Freilich läßt Oberlus, durch die anfängliche triebhafte Feigheit des Negers getäuscht, seine Wachsamkeit in einem unglücklichen Augenblick außer acht. Als sie auf einem schmalen Pfad gehen, bemerkt der Neger, ein gewaltiger Bursche, daß sein Führer überhaupt nicht aufpaßt, umschlingt ihn plötzlich mit den Armen, wirft ihn zur Erde, entringt ihm die Muskete, fesselt dem Unhold mit seinem eigenen Strick die Hände, lädt ihn sich auf die Schulter und kehrt mit ihm zum Boote zurück. Als der Rest der Mannschaft erscheint, wird Oberlus mit an Bord des Schiffes genommen. Dieses stellt sich als englisches Schmugglerschiff heraus, dessen Besatzung nicht gerade mildherzig gesinnt ist. Oberlus wird furchtbar ausgepeitscht, mit Handschellen gefesselt, an Land gebracht und gezwungen, seine Wohnung und seine Habseligkeiten preiszugeben. Seine Kartoffeln, Kürbisse, Schildkröten und ein Häuflein Dollars, die er von seinen Handelsgeschäften erspart hat, werden sofort beschlagnahmt. Aber während sich's die allzu rachsüchtigen Schmuggler angelegen sein lassen, seine Hütte und seinen Garten zu zerstören, entschlüpft Oberlus in die Berge und verbirgt sich dort in unentdeckbaren, nur ihm selbst bekannten Verstecken, bis das Schiff absegelt. Dann wagt er sich hervor und bringt es fertig, sich mit Hilfe einer alten Feile, die er in einen Baum steckt, von seinen Handschellen zu befreien.

Zwischen den Trümmern seiner Hütte, den trostlosen Klinkern und erloschenen Vulkanen dieses Eilands der Vogelfreien brütend, denkt der gekränkte Menschenfeind darüber nach, wie er sich an der ganzen Menschheit furchtbar rächen könne; doch hält er seine Absichten verborgen. Noch immer legen mitunter Schiffe an der Landestelle an, und allmählich kommt Oberlus wieder in die Lage, sie mit ein bißchen Gemüse zu versorgen.

Durch seinen früheren Fehlschlag beim Versuch, einen Menschen zu rauben, gewarnt, entwickelt er jetzt einen ganz anders gearteten Plan. Sobald Seeleute an Land kommen, empfängt er sie wie ein lustiger Kumpan, lädt sie in seine Hütte ein und ermuntert sie mit soviel Liebenswürdigkeit, wie ihm sein rothaariger Ingrimm aufzubringen erlaubt, seinen Schnaps zu trinken und guter Dinge zu sein. Seine Gäste lassen sich nicht drängen und werden, nachdem sie sich sinnlos bezecht haben, an Händen und Füßen gebunden und zwischen die Klinker gestoßen. Er hält sie so lange verborgen, bis das Schiff abfährt. Beunruhigt über sein verändertes Benehmen, seine wüsten Drohungen und besonders über die schreckliche Donnerbüchse, finden sie sich gänzlich abhängig von Oberlus, unterwerfen sich ihm willig und werden zu demütigen Sklaven des unglaublichsten aller Tyrannen. Zwei oder drei von ihnen kommen schon während der Anfangsbehandlung um. Die übrigen – es sind vier – werden gezwungen, die verdorrte Erde umzubrechen und Ladungen von Lehm, den man in feuchten Schlünden zwischen den Bergen gewinnt, auf dem Rücken zu tragen. Er setzt sie auf knappste Rationen, zeigt ihnen beim geringsten Anzeichen einer Auflehnung seine Flinte und verwandelt sie auf jede Weise in Reptilien, die zu seinen Füßen kriechen wie gemeine Mokassinschlangen vor ihrem Herrn Anakonda.

Schließlich gelingt es Oberlus, sein Arsenal mit vier rostigen Entermessern und einem zusätzlichen Vorrat Schießpulver und Kugeln auszustatten. Er erläßt den Sklaven einen großen Teil ihrer Arbeit und erweist sich als Mann oder vielmehr Teufel von großen Fähigkeiten, indem er andere dazu beschwatzt oder nötigt, sich seinen tollsten Plänen, wie abscheulich sie ihnen anfangs scheinen mögen, zu fügen. Allerdings waren sie schon durch ihr früheres gesetzloses Leben als fahrende Cowboys des Meeres, das alles menschliche Moralgefühl in ihnen zerstört hatte, darauf vorbereitet, sich dazu herzugeben − sich in die ihnen jetzt zum ersten Male gebotene Form der Verderbtheit pressen zu lassen. Durch ihr hoffnungsloses Elend auf der Insel aller Menschenwürde entblößt und gewohnt, in allen Stücken vor ihrem Herrn, der selbst der übelste Sklave war, zu kriechen, waren sie in seinen Händen nunmehr gänzlich verwahrlost. Er gebrauchte sie wie Angehörige einer niedrigeren Rasse. Kurz, er versieht seine vier Kreaturen mit Waffen und verwandelt die Feiglinge in Mordbuben, in regelrechte, berufsmäßige Bravos.

Nun sind Schwert und Dolch, die Waffen des Menschen, nur künstliche Klauen und Fänge, an sie gebunden wie die falschen Sporen an den Kampfhahn. Wiederholen wir also: Oberlus, der Zar der Insel, bewaffnet seine vier Untertanen, das heißt, er legt, auf Ruhm versessen, vier rostige Entermesser in ihre

Fäuste. Wie ein beliebiger Selbstherrscher verfügt er jetzt über eine stolze Armee.

Man möchte annehmen, daß sich hieraus ein Sklavenaufstand entwickeln könne. Waffen in den Händen getretener Sklaven? Wie unklug von Kaiser Oberlus gehandelt! Doch nein: sie hatten zwar Entermesser, recht häßliche alte Sensen, er aber eine Donnerbüchse. Wenn er damit allerlei Felsbrocken, Klinker und andere Schlacke blind in der Gegend verstreute, konnte er sämtliche vier Meuterer wie Tauben mit einem einzigen Schusse vernichten. Außerdem schlief er zunächst nicht, wie er es gewohnt war, in seiner Hütte; eine Zeitlang begab er sich bei jedem düsteren Sonnenuntergang in die zerklüfteten Berge, wo er sich bis zum Morgengrauen in irgendeinem schwefligen Loch, das von seiner Bande nicht entdeckt werden konnte, verborgen hielt. Aber als er das schließlich zu umständlich fand, fesselte er allabendlich seine Sklaven an Händen und Füßen, versteckte ihre Entermesser, stieß sie in seine Höhle, verschloß die Tür und legte sich draußen unter einem kürzlich angefügten rohen Verschlag nieder, wo er in den Nächten mit seiner Donnerbüchse im Arme schlief.

Es läßt sich denken, daß Oberlus, unzufrieden mit einer in dieser schlackigen Einöde an der Spitze seiner trefflichen Armee durchgeführten Parade, jetzt eine besonders ruchlose Tat im Schilde führte. Wahrscheinlich beabsichtigte er hauptsächlich, ein vorübersegelndes Schiff, das bei seiner Besitzung anlegen würde, zu überrumpeln, die Mannschaft niederzumachen und in unbekannte Zonen abzureisen. Während solche Pläne in seinem Hirn reifen, legen zwei Schiffe gemeinsam an der entgegengesetzten Seite der Insel an, und jetzt ändert er plötzlich seine Absichten.

Die Schiffe brauchen Gemüse, das ihnen Oberlus in großen Mengen verspricht, vorausgesetzt, daß sie ihre Boote zu seiner Anlegestelle schicken, damit die Männer das Gemüse unmittelbar aus seinem Garten holen können. Gleichzeitig erklärt er den beiden Kapitänen, daß seine Schurken – Sklaven oder Soldaten – so entsetzlich faul und untauglich geworden seien, daß er sie durch schlichte Ermahnungen nicht zur Arbeit antreiben könne, aber auch nicht das Herz habe, sie mit Strenge zu behandeln.

Die Verabredung wurde getroffen, die Boote abgesandt und auf den Strand gezogen. Die Mannschaften gingen zur Lavahütte, trafen aber zu ihrer Überraschung niemanden dort an. Nachdem sie gewartet hatten, bis ihre Geduld erschöpft war, kehrten sie zum Strande zurück – und da zeigte es sich, daß ein Fremder – natürlich nicht der barmherzige Samariter! – vor kurzem des Weges gekommen zu sein schien. Drei der Boote waren in tausend Stücke zerbrochen, das vierte verschwunden. In anstrengendem Marsch über Berge und Klinkerhalden gelang es einem Teil der Fremden, auf die Seite der Insel zurückzukehren, wo die Schiffe lagen; andere Boote wurden ausgeschickt, den Rest des unglücklichen Trupps zu erlösen.

Über Oberlus' Verrat baß erstaunt, sehen die beiden Kapitäne, die weiteres und noch geheimnisvolleres Unheil fürchten und solche seltsamen Vorfälle zum Teil der Magie der Inseln zuschreiben, ihr Heil in schleuniger Flucht. Sie belassen Oberlus und seine Armee im ungestörten Besitz des gestohlenen Bootes.

Am Abend ihrer Abreise legten sie einen Brief in ein Fäßchen, worin sie dem Stillen Ozean die Sache mitteilten, und vertäuten dieses Fäßchen in der Bucht. Einige Zeit später wurde es von einem anderen Kapitän, der zufällig dort ankerte, geöffnet, allerdings erst, nachdem er bereits ein Boot zu Oberlus' Anlegestelle geschickt hatte. Wie man ohne weiteres verstehen wird, war er nicht wenig beunruhigt, bis das Boot zurückkehrte. Dann wurde ihm ein anderer Brief ausgehändigt, der die Oberlussche Darstellung der Angelegenheit enthielt. Dieses schon halb verschimmelte wertvolle Dokument war an der Klinkerwand der schwefligen, verödeten Hütte befestigt gewesen. Der hier folgende Text zeigt, daß Oberlus zumindest ein gebildeter Schreiber und kein dummer Bauer war, und daß er, was noch mehr besagt, eine traurige Beredsamkeit entfalten konnte.

»Werter Herr,

ich bin der unglücklichste Ehrenmann, der je schändlich behandelt wurde, bin ein Patriot, den ruchlose Tyrannei aus seinem Vaterlande vertrieb.

Hier auf die Verwunschenen Inseln verbannt, habe ich Schiffskapitäne wieder und wieder gebeten, mir ein Boot zu verkaufen; aber immer schlugen sie mir meine Bitte ab, obgleich ich Höchstpreise in mexikanischen Dollars angeboten habe. Schließlich hat sich für mich eine Gelegenheit ergeben, ein Boot zu erwerben, und diese habe ich mir nicht entgehen lassen.

Ich war in harter Arbeit und einsamem Dulden lange bemüht, mir etwas Geld zu ersparen, um mir einen sorglosen und tugendhaften, wenn auch nicht glücklichen Lebensabend zu verschaffen; aber zu verschiedenen Malen bin ich von Menschen, die vorgaben, Christen zu sein, beraubt und verprügelt worden.

Heute segle ich in dem guten Boot Charity von der Verwunschenen Gruppe nach den Fidschi-Inseln ab.

Der vaterlose Oberlus

P. S. Hinter den Klinkern am Backofen werden Sie das alte Huhn finden. Töten Sie es nicht; denn ich lasse es brütend zurück. Wenn es Küken haben sollte, vermache ich Ihnen diese, wer immer Sie sein mögen. Aber zählen Sie die Küken nicht, bevor sie ausgebrütet sind.«

Der Vogel erwies sich als ein halb verhungerter Gockel, der nur deswegen saß, weil er zu schwach war, um noch stehen zu können.

Oberlus erklärt, nach den Fidschi-Inseln aufgebrochen zu sein; doch wollte er seine Verfolger damit nur auf eine falsche Fährte locken. Denn nach geraumer Zeit kam er, allein in seinem offenen Boot, in Guayaquil an. Da seine Jämmerlinge nie wieder auf der Hoods-Insel gesehen wurden, muß man annehmen, daß sie auf der Fahrt nach Guayaquil entweder aus Wassermangel umkamen, oder – was ganz wahrscheinlich ist – daß Oberlus sie über Bord warf, als er fand, daß sein Wasser zu knapp wurde.

Von Guayaquil ging Oberlus nach Payta; und dort schlich er sich mit dem namenlosen Zauber, der selbst den häßlichsten Geschöpfen manchmal anhaftet, in die Gunst einer lohgelben Jungfer ein. Diese bewegte er dazu, ihn auf seine verwunschene Insel zurückzubegleiten, die er ihr zweifellos als ein Paradies der Blumen und nicht als eine Hölle der Klinker ausmalte.

Aber zum Unglück für die Besiedelung der Insel mit
einer erlesenen Spielart lebender Geschöpfe wurde
Oberlus infolge seines außergewöhnlichen, teuflischen Anblicks in Payta als höchst verdächtiges In-
dividuum angesehen. Als man ihn daher eines Nachts
mit einer Lunte in der Tasche unter dem Rumpf
eines kleinen Schiffes, das gerade vom Stapel laufen
sollte, antraf, verhaftete man ihn und warf ihn ins
Gefängnis.

Die Gefängnisse der meisten südamerikanischen
Städte pflegen von überaus gesundheitsschädlicher
Art zu sein. Aus mächtigen sonnenverbrannten Zie-
gelbrocken erbaut, haben sie nur einen einzigen
Raum ohne Fenster und Hof und nur eine einzige
mit schweren Holzpfählen verrammelte Tür und sind
von innen wie von außen gar grimmig anzuschauen.
Als öffentliche Gebäude stehen sie bevorzugt auf der
heißen, staubigen Plaza und lassen durch das Gitter
ihre scheußlichen, hoffnungslosen Insassen sehen, die
im kläglichsten Unrat aller Art herumwühlen. Und
hier ward lange Zeit Oberlus gesehen, die Haupt-
figur einer aus Mischlingen und Mördern zusammen-
gesetzten Bande, ein Geschöpf, das uns die Religion
zu verabscheuen gebietet, weil es menschenfreund-
lich ist, einen Menschenfeind zu hassen.

Anmerkung. – Leser, die geneigt sind, die Möglichkeit eines Charakters, wie er hier geschildert ist,
anzuzweifeln, seien auf den zweiten Band von Porters Reise in den Stillen Ozean verwiesen, wo ihnen
viele Stellen, die der Eile halber wörtlich dort entnommen und hier eingefügt wurden, bekannt sein
werden. Der Hauptunterschied zwischen den beiden
Berichten ist, von einigen nebensächlichen Betrach-

tungen abgesehen, der, daß der Autor der vorliegenden Darstellung die Tatsachen Porters um einige vermehrt hat, die er selbst im Pazifik aus zuverlässigen Quellen auflesen konnte. In Zweifelsfällen hat er verständlicherweise seine eigenen Gewährsmänner denen Porters vorgezogen. So zum Beispiel verlegen seine Gewährsmänner den Schauplatz auf die Hoods-, Porter jedoch auf die Charles-Insel. Auch der in der Hütte gefundene Brief weicht ein wenig ab; denn wie der Autor auf den Encantadas erfuhr, offenbarte dieser Brief nicht nur eine gewisse Schreibfertigkeit, sondern war auch mit den krausesten sarkastischen Frechheiten angefüllt, die in der Lesart Porters nicht angemessen zum Ausdruck kommen. Daher habe ich ihn verändert, um ihn dem allgemeinen Charakter seines Verfassers besser anzupassen.

*Zehnte Skizze*

### FLÜCHTLINGE, SCHIFFBRÜCHIGE, EINSIEDLER, GRABSTEINE UND ANDERES

Einige Überreste von Oberlus' Hütte sind bis zum heutigen Tage am Ausgang des Klinkertales erhalten. Außerdem wird der Fremde, der auf anderen verwunschenen Inseln umherstreift, auf weitere einsame Wohnstätten stoßen, die seit langem der Schildkröte und der Eidechse überlassen wurden. In neueren Zeiten haben wahrscheinlich nur wenige Gegenden der Erde so viele Einsiedler beherbergt. Der Grund dafür ist, daß diese Inseln in einem entfernten Meere liegen und die Schiffe, die gelegentlich dort anlaufen, fast durchweg Walfänger oder Fahrzeuge sind, die sich auf trostlosen, weiten Reisen befinden, so daß sie der Aufsicht und dem Gedächtnis des menschlichen Gesetzes in hohem Maße entzogen sind. Der Charakter mancher Befehlshaber und Seeleute ist so geartet, daß unter diesen ungünstigen Umständen Fälle von Zwietracht und Hader gar nicht vermieden werden können. Ein dumpfer Haß gegen das tyrannische Schiff beseelt den Matrosen, und mit Freuden tauscht er es gegen die Inseln ein, die ihm, obschon von ewigen Glutwinden versengt, in ihrem labyrinthischen Innern doch eine Zuflucht bieten, die jede Möglichkeit der Gefangennahme ausschließt. Ein Schiff in einem peruanischen oder chilenischen Hafen – auch dem kleinsten und ländlichsten – zu verlassen, bringt die große Gefahr der Ergreifung mit sich, von den Jaguaren ganz zu schweigen. Eine Belohnung von fünf Pesos bringt fünfzig feile Spanier in den Wald, die ihn in der gierigen Hoffnung, sich die Beute zu sichern, mit ihren langen Messern durchstöbern. Auch auf den polynesischen Inseln ist es im allgemeinen nicht leichter, der Verfolgung zu entgehen. Die von der Zivilisation beeinflußten Inseln bieten dem Deserteur dieselben Schwierigkeiten wie die peruanischen Häfen, da die fortgeschrittenen Eingeborenen genauso feil und auf Fährten und Messer erpicht sind wie die zurückgebliebenen Spanier. Wegen des schlechten Rufes, den alle Europäer bei den Ureinwohnern, die zufällig von ihnen gehört haben, genießen, ist es ebenfalls in den meisten Fällen ganz hoffnungslos, das Schiff bei den primitiven Polynesiern zu verlassen. Daher sind die Encantadas der frei gewählte Zufluchtsort aller Arten von Ausreißern geworden, von denen manche die gar betrübliche Erfahrung machen, daß die Flucht vor der Tyrannei noch lange kein sicheres Asyl, geschweige denn ein glückliches Heim bietet.

Ferner ist es nicht selten vorgekommen, daß Unfälle auf der Schildkrötenjagd die Ursache für Eremiten auf diesen Inseln waren. Das Innere ist meist wild verwachsen und unvorstellbar mühevoll zu durchwandern. Die Luft ist schwül und erstickend, und unerträglicher Durst befällt den Pilgersmann, den kein rieselnder Bach freundlich erquickt. Unter der Äquatorsonne stellt sich in wenigen Stunden völlige Erschöpfung ein – und dann wehe dem Wanderer auf den Verwunschenen Inseln! Sie sind so ausgedehnt, daß sich gründliche Nachforschungen verbieten, wenn man ihnen nicht ganze Wochen widmen will. Das ungeduldige Schiff wartet ein oder zwei Tage. Ist der Vermißte bis dahin nicht gefunden, so pflanzt man am Strand einen Stab auf, bindet einen Brief des Bedauerns, ein Fäßchen Schiffszwieback und ein anderes mit Wasser daran, und das Fahrzeug lichtet die Anker.

Auch hat es nicht an Beispielen gefehlt, wo gewisse Kapitäne so unmenschlich waren, daß sie sich an Matrosen, die irgendwie ihre Laune oder ihren Stolz gekränkt hatten, rächen wollten. Auf dem glühenden Mergelstrand ausgesetzt, sind solche Seeleute dem sicheren Untergang verfallen, wenn es ihnen nicht in einsamer Bemühung gelingt, ein paar kostbare Tröpfchen Flüssigkeit zu entdecken, die aus einem Felsen sickert oder sich in einem Bergtümpel sammelt und dort stagniert.

Ich war sehr gut mit einem Manne bekannt, der, auf der Insel Narborough verlassen, durch Durst so zum

Äußersten getrieben wurde, daß er schließlich sein eigenes Leben nur erhalten konnte, indem er das eines anderen Lebewesens opferte. Eine große Haarrobbe erschien am Strande. Er fiel über sie her, durchstach ihr das Genick, warf sich auf den zuckenden Körper und trank aus der lebendigen Wunde: die Schläge des sterbenden Herzens pumpten den Trinker voll Leben.

Ein anderer Matrose, der im Boot am Strand einer einsamen Insel ausgesetzt wurde, an der wegen ihrer besonderen Unfruchtbarkeit und der Untiefen in ihrer Umgebung nie ein Schiff anlegte und die außerdem von allen anderen Teilen der Gruppe abgeschieden war — dieser Seemann erkannte, daß Bleiben sicheren Tod bedeutete und daß ihm nichts Schlimmeres als der Tod drohte, wenn er die Insel verließe. Daher tötete er zwei Robben, blies ihre Häute auf und verfertigte ein Floß, auf dem er zur Charles-Insel gelangte, wo er sich der dortigen Republik anschloß.

Männer aber, die nicht den Mut zu solchen verzweifelten Versuchen aufbringen, können sich nur insofern retten, als sie sofort eine Wasserstelle aufsuchen, wie zweifelhaft oder unergiebig diese auch sei, sich eine Hütte bauen, Schildkröten und Vögel jagen und sich vollkommen auf das Einsiedlerleben vorbereiten, bis sie ein zufällig vorbeisegelndes Schiff an Bord nimmt.

Am Fuße der Abhänge vieler Inseln werden kleine, einfache Becken in den Felsen gefunden, die oft mit vermodertem Plunder oder Pflanzenresten gefüllt oder mit Gestrüpp überwuchert sind und manchmal etwas Feuchtigkeit enthalten. Prüft man sie genauer, so lassen sie deutlich Anzeichen künstlicher Werkzeuge erkennen, mit denen sie von einem armen Schiffbrüchigen oder einem noch ärmeren Ausgestoßenen angelegt wurden. Diese Becken befinden sich an Stellen, die vermuten lassen, daß spärliche Tautropfen von höher gelegenen Spalten in sie hineinrinnen könnten.

Die Überreste von Einsiedlerklausen und steinernen Becken sind indessen nicht die einzigen Anzeichen ehemaligen menschlichen Lebens, die auf den Inseln gefunden werden. Seltsamerweise bietet der Platz, der in besiedelten Gemeinden am belebtesten ist, auf den Encantadas den allerödesten Anblick dar. Obgleich es sonderbar klingt, wenn man in dieser brachen Gegend von Postämtern redet, werden dergleichen doch gelegentlich dort gefunden. Sie bestehen aus einem Stab und einer Flasche. Die Briefe sind sowohl versiegelt wie verkorkt. Sie werden gewöhnlich von Nantucket-Kapitänen zum Wohle vorbeikommender Fischer aufgegeben und enthalten Berichte über das Jagdglück, das sie auf der Wal- oder Schildkrötenjagd gehabt hatten. Häufig vergehen freilich Monate und Monate, ja ganze Jahre, ohne daß ein Anwärter erscheint. Der Stab vermodert, sinkt um und stellt dann kein sehr erfreuliches Objekt mehr dar.

Wenn nun noch angemerkt wird, daß auf einigen dieser Inseln auch Grabsteine oder vielmehr Grabbretter entdeckt werden, so ist unser Bild vollständig.

Am Ufer der Jakobs-Insel konnte man viele Jahre lang einen rohen Wegweiser sehen, der landeinwärts zeigte. Und vielleicht folgt der Fremde, der ihn für einen Hinweis auf mögliche Gastfreundschaft an

dieser sonst so trostlosen Stätte halten mag – lebt
etwa ein gutmütiger Einsiedler mit seinem Napf aus
Ahornholz dort? –, dem angezeigten Pfade, bis er
schließlich auf einen stillen Platz hinaustritt und
dort nur den Gruß eines Toten – eine Inschrift auf
einem Grabe – findet. Hier fiel 1813 in einem Duell
im Morgengrauen ein Leutnant der US-Fregatte
'Essex', einundzwanzig Jahre alt, seine Mündigkeit
erst im Tode erreichend.

Es ist nur richtig, daß die Encantadas, wie die alten
Klöster Europas, deren Insassen nicht aus ihren
Mauern gehen, bis man sie einsargt, und die an der
Stelle, wo sie starben, auch begraben werden, eben-
falls ihre eigenen Toten begraben; denn das große
allgemeine Kloster, die Erde, verfährt mit ihren
Toten ja auch nicht anders.

Man weiß, daß die Bestattung im Ozean eine reine
Notwendigkeit des Seefahrerlebens ist und nur dann
vollzogen wird, wenn Land weit achtern liegt und
nicht vom Bug gesichtet werden kann. Daher gewähren die Verwunschenen Inseln den Schiffen, die
in ihrer Nachbarschaft kreuzen, einen idealen Be-
gräbnisplatz. Ist die Beerdigung vorüber, so greift
irgendein gutmütiger Vorderdeckspoet und -künst-
ler zum Malerpinsel und schreibt einen gereimten
Grabspruch auf die Platte. Wenn nach langer Zeit
andere gutmütige Fahrensleute zufällig an diesen
Ort kommen, so pflegen sie den Grabhügel als Tisch
zu benutzen und eine freundliche Kanne auf den
Frieden der armen Seele zu leeren.

Als Beispiel dieser Grabsprüche möge folgender
dienen, der in einer öden Schlucht der Insel Chatham
gefunden wurde:

»O Bruder Hannes, tritt herzu,
Auch ich war einst ein Kerl wie du.
War grad so fröhlich, grad so stark,
Jetzt zahlt mir keiner eine Mark.
Kann mit den Guckern nicht mehr plinkern,
Hier liege ich, bepackt mit Klinkern!«

# DER GLOCKENTURM

*Eingedenk ihres höheren Gebieters fügen sich solche Kräfte, Sklaven vergleichbar, nur widerwillig der Herrschaft des Menschen und sinnen auf Vergeltung, während sie dienen.*
*Die Menschen kranken an der Hoffart des Ehrgeizes wie an zu hohem Blutdruck, und der Schlag trifft sie über Nacht.*
*Im Bestreben, größere Freiheit zu gewinnen, erweitert der Mensch nur den Herrschaftsbereich des Notwendigen.*

Aus einem ungedruckten Manuskript

Im Süden Europas ragt unweit einer einst mit Fresken reich geschmückten Hauptstadt, deren Blüte jetzt vom Moder benagt ist, inmitten einer Ebene ein Gegenstand, der, von weitem gesehen, dem schwarzen bemoosten Stumpf einer gewaltigen Kiefer ähnelt, die in verschollenen Tagen wie Enak und die Titanen dahinsank.

Wie sich längs der gestürzten Kiefer, die langsam zerfällt, eine moosige Anschwellung bildet — der letzte, vom vermulmenden Stamm geworfene Schatten, der weder zu- noch abnimmt, weil er nicht den vergänglichen Täuschungen der Sonne unterliegt: ein unveränderlicher Schatten und ein triftiges Maß, aus dem Verfall geboren — so sprenkelt auf der Westseite des scheinbaren Baumstumpfes ein mit Flechten bewachsenes, speerartiges Gebilde der Auflösung die Ebene.

Was für Vogelklänge aus silbernen Kehlen waren aus diesem Wipfel erschollen! Eine steinerne Kiefer, die ein metallenes Bauer in ihrer Krone trug: der Glockenturm, von dem großen Mechaniker Bannadonna, dem unseligen Findling, erbaut.

Sein Fundament wurde, wie das des Turmes von Babel, in einer festlichen Stunde der Erneuerung der Erde gelegt, nach einer zweiten Sintflut nämlich, als sich die Wasser der dunklen Zeit verlaufen hatten und das Grün wieder zum Vorschein gekommen war.

Kein Wunder, wenn sich nach so langer Wassersnot die jauchzende Erwartung des Menschengeschlechts zur Sehnsucht nach dem Land Sinear der Söhne Noahs aufschwang.

Kein Mensch im damaligen Europa übertraf Bannadonna an kühner Entschlossenheit. Der Staat, in dem er lebte, war durch Handel mit der Levante reich geworden und wollte den herrlichsten Glockenturm ganz Italiens besitzen. Bannadonnas Ruf bestimmte ihn zu seinem Erbauer.

Monat um Monat verging, und Stein um Stein wuchs der Turm. Höher und höher erhob er sich, so langsam wie eine Schnecke, aber so stolz wie eine Fackel oder Rakete.

Wenn die Arbeiter nach Feierabend heimgekehrt waren, stand er allabendlich ganz allein auf seinem stets wachsenden Gipfel und sah, daß er die höchsten Mauern und Türme der Stadt überragte. Bis zu später Nachtstunde pflegte er sich dort aufzuhalten, in Pläne von anderen und noch höheren Säulen versponnen. An Heiligentagen umdrängten Menschen die Stätte, hängten sich an die rauhen Pfähle des Baugerüstes wie Matrosen an Rahen oder Bienenvölker an Zweige, unbekümmert um Kalk, Staub und fallende Steinbrocken, und ihre Huldigung gab ihm nicht wenig Anlaß zur Selbstachtung. So kam schließlich der Tag, an dem die Einweihung des Turmes gefeiert wurde. Beim Klange der Violen schwebte langsam der letzte Stein in die Höhe und wurde, unter den Freudenschüssen der Artillerie, von Bannadonnas eigener Hand auf die oberste Reihe gelegt. Dann trat er hinauf, stand aufrecht, mit verschränkten Armen, allein da und sah hinüber zu den weißen Gipfeln nebelblauer Binnenlandsalpen und zu den noch weißeren Gipfeln noch blauerer Seealpen – Bildern, die von der Ebene aus unsichtbar waren. Unsichtbar war von da auch der Blick, den er nach unten sandte, als der brausende Beifall wie Kanonendonner zu ihm hinaufstieg.

Die Menschen waren deswegen so erregt, weil sie sahen, wie gelassen der Baumeister dreihundert Fuß über der Erde auf seinem Hochsitz ohne Geländer stand. Niemand außer ihm hätte das gewagt. Aber das dauernde Stehen auf der Säule in jeder Stufe ihres Wachstums war für ihn zu einer Übung geworden, die dieses letzte Ergebnis krönte.

Jetzt fehlte fast nichts mehr als die Glocken; doch mußten diese jedenfalls ihrem Behältnis entsprechen.

Der Guß der kleineren Glocken ging erfolgreich vonstatten. Aber dann kam eine reich geschmückte Glocke von besonderer Machart an die Reihe, die bestimmt war, in einer zuvor noch nicht bekannten Weise aufgehängt zu werden. Über den Zweck dieser Glocke, ihre kreisende Bewegung sowie ihre Verbindung mit dem Uhrwerk, das zu gleicher Zeit ausgeführt wurde, wird später zu berichten sein.

In diesem einen Gebäude waren Glockenturm und Uhrturm vereinigt, obgleich man damals solche Bauwerke getrennt zu errichten pflegte, wie Campanile und Torre dell'Orologgio von San Marco bis auf den heutigen Tag bezeugen.

Auf die große Staatsglocke aber verwandte der Baumeister sein ganzes wagemutiges Können. Vergeblich warnten ihn einige der weniger hochsinnigen Ratsherren, indem sie sagten, daß der Turm zwar titanenhaft, aber dem Gewicht der schwingenden Glockenmasse eine Grenze gesetzt sei. Indessen bereitete er unverzagt seine Mammutform, die mit mythologischen Darstellungen geschmückt war, entzündete seine Brände aus duftendem Fichtenholz, schmolz sein Zinn und Kupfer und ließ, nachdem er noch viel Gold und Silber, das der Gemeinsinn der Vornehmen gestiftet, hinzugefügt hatte, die Flut los.

Die entfesselten Metalle bellten wie Jagdhunde. Die Arbeiter schraken zurück. Ihr Erschrecken ließ für die Glocke das Schlimmste befürchten. Furchtlos wie Schadrach stürzte sich Bannadonna durch die Gluthitze und schlug den Hauptschuldigen mit seinem schweren Gießlöffel nieder. Ein Bruchstück des zertrümmerten Geräts fiel in die siedende Masse und wurde sogleich eingeschmolzen.

Am nächsten Tage wurde behutsam ein Teil des Werkstücks freigelegt. Alles schien in bester Ordnung zu sein. Am dritten Morgen wurden weitere Teile entblößt und zeigten ein ebenso befriedigendes Ergebnis. Schließlich grub man die ganze abgekühlte Form aus wie einen alten König von Theben. Bis auf eine eigentümliche Stelle war alles wohlgelungen. Da Bannadonna aber bei der Prüfung niemanden in seiner Nähe duldete, vertuschte er den Fehler durch eine Vorkehrung, auf die sich niemand besser verstanden hätte.

Der Guß einer solchen Masse wurde als kein geringer Triumph des Gießers angesehen, an dem teilzuhaben auch der Staat nicht für unter seiner Würde hielt. Der Mord wurde entschuldigt. Nachsichtig schrieb man die Untat einem plötzlichen Ausbruch künstlerischer Leidenschaft, nicht aber einer abscheulichen Gesinnung zu. So läßt das Ausschlagen eines arabischen Schlachtrosses nicht auf Laster, sondern auf edles Blut schließen.

Wenn ihm der Richter sein Verbrechen verzieh, der Priester ihm Absolution erteilte — was hätte sich selbst ein krankes Gewissen Besseres wünschen können?

Um den Turm und seinen Erbauer durch einen anderen Festtag zu ehren, nahm die Republik mit einem Schaugepränge, das das frühere noch überbot, am Aufzuge der Glocken und des Uhrwerks teil.

Es folgten einige Monate, in denen sich Bannadonna noch mehr als sonst von der Außenwelt abschloß. Man wußte, daß er sich mit einem Zubehör für den Turm beschäftigte, an seiner Vollendung arbeitete und alles Frühere damit übertrumpfen wollte. Die meisten vermuteten, daß sich der Plan auf das Gießen von Glocken beziehe; andere aber, die etwas mehr Einblick hatten, schüttelten die Köpfe und bemerkten, daß der Mechaniker sein Geheimnis nicht um einer Geringfügigkeit willen hüte. Inzwischen bewirkte seine Abgeschiedenheit, daß sich sein Werk mit jener Art Geheimnis umgab, die verbotene Dinge ahnen läßt.

Nach einer gewissen Zeit ließ er einen schweren, in einen dunklen Sack oder Mantel gehüllten Gegenstand in den Turm schaffen, wie es öfters mit einem vollendeten Bildwerk oder einer Statue geschieht, welche die Fassade eines neuen Gebäudes schmücken soll und die der Künstler kritischen Augen nicht eher aussetzen möchte, bis sie an dem ihr bestimmten Platz aufgestellt ist. Diesen Eindruck gewann man auch hier. Als jedoch der Gegenstand hinaufgetragen wurde, glaubte ein zufällig anwesender Bildhauer zu beobachten, daß er nicht vollkommen starr, sondern irgendwie geschmeidig war. Als schließlich das verhüllte Ding seine endgültige Höhe erreicht hatte und — undeutlich von unten gesehen — fast von selbst in den Glockenstuhl zu schreiten schien, als ob es die Hilfe der Hebevorrichtung kaum nötig hätte, äußerte ein verschmitzter alter Grobschmied, es sei weiter nichts als ein lebender Mensch. Diese Vermutung sah man freilich als töricht an, und die allgemeine Anteilnahme steigerte sich nichtsdestoweniger beträchtlich.

Nicht ohne Bedenken von seiten Bannadonnas bestiegen der oberste Ratsherr der Stadt und ein Begleiter — beide ältere Männer — hinter dem angeblichen Bilde den Turm. Als sie den Glockenstuhl erreicht hatten, sahen sie sich indes nur wenig belohnt. Indem sich der Mechaniker glaubwürdig hinter den erlaubten Geheimnissen seiner Kunst verschanzte, hielt er eine sofortige Erklärung zurück. Die Beamten blickten auf den verhüllten Gegenstand, der zu ihrer Überraschung jetzt eine andere Haltung eingenommen zu haben schien oder dessen Formen vorher durch die Einwirkung des heftigen Windes außerhalb des Turmes noch absonderlicher gewirkt hatten. Er schien jetzt auf einer Art Gestell oder einem Stuhl zu sitzen, der von dem Domino mit eingeschlossen war. Die Ratsherren bemerkten, daß sich in der Kopfgegend des Dinges die Kette des Gewebes durch Zufall oder Absicht in Gestalt eines Vierecks verschoben hatte und die gekreuzten Fäden hie und da herausgerissen waren, so daß etwas wie ein gewebtes Gitter gebildet wurde. Ob es nun der leise Wind, der sich durch das durchbrochene Mauerwerk hereinstahl, oder nur ihre eigene wirre Einbildung war, ist ungewiß; aber sie glaubten unter dem Domino eine leichte, ruckhafte, wie von einer Feder herrührende Bewegung zu erkennen. In ihrem Unbehagen entging nichts, wie zufällig oder unbedeutend es auch sein mochte, ihren Augen. Unter anderem entdeckten sie in einem Winkel einen irdenen Becher, der teils zerfressen, teils mit einer Kruste überzogen war und wisperten einander zu, daß dies ein Becher sei, wie man ihn aus Spaß den Lippen einer ehernen Figur oder vielleicht noch etwas Ärgerem anbieten würde.

Aber auf ihre Fragen erklärte der Mechaniker, daß der Becher nur beim Metallgießen gebraucht werde, und beschrieb auch den Zweck — kurz, man prüfe damit die in der Schmelze befindlichen Metalle. Er fügte noch hinzu, daß der Becher ganz zufällig in den Glockenstuhl gelangt sei.

Wieder und wieder betrachteten sie den Domino wie einen verdächtigen Unbekannten in einer venezianischen Maske. Vage Besorgnisse aller Art bewegten sie. Sie fürchteten sogar, daß der Mechaniker nach ihrem Abstiege nicht allein im Turm zurückbliebe, obwohl sich kein Gefährte aus Fleisch und Blut bei ihm befand.

Scheinbar über ihre Unruhe scherzend, bat er sie, für ihre Erleichterung sorgen zu dürfen, indem er zwischen ihnen und dem Gegenstand eine grobe Werkleinwand ausbreitete.

Inzwischen suchte er ihre Teilnahme auf seine anderen Arbeiten hinzulenken, und tatsächlich blieben sie, sobald der Domino verborgen war, nicht lange unbeeindruckt von den künstlerischen Wundern, die sie umgaben. Diese Wunder waren bisher nur in unvollendetem Zustand zu sehen gewesen, weil seit dem Aufholen der Glocken niemand außer dem Gießer den Glockenstuhl betreten hatte. Es lag in seinem Charakter, daß er sich nicht einmal in Kleinigkeiten von anderen helfen lassen wollte, wenn er eine Sache selbst ohne zu großen Zeitverlust ausführen konnte. So hatte er in mehreren vorhergehenden Wochen die Stunden, in denen er nicht mit seinem geheimen Plan beschäftigt war, der Ausarbeitung der Figuren auf den Glocken gewidmet.

Insbesondere zog die Uhrglocke die Aufmerksamkeit der Ratsherren an. Unter dem geduldigen Stichel war jetzt die verborgene Schönheit der Zierate, die vorher durch die Trübungen, die vom Gusse herrührten, unkenntlich gewesen war — jene Schönheit in ihrer holdesten Anmut —, an den Tag gebracht worden. Rings um die Glocke tanzten Hand in Hand zwölf fröhliche Mädchengestalten, mit Girlanden geschmückt, im Reigen: die verkörperten Stunden.

»Bannadonna«, sagte der oberste Ratsherr, »diese Glocke übertrifft alles übrige, und nichts ließe sich daran noch bessern. Horch!« – er hatte ein Geräusch vernommen – »war das der Wind?«

»Der Wind, Exzellenz«, war die leichte Antwort. »Aber ganz fehlerfrei sind die Figuren doch noch nicht; sie brauchen noch einige kleine Ausbesserungen. Wenn ich damit fertig bin, und wenn der – Block da –« hierbei deutete er auf den Leinwandschirm »– wenn Haman, wie ich ihn scherzhaft nenne, auf seinem hohen Baum befestigt ist, dann, meine Herren, werde ich mich glücklich schätzen, Euch wieder hier oben zu empfangen.«

Die zweideutige Anspielung auf den Gegenstand brachte den Herren etwas von ihrer früheren Unruhe zurück. Allerdings sahen die Besucher davon ab, nochmals darauf einzugehen; wahrscheinlich wollten sie dem Findling nicht zeigen, wie leicht es seiner plebejischen Kunst fiel, die gelassene Würde der Vornehmen zu stören.

»Nun, Bannadonna«, sagte der oberste Ratsherr, »wann werdet Ihr bereit sein, die Uhr in Gang zu setzen, damit sie die Stunde schlägt? Der Anteil, den wir an Euch sowie an Eurem Werk nehmen, macht uns ungeduldig, uns Eures Erfolges zu versichern. Auch das Volk – es erhebt seine Stimme. Nennet uns die genaue Stunde, wann Ihr bereit seid!«

»Morgen, Exzellenz – ob Ihr lauschen werdet oder nicht, gleichviel – morgen wird eine seltsame Musik zu hören sein. Der Schlag Eins soll der erste Schlag dieser Glocke sein –«, er wies auf die mit Mädchen und Girlanden verzierte Glocke, »– und zwar soll der Schlag an der Stelle ertönen, wo die Hand Unas die Duas ergreift. Der Schlag Eins soll diesen innigen Handschlag lösen. Morgen also, auf den an dieser

Stelle gegebenen Schlag Eins« — er trat vor und legte den Finger auf die verbundenen Hände der Figuren — »wird sich der bescheidene Mechanikus höchst glücklich schätzen, Euch nochmals in dieser seiner vollgepfropften Werkstatt untertänigst Gehör zu geben. Gehabt Euch bis dahin wohl, vieledle Herren, und lauschet auf Eures Dieners Schlag.«

Indem er den wie eine Schmiede wabernden Glanz seines stummen, vulkanischen Antlitzes verbarg, bewegte er sich mit beflissener Ehrerbietung auf die Falltür zu, als habe er die Absicht, die Herren beim Weggehen bis dahin zu geleiten. Der jüngere Ratsherr jedoch, ein freundlicher Mann, verwirrt durch den Anschein einer sardonischen Verachtung hinter der demütigen Miene des Findlings und in christlicher Nächstenliebe mehr jenes Mannes als seiner selbst wegen darüber betrübt, erwog unklar bei sich, was für ein Ende einem so zynischen Eigenbrötler beschieden sein möchte; vielleicht beeinflußte ihn auch das Fremdartige der ganzen Umgebung: jedenfalls hatte der gute Beamte wehmütig an dem Sprecher vorbeigesehen und war ahnungsbang beim Ausdruck des unwandelbaren Gesichtes der Stunde Una zusammengefahren.

»Was soll das heißen, Bannadonna«, sagte er leise, »Una gleicht ihren Schwestern nicht.«

»In Christi Namen, Bannadonna«, fiel der oberste Ratsherr, der durch die Bemerkung seines Begleiters zum ersten Male auf die Figur aufmerksam geworden war, erregt ein, »Unas Gesicht gleicht dem der Prophetin Debora auf dem Gemälde des Florentiners Del Fonca!«

»Gewiß, Bannadonna«, hob der freundliche Ratsherr

wieder an, »Ihr meintet, die zwölf trügen die gleiche sorglos-heitere Miene zur Schau. Aber sehet, das Lächeln Unas scheint Unheil zu verkünden: es fällt aus dem Rahmen.«

Während sein milder Gefährte sprach, sah der oberste Ratsherr forschend von ihm zu dem Gießer hinüber, als sei er begierig zu erfahren, wie er diesen Widerspruch erkläre. Er stand dabei so, daß sein vorgestreckter Fuß die Einfassung der Falltür berührte.

Bannadonna sprach: »Exzellenz, wenn ich jetzt Eurem schärferen Blick folge, nehme ich auf dem Gesicht Unas tatsächlich einen geringen Unterschied wahr. Ihr braucht nur um die Glocke herumzugehen, und Ihr werdet nicht zwei Gesichter finden, die völlig übereinstimmen. Es gibt nämlich ein Gesetz in der Kunst − aber der kalte Wind hat sich verstärkt, und das durchbrochene Mauerwerk bietet nur geringen Schutz. Gestattet mir, edle Herren, Euch wenigstens ein Stück auf Eurem Wege zu begleiten. Die Männer, deren Wohlergehen ein öffentliches Anliegen ist, haben Anspruch darauf, sorgfältig behütet zu werden.«

»Von der Miene Unas ausgehend, sagtet Ihr, Bannadonna, es gebe ein gewisses Gesetz in der Kunst«, bemerkte der oberste Ratsherr, als die drei jetzt durch den steinernen Schacht abstiegen, »bitte, sagt mir also −«

»Vergebung − ein andermal, Exzellenz; der Turm ist feucht.«

»Nein, ich will hier stehenbleiben und Euch jetzt anhören. Hier − hier ist ein weiter Treppenabsatz, und durch diesen Spalt auf der geschützten Turmseite dringt kein Wind, nur reichlich Licht ein. Sprecht uns von Eurem Gesetz und spart Eure Worte nicht.«

»Da Ihr darauf besteht, Exzellenz, so wisset, daß es ein Gesetz in der Kunst gibt, welches Wiederholungen verbietet. Wie Ihr Euch vielleicht erinnert, stach ich vor einigen Jahren ein kleines Siegel für diese Republik, das als besonderes Sinnbild den Kopf Eures eigenen Ahnherrn, ihres erlauchten Gründers, trug. Da man für den Bedarf der Zollbehörde unzählige Abdrucke für Ballen und Kisten haben mußte, stach ich eine ganze Platte, die hundert solche Siegel enthielt. Allerdings war es mein Zweck, diese hundert Köpfe ganz gleichmäßig herzustellen, und dafür wurden sie auch von den Leuten gehalten. Aber bei genauer Prüfung eines unbeschädigten Abdrucks von der Platte wird man nicht zwei dieser hundert Gesichter finden, die sich, nebeneinander gelegt, völlig gleichen. Der ernste Ausdruck ist allen gemeinsam, aber bei allen verschieden. Bei einigen ist er wohlwollend, bei anderen zweideutig, bei zweien oder dreien nach eingehender Betrachtung nahezu tückisch − wofür geringfügige Abweichungen in den geraden Schatten um den Mund völlig ausreichen. Übersetzt nun, Exzellenz, diesen allgemeinen Ernst in allgemeine Heiterkeit und betrachtet im Sinne der von mir beschriebenen Spielarten meine Stunden und Una als eine von ihnen, und Ihr sollt mir sagen, ob Ihr sie gelten lasset! Doch mir selbst −«

»Horch! Ist das nicht − ein Tritt da oben?«

»Mörtel, Exzellenz; manchmal fällt er aus dem Gewölbe, wo das Steinwerk unbehauen belassen wurde, auf den Boden des Glockenstuhls herab − ich muß danach sehen lassen. Was ich sagen wollte: mir selbst gefällt das Gesetz, das Wiederholungen verbietet. Es bringt die persönlichen Züge zum Vorschein. Jawohl, Exzellenz, dieses seltsame und nach Eurer Meinung ungewisse Lächeln und diese ahnungsvollen Augen Unas sind Bannadonna sehr wohl angemessen.«

»Horch! Wir haben sicherlich keine Seele da oben gelassen?«

»Keine Seele, Exzellenz — glaubt mir: keine *Seele*. Wieder nur der Mörtel.«

»Er fiel aber nicht, während wir da waren.«

»Oh, in Eurer Gegenwart hat er besser gewußt, was sich gehört, Exzellenz«, sagte Bannadonna mit einer schmeichelhaften Verbeugung.

»Aber Una«, sagte der sanftere Ratsherr, »schien Euch inständig anzusehen; man hätte darauf schwören mögen, daß sie es auf Euch unter uns dreien abgesehen habe.«

»Wenn sie es tat, so mag es vielleicht an ihrer feineren Auffassung liegen.«

»Wie, Bannadonna? Ich hab' Euch nicht verstanden.«

»Oh, nichts, nichts, Exzellenz — doch der Wind hat sich gedreht und bläst durch die Öffnung herein. Laßt mich Euch jetzt weiterbegleiten, und dann — verzeiht, aber der Arbeiter muß zu seiner Arbeit.«

»Es mag wunderlich klingen, Signor«, sagte der sanftere Ratsherr, als jetzt beide vom dritten Absatz ungeleitet hinabstiegen, »aber irgendwie bewegt mich unser großer Mechanikus auf eigentümliche Weise. Seht, gerade in dem Augenblick, da er so hochmütig antwortete, glich sein Gang dem Siseras, Gottes eitlem Feind, auf Del Foncas Gemälde. Die junge Debora auf der Glocke desgleichen. Ja, und das –«

»Pah, Signor!« erwiderte der oberste Ratsherr. »Eine flüchtige Laune ... Debora? Wo ist dann Jael, bitte?«

»Ach, Signor«, sagte der andere, als sie auf den Rasen hinaustraten, »ach, Signor, ich sehe, daß Ihr Eure Furcht hinter Euch in Kühle und Dunkel zurückließet, aber die meine hat sich auch in dieser sonnigen Luft nicht verloren. Horch!«
Unmittelbar hinter der Turmtür, aus der sie soeben herausgetreten waren, ließ sich ein Geräusch hören. Als sie sich umdrehten, sahen sie, daß die Tür verschlossen worden war.

»Er ist heruntergeschlüpft und hat uns ausgesperrt«, lächelte der oberste Ratsherr. »Aber das ist so seine Art.«

Es wurde nunmehr angekündigt, daß die Uhr am nächsten Tage, eine Stunde nach Mittag schlagen würde, und zwar, dank der gewaltigen Kunst des Mechanikers, mit ungewöhnlichen Begleiterscheinungen. Aber worin diese bestehen würden, könne vorderhand niemand sagen. Die Ankündigung wurde mit Freudengeschrei aufgenommen.

Die leichtfertigen Leute aber, die während der ganzen Nacht den Turm umlagerten, sahen durch das Maßwerk in der Höhe Lichter schimmern, die erst mit der Morgensonne verschwanden. Auch glaubten einige, denen die gespannte Erwartung den Geist verwirrt haben mochte, seltsame Geräusche zu vernehmen, die nicht nur von einem Musikinstrument, sondern auch, wie sie behaupteten, von einer überforderten, spukhaften Maschine herzurühren schienen und einem halb unterdrückten Jammern und Klagen glichen.

Langsam kam der Tag heran; ein Teil der Menge vertrieb sich die Zeit mit Gesang und Spielen, bis endlich die große, dunstumwobene Sonne wie ein Ball auf die Ebene rollte.

Um Mittag kam ein Reitertrupp aus der Stadt, der aus dem Adel und den vornehmsten Bürgern bestand; auch zog eine Wachmannschaft Soldaten mit klingendem Spiel auf, um die Weihe des Festes zu erhöhen.

Nur eine Stunde fehlte noch. Die Ungeduld wuchs. Fiebernde Menschen standen mit Uhren in den Händen und blickten bald auf die kleinen Zifferblätter, bald mit zurückgeworfenen Hälsen auf den Glockenstuhl, als könne das Auge erraten, was nur durch das Ohr wahrzunehmen war. Denn einstweilen war die Turmuhr noch nicht mit einem Zifferblatt versehen.

Die Stundenzeiger von tausend Uhren näherten sich jetzt bis auf Haaresbreite der Ziffer I. Ein Schweigen, das dem der Erwartung Zions entsprechen mochte, bannte die wimmelnde Menge. Plötzlich scholl ein dumpfes, ersticktes Geräusch, in welchem nichts Klingendes und das für die Fernerstehenden kaum vernehmbar war, schwer vom Glockenstuhl herab. In demselben Augenblick starrte ein jeder bestürzt auf seinen Nachbar. Alle Uhren wurden in die Höhe gehoben. Alle Stundenzeiger standen auf der Ziffer I und – hatten sie überschritten. Kein Glockenschlag vom Turme. In der Menge entstand lärmende Unruhe.

Einige Augenblicke wartete man noch. Dann gebot

der oberste Ratsherr Schweigen und rief zum Glokkenstuhl hinauf, um zu erfahren, was sich dort an Unvorhergesehenem zugetragen habe.

Keine Antwort.

Er rief nochmals und nochmals.

Alles blieb still.

Auf seinen Befehl brachen Soldaten die Tür des Turmes auf.

Von Wachen gegen die jetzt heranbrandende Menge geschützt, stieg der Ratsherr, von seinem gestrigen Gefährten begleitet, die gewundene Treppe empor. In halber Höhe blieben sie stehen, um zu horchen. Kein Laut. Sie stiegen schneller weiter und erreichten den Glockenstuhl; aber an der Schwelle erstarrten sie vor Entsetzen über das Schauspiel, welches sich ihnen bot. Ein fremder Wachtelhund, der ihnen gefolgt war, schauderte wie vor einem unbekannten Ungetüm in einem Busche oder als habe er einen Schritt gewittert, der von dieser in eine andere Welt führte.

Bannadonna lag bäuchlings in seinem Blute vor der mit Mädchen und Girlanden geschmückten Glocke, zu Füßen der Stunde Una. Sein Kopf befand sich genau unter der Stelle, wo ihre linke Hand von der Stunde Dua ergriffen wurde. Das Gesicht auf ihn herabgeneigt, hing, wie Jael über dem vom Nagel durchbohrten Sisera im Zelt, der Gegenstand über ihm, der jetzt nicht mehr vom Mantel verhüllt war. Er war gegliedert und schien wie ein Käfer in einen Schuppenpanzer gekleidet zu sein. An den Händen trug er Fesseln; seine keulenförmigen Arme waren erhoben, als wolle er damit sein bereits getroffenes Opfer noch einmal treffen. Einer seiner Füße war unter den Leichnam geschoben, wie um ihm einen Tritt zu versetzen.

Dunkel senkt sich auf das, was weiter geschah.

Es wäre nur natürlich, daß sich die Ratsherren zuerst scheuten, mit dem, was sie da sahen, in persönliche Berührung zu kommen. Zum mindesten werden sie eine Weile unschlüssig, vielleicht auch in mehr oder weniger ängstlicher Unruhe, dagestanden haben. Sicher ist, daß von unten eine Arkebuse angefordert wurde. Ferner berichten einige, daß ihr Knall, dem ein heftiges Schnurren wie von einer plötzlich einschnappenden Uhrfeder folgte, zugleich mit einem metallischen Getöse, als würden Schwerter auf ein Steinpflaster geschmettert — daß diese vermischten Geräusche zur Ebene hinunterdrangen und sich aller Augen hinauf zum Glockenstuhl richteten, durch dessen Gitterwerk sich dünne Rauchwölkchen in die Luft kräuselten.

Etliche behaupten, daß man nur den Wachtelhund erschossen habe, weil er vor Angst tollwütig geworden sei. Dies bestritten andere. Tatsache ist, daß der Wachtelhund nie wieder gesehen wurde und wahrscheinlich, aus unbekannten Gründen, zusammen mit dem Domino bestattet wurde, worüber jetzt berichtet werden soll. Denn was immer sich vorher ereignet haben mochte — die Ratsherren hüllten, nachdem sie ihre erste unwillkürliche Furcht überwunden oder allen Grund zu berechtigten Befürchtungen beseitigt hatten, die Figur angelegentlich wieder in den herabgefallenen Mantel ein, in welchem sie hinaufgeschafft worden war. In derselben Nacht wurde sie heimlich herabgeholt, an den Strand gebracht und weit draußen im Meere versenkt. Und bei keiner späteren Gelegenheit, nicht einmal in ausgelassenen Stunden mit Zechgenossen, ließen sich die beiden dazu herbei, das Geheimnis des Glockenturmes aufzuklären.

Dieses Geheimnis, das das Schicksal des Findlings unvermeidlich umgab, wurde vom Volk mit übernatürlichen Kräften in Zusammenhang gebracht. Aber einige weniger unwissenschaftliche Geister bestanden darauf, daß es unschwer auf andere Weise erklärt werden könne. In der Kette der weitläufigen Folgerungen, die gezogen wurden, mögen Glieder gefehlt haben oder fehlerhafte Glieder enthalten gewesen sein. Aber da die besagte Erklärung die einzige ist, die ausführlich überliefert wurde, möge sie in Ermangelung einer besseren hier gegeben werden. Allerdings ist es zunächst nötig, die vermutliche Veranlassung und die Begleitumstände des geheimen Planes Bannadonnas samt den Ursprüngen beider aufzuzeigen; die oben erwähnten Geister behaupteten nämlich, daß sie sowohl in sein Seelenleben wie in sein Geheimnis eingedrungen seien. Die Enthüllung wird sich auf verschiedene Dinge erstrecken, die nicht gerade zu den klarsten gehören und teilweise über den unmittelbaren Gegenstand hinausgreifen.

In jenen Zeiten konnte man eine große Uhr nicht anders zum Schlagen bringen als heutzutage, nämlich entweder durch Betätigung einer Zunge mittels Seilen von innen oder durch eine Erschütterung von außen, also entweder durch einen schwerfälligen Mechanismus oder durch kräftige Wärter, die, mit schweren Hämmern bewaffnet, im Glockenstuhl oder in Verschlägen auf dem offenen Dach untergebracht waren, je nachdem ob die Glocke verborgen oder sichtbar aufgehängt war.

Die Beobachtung solcher sichtbar aufgehängter Glokken mit ihren Wärtern gab, wie man meinte, dem Findling die erste Anregung zu seinem Plan. Auf einen hohen Mast oder Turm gestellt, schrumpft die menschliche Gestalt, von unten gesehen, zu so geringer Größe zusammen, daß ihre geistigen Merkmale ausgelöscht werden. Sie zeigt keine Persönlichkeit mehr. Ihre Gebärden, scheinbar nicht vom Willen bestimmt, ähneln eher den automatischen Bewegungen eines Telegraphen.

Indem er so über den hanswurstartigen Anblick der in diesem Sinne betrachteten menschlichen Gestalt nachdachte, verfiel Bannadonna unmittelbar darauf, eine mechanische Triebkraft zu ersinnen, die mit ihrer metallischen Hand die Stunde schlagen könnte – mit größerer Genauigkeit überdies, als es einer lebenden Hand möglich wäre. Und da ferner der lebende Wärter zu bestimmten Zeiten aus seinem Verschlag aus dem Dach herauskommt und mit erhobener Keule zu der Glocke tritt, um sie anzuschlagen, hatte Bannadonna beschlossen, seiner Erfindung ebenso die Fähigkeit zu geben, sich von selbst zu bewegen und damit wenigstens den Anschein zu erwecken, daß sie Verstand und Willen besitze.

Wenn die Schlüsse jener, die mit den Absichten Bannadonnas vertraut zu sein vorgeben, bis hierher stimmen, so muß er einen abenteuerlichen Geist besessen haben. Doch blieben sie hier nicht stehen; obgleich sie einräumten, daß sich seine Absicht, durch das Bild vom Wärter angeregt, zunächst nur darauf beschränkt hatte, einen sinnreichen Ersatz für ihn auszutüfteln, gaben sie weiter zu verstehen, daß der ursprüngliche Plan, wie es bei Erfindern öfters vorkommt, von verhältnismäßig zwerghaften Zielen allmählich zu titanischen vordrang und in seinen vorausgeahnten Möglichkeiten schließlich einen unerhörten Grad von Tollkühnheit erreichte. Zwar richtete er seine Bemühungen nach wie vor auf die selbstbewegliche Figur für den Glockenstuhl, dachte sie sich aber nur als Teileigenschaft eines weiteren Geschöpfes, einer Art elefantenstarken Roboters, der geeignet wäre, die Bequemlichkeiten und Triumphe der Menschheit in ungeahntem Maße zu erweitern, nichts weniger als eine Ergänzung des Sechstagewerkes zu liefern, die Erde mit einem neuen Knecht zu bevölkern, der brauchbarer wäre als der Ochs, flinker als der Delphin, stärker als der Löwe, listiger als der Affe – eine Ameise an Fleiß, gefährlicher als Schlangen, aber so geduldig wie ein neuer Esel. Alle Vorzüge aller von Gott geschaffenen und dem Menschen dienstbaren Kreaturen sollten hier erhöht und zu einer einzigen vereinigt werden. Talus habe dieser höchstvollendete Roboter heißen sollen; Talus, der Eisensklave Bannadonnas und somit des Menschen.

Hier ließe sich vielleicht vermuten, daß der Findling, wenn diese letzten Folgerungen hinsichtlich seiner Geheimnisse richtig waren, in weit höherem Grade als Albertus Magnus und Cornelius Agrippa ein hoffnungsloses Opfer der absurden Hirngespinste seines Zeitalters gewesen sei. Dies wurde jedoch entschieden bestritten. Wie wunderbar sein Plan, wie offensichtlich er die Grenzen nicht nur der menschlichen Erfindung, sondern auch der göttlichen Schöpfung überschreiten mochte, so wurde dennoch behauptet, daß sich die Mittel, die er anzuwenden beabsichtigte, auf die nüchternen Voraussetzungen der nüchternen Vernunft beschränkt hätten. Man versicherte, daß Bannadonna den marktschreierischen Tollheiten seiner Zeit keine Sympathie entgegengebracht, ja sie höchst skeptisch verachtet habe. So hatte er nicht mit den Schwärmern unter den Metaphysikern geschlossen, daß sich zwischen den feineren mechanischen Kräften und der gröberen animalischen Lebenskraft ein keimhafter Zusammenhang aufspüren lasse. Ebenso hatte sein Plan nichts mit der Begeisterung einiger Naturphilosophen zu schaffen, die durch physiologische und chemische Ableitungen Kenntnis vom Quell des Lebens zu erlangen und sich dadurch in die Lage zu versetzen hofften, es herzustellen und zu verbessern. Noch viel weniger hatte er etwas mit dem Klüngel der Alchimisten gemein, die durch Beschwörungen im Laboratorium einen überraschenden Lebensfunken zu entfachen suchten. Ebensowenig hatte er sich mit gewissen theosophischen Strudelköpfen eingebildet, daß dem Menschen durch fromme Anbetung des Höchsten unerhörte Kräfte beschieden würden. Als praktischer Materialist strebte Bannadonna danach, sein Ziel nicht durch Logik, nicht durch den Schmelztiegel, nicht durch Beschwörungen, nicht durch Altäre, sondern einfach mit Schraubstock und Hammer zu erreichen. Kurz, die Natur zu erklären, sich in sie hineinzustehlen, sie zu überlisten oder jemand anders zu veranlassen, sie ihm untertänig zu machen – dies alles hatte er niemals bezweckt. Dagegen wollte er mit ihr, ohne von einem Element oder Wesen Gunst zu erflehen, aus eigener Kraft wetteifern, sie überwinden und beherrschen. Er war entschlossen zu siegen. Für ihn verrichtete gesunder Menschenverstand Wunder, war Mechanik ein Mirakel, war Prometheus der heroische Name für einen Maschinenbauer, war der Mensch der wahre Gott.

Desungeachtet ließ er bei seinem ersten Unternehmen, dem Versuchsautomaten für den Glockenstuhl nämlich, der Phantasie ein gewisses freies Spiel; aber vielleicht war bei ihm, was Phantasie zu sein schien, nur ein entsprechend entwickelter, aufs Nützliche gerichteter Ehrgeiz. An Gestalt sollte das Geschöpf für den Glockenstuhl weder Mensch noch Tier, noch die tollen Vorstellungen alter Fabelwesen abkonterfeien, sondern im Äußeren und im Organismus eine originelle Schöpfung sein — je furchtbarer anzuschauen, desto besser.

Dies also waren die Voraussetzungen für den gegenwärtigen Plan und das für später vorbehaltene Ziel. Wie gleich am Anfang eine unerwartete Katastrophe alles umwarf, oder vielmehr was hierüber gemutmaßt wurde, soll jetzt gezeigt werden.

Man nahm an, daß Bannadonna am Vorabend des Schicksalsschlages, nachdem seine Besucher ihn verlassen hatten, die Figur enthüllt, in Ordnung gebracht und in ihre vorgesehene Unterkunft, eine Art Schilderhaus in einer Ecke des Glockenstuhls, gestellt habe. Die Nacht hindurch und einen Teil des nächsten Vormittags war er damit beschäftigt, alle mit dem Domino zusammenhängenden Einrichtungen zu treffen: er mußte alle sechzig Minuten aus dem Schilderhaus herauskommen, auf einer Schiene entlanggleiten wie die Eisenbahn, mit erhobenen Handfesseln bis zur Uhrglocke gehen, sie an einer der zwölf Stellen, wo sich die vierundzwanzig Hände verbanden, anschlagen, dann sich umwenden, die Glocke umkreisen und auf seinen Posten zurückkehren. Dort mußte er weitere sechzig Minuten warten, bis sich der ganze Vorgang zu wiederholen hatte. Inzwischen drehte sich die Glocke durch einen sinnreichen Mechanismus um ihre eigene Achse, um der herabfallenden Keule die verbundenen Hände der beiden nächsten Figuren darzubieten, wenn es zwei, drei und so weiter bis zum Ende schlug. Das tönende Metall der Zeitglocke war durch ein gewisses Verfahren, das übrigens mit seinem Erfinder verlorenging, so gemischt worden, daß jede der vierundzwanzig Handverbindungen, sobald sie gelöst wurde, einen nur ihr eigentümlichen Klang ergab.

Aber auf das zauberhafte Metall führte der zauberhafte, metallene Fremdling nur einen einzigen Schlag, trieb nur den einen Nagel ein und löste nur die eine Verbindung, durch die Bannadonna an seinem ehrgeizigen Leben hing. Denn nachdem er das Geschöpf im Schilderhaus so aufgezogen hatte, daß es für den Augenblick, die dazwischenliegenden Stunden überspringend, bis zur Stunde Eins nicht herauskommen konnte, dann aber unfehlbar herauskommen mußte, und nachdem er die Schienen, auf denen es gleiten sollte, sorgfältig geölt hatte, eilte der Mechaniker wahrscheinlich zu der Glocke, um seine Arbeit bis ins letzte zu feilen. Als echter Künstler ging er gänzlich darin auf, vielleicht um so mehr, als er bestrebt war, den seltsamen Blick Unas abzumildern; denn wenn er auch die Sache anderen gegenüber mit einem Achselzucken abgetan hatte,

mochte sie für ihn nicht ohne einen heimlichen Dorn
gewesen sein.

Und so vergaß er in der Zwischenzeit gänzlich sein
Geschöpf; aber dieses vergaß ihn nicht und verließ,
seiner Bestimmung und seinem sorgfältig aufgezo-
genen Uhrwerk getreu, seinen Posten genau im gegebenen Moment, glitt längs des wohlgeölten Glei-
ses geräuschlos auf die Glocke zu, zielte auf die Hand
Unas, um den Ton zum Erklingen zu bringen, traf
aber stumpfsinnig den vor der Glocke aufragenden
Schädel Bannadonnas, der ihm den Rücken zukehrte,
und brachte seine gefesselten Arme sofort wieder nach
oben in ihre schwebende Haltung. Der fallende Körper hinderte das Ding an seiner Rückkehr; und so
blieb es, über Bannadonna geneigt, stehen, als flü-
stere es ihm irgend etwas Schreckliches ins tote Ohr.
Der Stichel lag, wie er dem Künstler entfallen war,
neben seiner Hand. Das Öl aus der Kanne hatte sich
über die Eisenschiene ergossen.

Dem Mechaniker, der ein so unseliges Ende gefunden,
gewährte die Republik, eingedenk seines seltenen Geistes, ein Staatsbegräbnis. Es wurde beschlossen, daß
die große Glocke — die nämlich, deren Guß durch
die Unbesonnenheit des unglücklichen Arbeiters gefährdet worden war — bei der Ankunft des Sarges in
der Kathedrale geläutet werden sollte. Der stärkste
Mann des Landkreises wurde zum Amt des Glöck-
ners ausersehen.

Als aber die Leichenträger in die Vorhalle der Kathedrale eintraten, drang vom Turme her nur ein ge-
brochener, kläglicher Laut in die Ohren der Menge
wie von einem einsamen Bergrutsch in den Alpen.
Danach war völlige Stille.

Man blickte zurück und erkannte, daß der Glockenstuhl seitlich eingestürzt war. Nachher ergab sich, daß der mächtige Bauer, der das Glockenseil bediente, in dem Wunsche, sogleich die volle Glorie der Glocke zu erproben, das Seil mit einem gewaltigen Ruck in Bewegung gesetzt hatte. Die Masse des zitternden Metalls, zu schwer für ihr Gefüge und irgendwo in ihrem oberen Teil eigentümlich schwach, riß sich seitlich von ihrer Befestigung los und fiel senkrecht dreihundert Fuß hinab auf den weichen Rasen, wo sie sich, umgekehrt, bis zur halben Höhe eingrub.

Bei ihrer Ausgrabung fand man, daß der bedeutendste Bruch von einer kleinen Stelle im Henkel herrührte; diese wurde abgeschabt und offenbarte einen verschwindend winzigen Fehler im Guß. Die schadhafte Stelle mußte später mit einer unbekannten Masse überklebt worden sein.

Das umgeschmolzene Metall erhielt bald wieder seinen Platz im oberen Teil des Turmes. Ein Jahr ließ der Chor metallener Vögel in seinem Glockenstuhlgezweig aus Maßwerk und Blenden seinen wohllautenden Gesang erschallen. Aber am ersten Jahrestag der Vollendung des Turmes, bei Morgendämmerung, bevor ihn die Menge umlagerte, kam ein Erdbeben; man hörte nur ein einziges lautes Dröhnen. Die steinerne Kiefer mit ihrem Vogelhaus lag gefällt auf der Ebene.

So gehorchte der blinde Sklave seinem blinderen Herrn; doch, indem er ihm gehorchte, erschlug er ihn. So wurde der Schöpfer von seinem Geschöpf getötet. So war die Glocke zu schwer für den Turm. So befand sich die schwache Stelle der Glocke da, wo Menschenblut sie befleckt hatte. Und so kam Hochmut vor dem Fall.

Die Geschichte liest sich, als stamme sie von einem älteren Bruder Kafkas. Anfangs eine verläßliche, wertvolle Kraft, beginnt Bartleby, neuer Schreiber eines behaglichen Kanzleirats in der Wall Street, sich aus heiterem Himmel den Anweisungen seines Dienstherrn zu verweigern. Dabei sagt er nie mehr als »Ich möchte lieber nicht.« Sein mysteriöser Streik weitet sich schließlich zu einer Art *sit-in* aus, da er das Büro nicht mehr verläßt, obwohl er dort nur mehr stumm eine Wand vor dem Fenster betrachtet.

Alle Lockungen des Lebens, die uns in Bewegung zu halten pflegen, prallen wirkungslos an seinem sanften Stillstand ab. Nichts vermag ihn zu bewegen und nichts hilft der verunsicherten Umwelt, mit diesem Phänomen ins reine zu kommen.

Zuletzt bleibt ihr nur noch eine gewaltsame Lösung. Der schwierige Fall wird dem New Yorker Stadtgefängnis überantwortet. Dort vollendet Bartleby seine klaglose Verweigerung: Er zieht sich vollends in sich selbst zurück und stirbt. Wie sich danach herausstellt, war er früher ein untergeordneter Angestellter im Amt für »dead letters«, also für unzustellbare Postsendungen, in Washington gewesen und infolge eines Wechsels in der Verwaltung entlassen worden...

Bartleby, der Unergründliche! Die Übertragung der schreckensvoll-komischen Erzählung in ein System von Begriffen, in dem alle berichteten Tatsachen und Bilder stimmig aufgingen, will jedenfalls nicht gelingen. Wie immer jedoch man sie interpretieren mag: Diese rätselhafte Geschichte eines Verstummens könnte auch mit des Verfassers eigenem Dilemma zu tun haben: Die verschlüsselte Botschaft eines Schriftstellers, dessen Schreibversuche ins Leere laufen, da er sich lossagt von den Erwartungen einer auf Geld und Geschäft fixierten Gesellschaft und deshalb zwangsläufig in die äußerste Isolation gerät.

*Bartleby* entstand im Spätjahr 1853 als Auftakt zu einer Reihe von Erzählungen des Autors in *Putnam's Monthly Magazine* – unmittelbar nach dem verheerenden Mißerfolg des Romans *Pierre or The Ambiguities* (dt.: *Pierre oder im Kampf mit der Sphinx*) und vier Jahre bevor sich Herman Melville als »Schreiber« endgültig geschlagen gab.

Sein Tod am 28. September 1891 war der *New York Times* gerade eben drei Zeilen wert. Ein gewisser Henry Melville sei gestorben, meldete sie. Mit *Typee*, dem Bericht über seinen Aufenthalt bei einem Kannibalenstamm in der Südsee, habe er vor viereinhalb Jahrzehnten Aufsehen erregt. Derlei darf man freilich weder als Ignoranz noch als Böswilligkeit mißverstehen, denn tatsächlich war Herman Melville schon zu Lebzeiten völlig in Vergessenheit geraten. Seine Bücher waren längst vergriffen, seine letzte literarische Unternehmung, das Gedichtbändchen *Timoleon*, war kurz vor seinem Tod als Privatdruck in einer Auflage von exakt 25 Exemplaren erschienen. In der Schreibtischschublade fand man eine noch nicht abschließend redigierte Erzählung, *Billy Budd*, die Thomas Mann später als »wirklich eine der schönsten der Welt« rühmen sollte.

Gedruckt wurde sie erstmals 1924 im Rahmen einer Gesamtausgabe, die eine atemberaubende Wiederentdeckung Melvilles auslöste. Zuvor als unbedeutender Verfasser von Seemannsgeschichten marginalisiert, stieg er nun zum repräsentativen nationalen Schriftsteller und zugleich zu einem der großen Autoren der Weltliteratur auf.

»Mein Leben beginnt mit fünfundzwanzig«, schrieb Melville im Juni 1851 an den bewunderten Nachbarn, Kollegen und Freund Nathaniel Hawthorne. Davor lag ein an Umwegen reicher Werdegang. Geboren wurde er am 1. August 1819 in New York City als Sohn einer angesehenen Familie von schottisch-holländischer Herkunft. Seine Kindheit endete abrupt, als der Vater, ein Importkaufmann, 1830 Konkurs anmelden mußte und zwei Jahre später in geistiger Zerrüttung starb.

In verschiedenen Stellungen bemühte sich der junge Melville um ein Auskommen. Er war kaufmännische Hilfskraft bei der New York State Bank in Albany, arbeitete auf der Farm eines Onkels bei Pittsfield, half im Hut- und Pelzgeschäft seines Bruders und versuchte sich als Lehrer an einer Grundschule. Er absolvierte Kurse für Ingenieurs- und Vermessungswesen an der Academy in dem Provinzstädtchen Lansingburgh, wohin die Familie mittlerweile umgesiedelt war, und bewarb sich erfolglos um eine Stelle beim Bau des Erie-Kanals. Einen Sommer lang verbrachte er mehr oder weniger unschlüssig in Illinois, an der Grenze zum Westen.

Nachdem er bereits 1839 als Junge auf einem Postschiff der Route New York–Liverpool gefahren war, entschied er sich zwei Jahre später, zur See zu gehen: Ein Verzweiflungsakt, um seiner anhaltenden Misere zu entkommen. Er heuerte auf einem Walfänger an und desertierte während eines Aufenthaltes auf dem Marquesas-Archipel. Nach weiteren Stationen auf verschiedenen Schiffen und Inseln in der Südsee kehrte er 1844 als Matrose auf einer Fregatte der Kriegsmarine heim. Angespornt durch seine Verwandten, begann er seine Erlebnisse unter den Eingeborenen Polynesiens aufzuzeichnen. *Typee* und *Omoo*, handlungspralle Südseeromane voll utopischen Bewußtseins für die Verluste der Zivilisation, freilich auch mit der Ahnung, daß ein zivilisierter Mensch dieses Paradies auf Dauer nicht erträgt, verhalfen ihm zu überraschendem Erfolg (und trugen ihm einigen Ärger ein, da sie die zwiespältige Rolle der Missionsgesellschaften als Handlanger einer heftig kritisierten Kolonialisierungspolitik nicht beschönigten).

Die positive Resonanz ermunterte Melville, sein Glück fortan als freier Schriftsteller zu versuchen. 1847 heiratete er die Tochter des Obersten Richters von Massachusetts und zog mit ihr nach New York, wo er schnell Kontakt zu den tonangebenden Literaturzirkeln fand. 1849 ging er aufs Land zurück, in die Nähe Pittsfields, wo er eine Farm erwarb.

»Dollars sind mein Verderben«, stöhnte Melville. Er litt unter dem Zwang zur finanziellen Rücksichtnahme beim Schreiben und fürchtete, früh verschlissen zu sein. Rastlos war die Betriebsamkeit, die er entfaltete. Mit Ausnahme des *Billy Budd* entstand sein umfangreiches Prosawerk zwischen 1845 und 1857.

Als sein drittes Buch, *Mardi*, eine eigenwillige Mischung aus Reisebericht und politisch-philosophischer Allegorie, zum Flop wurde, kehrte er mit *Redburn* und *Weiß-*

*jacke oder Die Welt auf einem Kriegsschiff* zum realistischen, autobiographisch eingefärbten Seefahrerroman zurück. Doch mit *Moby Dick oder Der Wal* (1851) begann dann Melvilles unaufhaltsamer Abstieg in die Vergessenheit. Die Kritik wurde von nun an immer grimmiger, das Publikum reagierte zunehmend gleichgültig. Man nahm Anstoß an seiner unkonventionellen Erzählweise und seiner scheinbaren intellektuellen Verstiegenheit. Den einen erschienen seine Bücher als »der letzte Mist«, die anderen plagte ein schlimmer Verdacht: »Daß Herman Melville schlicht einen Dachschaden hat, steht sehr zu befürchten.«

Nach dem Roman *The Confidence-Man: His Masquerade* (1857, dt.: *Maskeraden oder Vertrauen gegen Vertrauen)* sah sich Melville genötigt, seine Laufbahn als Berufsschriftsteller für gescheitert anzusehen. Er konnte den Lebensunterhalt für seine Familie nicht mehr bestreiten. Überarbeitet, krank und von depressiven Stimmungen heimgesucht, ließ er sich zu einer Erholungsreise nach Europa und Palästina überreden.

In den 34 Jahren, die ihm noch blieben, beschränkte sich seine literarische Produktion auf Gedichte, die kaum jemand zur Kenntnis nahm (und die noch heute unterschätzt werden), darunter 1876 das lange weltanschauliche Versepos *Clarel: A Poem and Pilgrimage in the Holy Land.* Versuche von Freunden, ihm einen Posten als Konsul in Florenz zu beschaffen, schlugen ebenso fehl wie eine Bewerbung bei der Marine.

Einige Jahre tingelte er mit Vorträgen umher. Als auch diese nichts mehr einbrachten, verkaufte er 1861 seine Farm und zog mit der Familie nach New York in ein bescheidenes Häuschen in der 104 East 26th Street. Resigniert trat er 1866 eine Stelle als Zollinspektor beim

Hafen an. Die ungeliebte Arbeit dort erledigte er gewissenhaft. Nach zwanzig Jahren wurde er pensioniert.

An Melville zu erinnern ist mehr als ein Akt historischer Pietät. Kaum ein anderer Schriftsteller des 19. Jahrhunderts nämlich steht literarischen Bewußtseinslagen und Konzepten der Gegenwart so nah, kaum einer ist so sehr unser Zeitgenosse wie er.

Exemplarisch läßt sich das an einem Roman zeigen, den wir vordergründig zu kennen glauben (und sei es nur durch John Hustons Verfilmung): an *Moby Dick*, seinem Hauptwerk, das Abenteuergeschichte und philosophischer Roman zugleich ist. Die Handlung kreist um die Jagd nach dem Weißen Wal, seine thematische Mitte aber bildet die Frage nach dem »unfaßbaren Phantom des Lebens«.

»So nennt mich denn Ismael«: Melvilles Erzähler verkörpert das, was der Autor in anderen Zusammenhängen einmal einen »ontologischen Helden« nannte: einen, der das Wesen des Seins zu erkunden versucht. Seine Ausfahrt auf dem Walfangschiff Pequod kommt der Initiation in eine umfassende Weltentdeckung und -entzifferung gleich, an der teilzunehmen der Leser aufgefordert wird.

Dieser stößt dabei auf eine Fülle höchst anschaulich, ja zuweilen liebevoll umständlich dargestellter Phänomene aus allen Bereichen, die in irgendeiner Weise den Wal betreffen. Mit ihnen geraten zugleich unterschiedliche Möglichkeiten in den Blick, der Wirklichkeit habhaft zu werden. Sie reichen von der sinnlichen Wahrnehmung über die systematische Klassifikation bis zur mythischen Sinnstiftung. Der Roman als erkenntnistheoretischer Diskurs: »Nichts geringeres soll hier versucht werden«, heißt es in dem Kapitel, das nach der Lehre von Walen *Cetologie* überschrieben ist, »als die Bestandteile des Chaos in eine Ordnung zu bringen.« Dies aber scheint unmöglich, weswegen das »ganze Buch nur ein Entwurf – ja nur der Entwurf eines Entwurfes sein kann«.

Kapitän Ahab, Superheld jeder expansiven Gründerzeit und narzißtischer Prometheus von Shakespeareschen Ausmaßen in einem, haßt das Unerforschliche. Obsessiv hat er den Weißen Wal daher auf *eine* Bedeutung fixiert. Mit ihm, der ihn einst verstümmelt hat, versucht er zugleich das geistige Prinzip des Bösen in der Welt zu vernichten. Wenn man so will, nimmt er eine ideologische Verengung der Wirklichkeit vor und treibt damit seine ganze Mannschaft in den Untergang.

Das Prinzip Ismaels, des einzigen Überlebenden, ist demgegenüber die (selbst)ironische Erkenntnisskepsis. Er zeichnet auf, daß Moby Dick viele Namen hat, daß man ihm, je nach Perspektive, sehr verschiedene Aspekte abzugewinnen vermag und daß er uns, je mehr wir über ihn erfahren, desto fremder wird. Wirklichkeitsaneignung ereignet sich immer nur partiell, ist immer auch Projektion und Fiktion.

Erschwerend kommt hinzu, daß die Ausdrucksmöglichkeiten der Sprache unzureichend sind. »Sobald wir sagen *Ich*, ein *Gott*, eine *Natur*, springen wir von unserem Schemel herunter und hängen am Balken«, schrieb Melville im Erscheinungsjahr seines Romans: »Ja, das Wort ist der Henker.«

Die Welt ist also unzugänglich (und unbeherrschbar!), es besteht der Verdacht, sie könnte nur aus einer Serie von Täuschungen bestehen. Jedenfalls existiert sie als Vielzahl von Zeichen und Texten, die jeder Deutung offen stehen und, entsprechend der subjektiven Imagination, mit einer Vielzahl von Bedeutungen belegt werden können: »Wieder eine andere Auslegung und immer nur ein Text«, heißt es einmal im Roman.

Moby Dick erscheint als schön und schrecklich zugleich. In seiner phallischen Symbolik läßt er an Leben und Fruchtbarkeit denken, und doch bringt er Tod und Zerstörung. In ihm verkörpert sich die ganze antagonistische Bedeutungsoffenheit der Realität. Seine Weiße ist »der sichtbare Mangel an Farbe und gleichzeitig auch die Summe aller Farben«. Letztlich könnte hinter dieser Bedeutungsoffenheit also überhaupt keine Bedeutung, die totale Sinnlosigkeit der Welt, das Nichts, verborgen sein.

Angesichts der sich entziehenden Wirklichkeit versucht die Literatur sich selbst zu behaupten. Mit einer Vielfalt von sich überlagernden Darstellungstechniken und Stilen vereinigt der Roman das Arrangement verschiedener eigenständiger Gattungen: des Essays oder der Predigt, der Enzyklopädie oder der naturwissenschaftlichen Dokumentation, der dramatischen Szene oder des Monologs (der sich bei Melville übrigens schon dem unkontrollierten Bewußtseinsstrom nähert). Auch das kunstvoll raffinierte Geflecht ständig miteinander korrespondierender Motive sowie von Anspielungen auf eine unabsehbare Menge literarischer Traditionen verstärkt den Charakter des Selbstreflexiven: Das heißt, bei *Moby Dick* handelt es sich um einen Text, der bewußt die Möglichkeiten und Grenzen des literarischen Darstellens vorführt. Unter diesen Gesichtspunkten mutet er als eine frühe Vorwegnahme des postmodernen Romans an.

In *Pierre*, der desillusionierenden und schließlich katastrophal endenden Entwicklungsgeschichte eines rebellischen jungen Wahrheitssuchers, führt Melville sein erkenntnistheoretisches Interesse ebenso fort wie in den Erzählungen oder in jenem Roman, der unter den Kennern seines Werks als Geheimtip gilt, *The Confidence-Man*. Zur Problematisierung des Verhältnisses von Bedeutungsherstellung und -vernichtung dient dort die ungreifbare Ambivalenz der Zentralfigur, die im Verlauf des Romans acht verschiedene Erscheinungen annimmt und durch seine Maskeraden diejenigen seiner Zuschauer entlarvt.

Erneut steht dabei die Frage nach dem Grad der Wahrheit, den die Fiktion zu vermitteln in der Lage ist, im Vordergrund. So wird die Literatur zur Metafiktion, zu einem Spiel mit der Möglichkeit der Ungewißheit, der totalen Irrealität der Welt, deren wahres Antlitz stets verborgen bleibt. Allerdings schützt das Bewußtsein dieser Möglichkeit nicht vor dem Leiden an der Realität.

Denn dies ist bei aller frappierenden Vorläuferschaft ein wesentlicher Unterschied Melvilles zur Postmoderne, in der man nicht mehr um Sinn- und Orientierungsverluste trauert: die bohrende Grübelei besonders über den Stachel des Bösen, die Frage nach der Existenz des Menschen angesichts des unfaßbaren Schreckens der »herzlosen Leere und Unermeßlichkeit des Universums«.

Ein göttlicher Weltplan, wenn es ihn denn geben sollte, ist ebensowenig zu entschleiern wie die Realität. An diesem Problem hat sich der Erbe puritanischer Tradition zeitlebens abgearbeitet: »Melville begann, wie es seine Art ist, über die Vorsehung und das Zukünftige zu räsonnieren«, notierte Hawthorne am 20. November 1856 in sein Tagebuch, »und über alles, was jenseits der menschlichen Erkenntnis liegt, und teilte mir mit, er sei

ziemlich fest entschlossen, der Vernichtung anheimzu-
fallen; und dennoch scheint er in dieser Erwartung keine
Ruhe zu finden; und, wie ich glaube, wird er auch nie
Ruhe finden, bis er zu einem festen Glauben gelangt...
Weder vermag er zu glauben noch in seinem Unglauben
Wohlbehagen zu empfinden; und er ist zu aufrichtig und
tapfer, das eine oder das andere zu lassen.« Melvilles
Werk ist ein Musterbeispiel für die kulturelle Fruchtbar-
keit religiöser Unruhe.

»Und wir Amerikaner sind das besonders auserwählte
Volk, das Israel unserer Zeit. Wir tragen die Bundeslade
der Freiheiten dieser Welt.«
Von Anfang an war Melville auch ein ganz dezidiert politischer Schriftsteller, und er ist dies durchgehend geblieben. Seine Muse, die er in *Moby Dick* anruft, ist die Demokratie, der die Idee der natürlichen Menschenwürde
zugrunde liegt, die ohne Unterschied für alle gilt.
Schonungslos schildert er deshalb das Elend und die
sozialen Überlebenskämpfe im Großstadtdschungel
beiderseits des Atlantiks. Dem unkontrollierten Recht
des Stärkeren gilt jederzeit seine Abscheu, in welcher
Form es sich auch äußern mag, ob in individueller Willkür, in wirtschaftlicher Unterdrückung oder in aggressi-
ver Machtpolitik.
Ausgangspunkt und grundlegende Norm seiner Einlas-
sungen ist dabei eine spezifisch amerikanische Identität:
Das Bekenntnis zum Entwurf einer freien, über Rasse,
Religion und alle kulturelle Verschiedenheit hinweg
solidarisch verbundenen Gemeinschaft. In *Moby Dick*
bildet die Zusammengehörigkeit Ismaels und des polynesischen Harpuniers Queequeg diesen Traum von den
Möglichkeiten der amerikanischen Demokratie ab.

Zu ihrem blinden Lobredner wird Melville indes nie. Auch jene oben zitierte Stelle aus *Weißjacke* über das messianische Volk soll zunächst das Bewußtsein für die Entfernung der Wirklichkeit von dem Ideal schärfen. Bei der Erarbeitung eines Gesetzes zur Abschaffung der Prügelstrafe in der amerikanischen Marine lag den Politikern Melvilles Roman als Anschauungsmaterial vor, in dem er genau, doch voller Empörung die allen rechtsstaatlichen Errungenschaften Hohn sprechenden Zustände auf einem Kriegsschiff schildert.

Was so manchem blasierten Europäer bis heute entgeht, könnte er bei Melville beispielhaft in Erfahrung bringen: Der Stolz, Vorhut der Freiheitsgeschichte der Menschheit zu sein, setzt zugleich jene Selbstkritik frei, die gerade die amerikanische Kultur von Anfang an auszeichnet. Die Berufung des ökonomisch orientierten Erfolgsbürgertums auf die Ideale der eigenen Verfassung durchschaute er als hohl und vordergründig. Ihm stellte er in *Israel Potter* (1855) das entbehrungsreiche Schicksal eines einfachen Pioniers der amerikanischen Revolution gegenüber, der von seinem Land schnöde vergessen wurde.

Die häßlichste Entstellung des freiheitlichen Selbstverständnisses bestand für Melville in der Sklaverei. Die Unfähigkeit zu der Wahrnehmung, daß in ihr der Keim zur Zerstörung der Gesellschaft liege, ist das geheime Zentralmotiv seiner großen Erzählung *Benito Cereno* (1855): Ein unheimliches Menetekel kurz vor Ausbruch des Sezessionskriegs.

Voller politischer Implikationen steckt schließlich auch das letzte und vertrackteste aller seiner virtuosen Vexierspiele, die sich jeder eindeutigen Lesart entziehen: Die Geschichte des reinen Toren zur See Billy Budd, der,

357

vom Waffenmeister John Claggart aus grundloser Bosheit der Anstiftung zur Meuterei bezichtigt, diesen vor den Augen des Kapitäns Vere erschlägt und dafür zum Tode verurteilt wird.

In der Person Veres, der zugunsten der Aufrechterhaltung des Gesetzes wissend einen Unschuldigen opfert, mag man nicht unberechtigt einen grundsätzlichen Kommentar zu dem Dilemma politischen Handelns angedeutet sehen. Dieses stünde mithin zwangsläufig jenseits einer absoluten Wertordnung. Es gehörte zur Sphäre der Fehlbarkeit und der Verblendung, zu dem Bereich diesseits jener Erlösung, auf die der alte Melville hoffte – gegen allen Schein der Realität.

*Hans-Rüdiger Schwab*

## Herman Melville
## im Diogenes Verlag

### Moby-Dick

Roman. Aus dem Amerikanischen
von Thesi Mutzenbecher und Ernst Schnabel
Mit einem Essay von W. Somerset Maugham

Das gewaltige Epos vom großen weißen Wal im Diogenes Verlag.

»Das größte Buch der amerikanischen Literatur.«
*William Faulkner*

»Ein großes Buch, ein sehr großes Buch, das größte Buch... eines der seltsamsten und erstaunlichsten Bücher der Welt.« *D. H. Lawrence*

»*Moby-Dick* ist der größte amerikanische Roman.«
*C. G. Jung*

»*Moby-Dick* ist der einzige dicke Roman, den ich zu Ende gelesen habe.« *Friedrich Dürrenmatt*

### Billy Budd

Novelle. Deutsch von Richard Moering
Mit einem Essay von Albert Camus

»*Billy Budd* ist eine abseitige, unirdische Episode, aber es ist als Lied nicht ohne Worte; man sollte es um seiner Schönheit willen lesen, aber auch als Einübung in schwierigere Werke.« *E. M. Forster*

»Er war der modernste unter den dreien – Poe, Hawthorne, Melville –; er war auch der pessimistischste. Er hatte stets den Verdacht, daß etwas im Menschen korrupt bleiben würde. Ohne sich dessen bewußt zu sein, daß er schrie, hat Melville dies immer wieder herausgeschrien, und er sah Apotheosen der Reinheit in Bildern der Selbstzerstörung: wie in dem des *Billy Budd*.« *Elio Vittorini*

»Es erscheint mir natürlich, wenn Melville alttestamentarisch, biblisch wird. Und wenn er barbarisch wird, so erscheint mir das ebenfalls natürlich. Ich hatte bei der Lektüre keine Zeit zur Frage gehabt: wo hört jetzt das Biblische auf und wo beginnt das Barbarische?« *William Faulkner*

»Von den drei Giganten der großen amerikanischen Epoche – Poe, Hawthorne, Melville – ist uns Melville heute am nächsten. Und *Billy Budd* ist das Kronjuwel seines Werkes.« *Eugenio Montale*

*Billy Budd* wurde unter der Regie von Peter Ustinov verfilmt und von L. O. Coxe dramatisiert; Benjamin Britten vertonte die Novelle.

# Edgar Allan Poe
## im Diogenes Verlag

»Als ich zum erstenmal ein Buch von ihm aufschlug, fand ich bei ihm Gedichte und Novellen, wie sie mir bereits durch den Kopf gegangen waren, undeutlich und wirr jedoch, ungeordnet – Poe aber hat es verstanden, sie zu verbinden und zur Vollendung zu führen. Bewegt und bezaubert entdeckte ich nicht nur Sujets, von denen ich geträumt hatte, sondern auch Sätze und Gedanken, die die meinigen hätten sein können – hätte sie nicht Poe zwanzig Jahre vorher geschrieben.« *Charles Baudelaire*

Werkausgabe in Einzelbänden, herausgegeben von Theodor Etzel. Aus dem Amerikanischen von Gisela Etzel, Wolf Durian u.a.

*Der Untergang
des Hauses Usher*
und andere Geschichten von Schönheit, Liebe und Wiederkunft

*Die schwarze Katze*
und andere Verbrechergeschichten

*Die Maske des Roten Todes*
und andere phantastische Fahrten

*Der Teufel im Glockenstuhl*
und andere Scherz- und Spottgeschichten

*Die denkwürdigen Erlebnisse
des Arthur Gordon Pym*
Roman. Mit einem Nachwort von Jörg Drews

*Meistererzählungen*
Ausgewählt und mit einem Nachwort von Mary Hottinger

# Ralph Waldo Emerson
## im Diogenes Verlag

### Natur

Aus dem Amerikanischen von
Harald Kiczka. Mit dem Nachruf auf
Emerson von Herman Grimm

»Zu Lebzeiten als Prophet verehrt, bei seinem Tod
von ganz Amerika betrauert, war Emersons Einfluß
auch in Deutschland groß. Seine Theorie der Natur,
des Lebendigen, der Schöpfung ist kein System der
Naturwissenschaft, sondern der Versuch, alles Sichtbare in einfache Kategorien zu bringen und den Menschen in den Mittelpunkt zu stellen. Die Souveränität
der Persönlichkeit, der unabhängige Mensch war sein
Anliegen. Wer *Natur* liest, wird zu den Urfragen des
Lebens hingeführt, in einer Sprache, die schwierige
geistige Zusammenhänge durchsichtig macht.«
*Österreichischer Rundfunk, Wien*

### Essays

Erste Reihe. Herausgegeben,
übersetzt und mit einem ausführlichen
Anhang von Harald Kiczka

»Für Emerson war der Mensch, der sich auf sich selbst
besinnt und beruft, einer, der gegen den Strom
schwimmt: gegen Konformität, gegen die Schäbigkeit
des Denkens, gegen Eigennutz. Deshalb sagte er auch,
und seine Worte tönen beinahe wie ein Vermächtnis an
unsere Zeit: ›Der da ein Mann sein will, der muß ein
Nonkonformist sein.‹« *Aurel Schmidt/Basler Zeitung*

### Repräsentanten der Menschheit

Plato, Swedenborg, Montaigne, Shakespeare, Napoleon,
Goethe. Sieben Essays. Deutsch von Karl Federn
Mit einem Nachwort von Egon Friedell

»Seine Gedanken sind heute für uns jung, denn sie
kommen aus einem Weltteil, der sich rascher und unter anderen Bedingungen entwickelt hat. Aber sie

werden auch in späteren Zeiten niemals altern und den Zeitgeschmack überdauern, denn Emerson schöpft aus zwei Quellen, die immer frisch bleiben: aus der Natur und aus seinem Herzen. Daher hat er allen Menschen und allen Zeiten etwas zu sagen, und er hat so wenig mit der Mode etwas zu schaffen, wie die übrigen seltenen Männer seiner Art, die von Zeit zu Zeit erscheinen, um das Wort Vauvenargues' zu bewahrheiten: ›Les grandes pensées viennent du cœur.‹«
*Egon Friedell*

### Von der Schönheit des Guten

Betrachtungen und Beobachtungen
Ausgewählt, übertragen und mit einem Vorwort von
Egon Friedell. Mit einem Nachwort
von Wolfgang Lorenz

»Das macht Friedells Emerson-Bearbeitungen so anregend: daß hier eine unverwechselbare Persönlichkeit tätig wird, deren meisterliche Technik und eigene Sicht der Dinge dazu beitragen, daß ein Werk die Zeiten überdauere. Nachklänge an Emerson sind aus vielen Schriften Friedells herauszuhören. Sein Begriff vom Abendland, sein Europäertum definierte sich unterschwellig gegen Amerika, nicht gegen das Amerika Emersons, sondern gegen das Amerika der uniformierenden Vermassung, der zivilisatorischen Gleichschleiferei, des ökonomischen Omnipotenzwahns und der Dominanz der geistlosen Materialismen, gegen Hollywood und Broadway, Cowboykult und Behaviorism, einfach gegen den Hedonismus des ›American Way of Life‹. Amerika war ja zu Zeiten Emersons noch jung, es wäre Zeit in Fülle gewesen, die Spannungen zwischen den Forderungen der Zivilisation und den Notwendigkeiten der unberührten Natur auszugleichen. Wie nur wenige wußte Emerson deren Stimmungen zu belauschen, ihnen seine Seele zu öffnen.« *Wolfgang Lorenz im Nachwort*

### Über die Pflicht
### zum Ungehorsam gegen den Staat

und andere Essays
Herausgegeben, aus dem Amerikanischen
und mit einem Nachwort von
Walter E. Richartz

»Mahatma Ghandi verteilte die Schrift wie ein Lehrbuch unter seine Schüler; Theoretiker der englischen Labour Party diskutierten sie ebenso eifrig wie französische Résistance-Kämpfer im Zweiten Weltkrieg; Anhänger der amerikanischen Bürgerrechts-Bewegung tragen sie heute im Marschgepäck, und Hippies loben sie als cool… Die Schrift, die Oppositionelle in aller Welt fasziniert, erhebt den Ungehorsam gegen den Staat zur Pflicht.« *Der Spiegel, Hamburg*

»Thoreau macht ganz deutlich: ›Gewaltloser Widerstand‹, das heißt nicht einfach Protest gegen staatliche Willkür; es heißt: Umlenkung der Staatsgewalt gegen den Staat selbst; es heißt: Anwendung des Judo-Prinzips in der Politik.« *Walter E. Richartz*

### Walden oder Leben in den Wäldern

Deutsch von Emma Emmerich
und Tatjana Fischer. Mit Anmerkungen,
Chronik und Register. Vorwort von
Walter E. Richartz

»Die bemitleidenswerteste Klasse sind die Menschen, die Geld aufgehäuft haben und nichts Besseres damit anzufangen wissen, als neues Geld aufzuhäufen…« Sechs Jahre nach dem ›Kommunistischen Manifest‹ lieferte Henry David Thoreau unter dem täuschend gemütvollen Titel *Leben in den Wäldern* ein Alternativprogramm zu Marx und Engels, das als zweite klassische Protestform des 19. Jahrhunderts bis heute fortwirkt. Marx versprach eine Welt ohne Ausbeuter nach der Weltrevolution – Thoreau mochte so lange nicht warten. Marx lehrte den gewaltsamen Umsturz – Thoreau praktizierte die Weigerung und inspirierte damit Gandhi und die französische Résistance, englische Gewerkschaften und die amerikanische Bürgerrechtsbewegung, Hippies und Wehrdienstverweigerer. Egon Friedell nannte ihn einen neuen Franz von Assisi, die Literaturgeschichte vergleicht ihn mit Montaigne – Thoreau wollte nur »Muße zum wirklichen Leben«.

Hermann Hesse – auch ein Thoreau-Schüler – über *Walden:* »Die amerikanische Literatur, so kühn und großartig sie ist, hat kein schöneres und tieferes Buch aufzuweisen.«

# Walt Whitman
## *Grashalme*

Nachdichtung von
Hans Reisiger
Mit einem Essay von
Gustav Landauer

»Die Intensität dieses Werkes ist so stark, daß eine Strophe schon berauscht, eine Seite schon lebenstrunken macht: in dem kleinsten seiner Gedichte, in einer Zeile schon ist Whitman ja immer enthalten, so wie ganze Wälder in einem Samenkorn. Aber die volle Breite seines Werkes, die Fülle, die Vehemenz seiner Dichtung vermögen in Deutschland jene, denen die Originale nicht zugänglich sind, erst heute kennenzulernen an der umfassenden Ausgabe, die Hans Reisiger – Dank ihm, innigsten Dank! – nun endlich meisterlich zu Ende geführt.« *Stefan Zweig*

»Was Melville und Twain für den amerikanischen Roman taten, gelang Whitman für die Lyrik der Neuen Welt: die Emanzipation von Europa, der Triumph der Vitalität, eine autochthone Sprache, ein nationaler Kosmos.« *Rolf Geisler*

»Für mich ist dieses Werk ein wahres Gottesgeschenk, denn ich sehe wohl, daß, was Whitman Demokratie nennt, nichts anderes ist, als was wir, altmodischer, Humanität nennen; wie ich auch sehe, daß es mit Goethe allein denn doch nicht getan sein wird, sondern daß ein Schuß Whitman dazu gehört, um das Gefühl der neuen Humanität zu gewinnen.« *Thomas Mann*

»*Grashalme* sind Gedichte, wie die Psalmen Gedichte sind, Eruptionen, deren Poesie in ihrer Kraft und Ursprünglichkeit liegt.« *Egon Friedell*

# Die Meistererzählungen
## der Weltliteratur
## im Diogenes Verlag

● **Pedro Antonio de Alarcón**
Herausgegeben und aus dem Spanischen von Georg Spranger. Mit einem Nachwort von Werner Bahner

● **Alfred Andersch**
Mit einem Nachwort von Lothar Baier

● **Marcel Aymé**
Aus dem Französischen von Hildegard Fuchs und Gertrud Grohmann

● **Ambrose Bierce**
Auswahl und Vorwort von Mary Hottinger. Aus dem Amerikanischen von Joachim Uhlmann. Mit Zeichnungen von Tomi Ungerer

● **Anton Čechov**
Ausgewählt von Franz Sutter. Aus dem Russischen von Ada Knipper, Herta von Schulz und Gerhard Dick

● **Raymond Chandler**
Aus dem Amerikanischen von Hans Wollschläger

● **Stephen Crane**
Herausgegeben, aus dem Amerikanischen und mit einem Nachwort von Walter E. Richartz

● **Fjodor Dostojewskij**
Herausgegeben, aus dem Russischen und mit einem Nachwort von Johannes von Guenther

● **Friedrich Dürrenmatt**
Mit einem Nachwort von Reinhardt Stumm

● **Joseph von Eichendorff**
Mit einem Nachwort von Hermann Hesse

● **William Faulkner**
Aus dem Amerikanischen übersetzt, ausgewählt und mit einem Nachwort von Elisabeth Schnack

● **F. Scott Fitzgerald**
Ausgewählt und mit einem Nachwort von Elisabeth Schnack. Aus dem Amerikanischen von Walter Schürenberg, Anna von Cramer-Klett, Elga Abramowitz und Walter E. Richartz

● **Nikolai Gogol**
*Die Nase*
Ausgewählte Erzählungen
Auswahl, Vorwort und Übersetzung aus dem Russischen von Sigismund von Radecki

● **Jeremias Gotthelf**
Mit einem Essay von Gottfried Keller

● **Dashiell Hammett**
Ausgewählt von William Matheson. Aus dem Amerikanischen von Wulf Teichmann, Walter E. Richartz Hellmuth Karasek und Elizabeth Gilbert

● **O. Henry**
Mit einem Nachwort von Heinrich Böll

● **Hermann Hesse**
Zusammengestellt, mit bio-bibliographischen Daten und Nachwort von Volker Michels

● **Patricia Highsmith**
Ausgewählt von Patricia Highsmith. Aus dem Amerikanischen von Anne Uhde, Walter E. Richartz und Wulf Teichmann

● **Washington Irving**
Aus dem Amerikanischen von Gunther Martin. Mit Illustrationen von Henry Ritter und Wilhelm Camphausen

● **Gottfried Keller**
Mit einem Nachwort von
Walter Muschg

● **D.H. Lawrence**
Ausgewählt, aus dem Englischen und mit einem Nachwort von Elisabeth Schnack